不吼不叫
不宠不娇
教育孩子100招

高超 诸琳 著

古吴轩出版社

图书在版编目（CIP）数据

不吼不叫不宠不娇教育孩子100招／高超，诸琳著．——
苏州：古吴轩出版社，2013.7（2018.12重印）

ISBN 978-7-5546-0125-9

Ⅰ.①不…　Ⅱ.①高…　②诸…　Ⅲ.①儿童教育—家庭教育
Ⅳ.① G78

中国版本图书馆 CIP 数据核字 (2013) 第 172342 号

责任编辑：王　琦
见习编辑：徐小良
策　　划：张春霞
装帧设计：艺海晴空

书　　名：不吼不叫不宠不娇教育孩子100招
著　　者：高超　诸琳
出版发行：古吴轩出版社
　　　　　地址：苏州市十梓街458号　　　　邮编：215006
　　　　　Http://www.guwuxuancbs.com　E-mail：gwxcbs@126.com
　　　　　电话：0512-65233679　　　　　传真：0512-65220750
出 版 人：钱经纬
经　　销：新华书店
印　　刷：廊坊市海涛印刷有限公司
开　　本：710×1000　1/16
印　　张：22
版　　次：2013年7月第1版
印　　次：2018年12月第3次印刷
书　　号：ISBN 978-7-5546-0125-9
定　　价：35.00元

如发现印装质量问题，影响阅读，请与印刷厂联系调换。0316-2516500

前　言

今天的父母很难做

今天做父母，难就难在，社会、学校、家庭对孩子的要求不一样：

从政府到媒体，天天都在提倡：给孩子减负。企业也在敲边鼓：反对"高分低能"。

从学校到老师，天天都在追求：升学率。给孩子减负没错，但要"减"到拿高分为止。一些老师也感慨：搞素质教育之前，分数是我们追求的主要目标，现在是唯一的目标了！

从父母到亲友，天天都在琢磨：孩子该怎么教？看见一个好的观念、一种好的方法，就想在孩子身上试验一番。

假设全听社会的，孩子可高兴了，老师却要不高兴了；老师不高兴，孩子能笑出声儿来吗？父母也要陪着受些折腾。

假设全听老师的，孩子不用买学习机了，自己就是"学习机"，从早到晚，除了学习，还是学习。

假设全听父母的，父母却不知道该听谁的，左顾右盼，左右为难，最后大概是放任自流，或者跟着感觉走。一些父母逼着孩子学"特长"，难道真的相信"特长"可以成为孩子人生的灵丹妙药吗？有些父母则宣称：不要求孩子成功，过得快乐就好。说这话时，心里可能还在犯嘀咕：孩子现在倒是快乐了，不知将来如何。

古人以为，"任重而道远"，最难的是持之以恒。今天的问题不同了，最难的不是"行万里路"，而是无路可走；或者说，眼前处处皆歧路，不知该从哪条路上走。

所以说，今天的父母很难做。

中国孩子的三大缺憾

今天的孩子也很难做，全国各地的孩子们普遍缺少三样东西：

一是缺睡眠。中国青少年研究中心曾对全国六大城市的中小学生进行过一项调查，结果显示：仅有1/3的小学生和不足1/4的初中生能够获得充足的睡眠。我们自以为给孩子提供了充分的物质条件，却不能满足孩子最基本的一个生理需求。有的孩子唯一想要的生日礼物竟然是：睡一个自然醒。想想都觉得可怜！

二是缺快乐。新华网做过一个"孩子，你快乐吗"的调查，令人吃惊的是，摇头的孩子竟是如此之多。要问孩子们为什么不快乐，一首在孩子中间流传的儿歌或许道出了答案："书包最重的人是我，作业最多的人是我，起得最早的、睡得最晚的，是我是我还是我……在我心中，老爸最凶，经常把我打得鼻青脸肿；在我心中，老师最凶，常常把我留到七八点钟；在我心中，老妈最凶，成天把人骂得头昏脑胀……"中国青少年研究中心一位专家说：童年的快乐是一生快乐的源头。而我们的父母却喜欢让孩子付出今天的快乐，去换取明天的幸福。这究竟是聪明的"投资"，还是愚蠢的"赌博"？我们真该好好掂量一下了！

三是缺锻炼。中国青年报社会调查中心通过网络进行的一项在线调查显示：中小学生是中国最缺乏运动的三大群体之一，而另外两大群体是刚入职场的年轻人和中年人。孩子们缺少运动，不用调查其实也知道。他们每天早出晚归，比父母还忙，哪有锻炼的时间？不锻炼的后果是孩子们的体质整体下降，情况糟糕到何种地步，查查相关新闻就知道了。

人类面对自然和社会挑战的三大法宝是健壮的身体、健康的心理、健全的智力。我们的孩子只剩下一颗装满知识的脑袋了，怎样应付未来的挑战呢？

做智爱兼备的父母

做父母的人，有必要清楚如下几点理念：

一、永远别想代替孩子生活。生活的酸甜苦辣，由孩子自己品尝，没有人可以替代。无论我们心疼也好，着急也罢，孩子该吃的苦，半分都少不了。苦才是人生，我们应该做的是告诉孩子如何从苦中锤炼生命的价值，如何从苦中品尝生活的甘甜。

二、永远别想替孩子设计一切。社会日新月异，我们很难清楚地知道未来五年、十年会发生什么变化，因此也很难准确地为自己规划人生，只能尝试着向前走，有时独辟蹊径，有时随波逐流。既然我们连自己的人生都无法设计好，那我们有什么资格来替孩子设计好一切？孩子的人生之路，只能由他们自己去走，主要靠努力，也要看机缘。我们能教给孩子的仅仅是：别害怕，别放弃，别悲观。

三、不让孩子"输在起跑线上"，难道可以让孩子输在终点线上吗？一句广告语，急坏了多少父母，纷纷替孩子找"补习班"、找"特长班"，使孩子原本沉重的课业负担变得更加沉重。在"补习班"学到一些好的方法，在"特长班"学到一些好的技艺，倒不是坏事，但是如果因为这些而把孩子的身体拖垮了，使得孩子悲观厌世了，那有什么意义呢？有数据显示，最近十多年，中国小学生入学的人数持续下降，而大学招生人数则持续上升。这意味着，只要我们不要求孩子非名校不读，孩子终归会有学上。既然如此，我们何必硬逼着孩子学习他们不喜欢的东西呢？

四、娇宠孩子是因为没有看清变化。孩子需要高质量的爱，在爱中包含着理性和智慧。娇宠孩子的后果，一时看不见，日后却必然显现。孩子是株嫩苗，爱好比养料，施爱过多，孩子还不曾经历风雨就被捂坏了！最近有一句很流行的话——"好孩子是夸出来的"，但我们要想到，坏孩子也是夸出来的。表扬或批评，只是形式，关键看效果。我们何必流于形式而忽略效果呢？

五、吼叫孩子是因为没有找到好方法。当孩子不听话的时候，有些父母就会大吼大叫，其实，这正是智穷力竭的表现。做父母的一大难题是，我们以为自己很了解孩子，某一天，却发现并不了解孩子，随着孩子的年龄渐大，不了解的程度还在加深。对一个不了解的孩子，我们怎么可能有效地引导他呢？所以，与其吼叫，不如多花点心思，弄清孩子究竟在想什么，究竟想要什么。

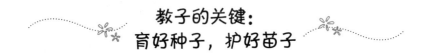

教子的关键：
育好种子，护好苗子

一位教育专家说："训练婴儿比管教儿童容易。管教儿童比约束青少年容易。约束青少年比改造成人容易。改造成人比救活社会容易。"当孩子进入青春期后，父母的影响力急剧下降，多说一句话就可能引起孩子的不快；当孩子成年后，父母的影响力已经很小了，最多可以做个饶舌的顾问，孩子已经成了自己的"老板"。教育孩子，最好的时间是在孩子10岁以前。而孩子价值观的定位、品格的塑造、习惯的养成，主要也在这一时期。

3~6岁，是"育种"期，父母的主要任务是将一些健康的价值观传输给孩子：首先是将爱的种子种植在孩子的心里，教他与人为善、积极向上的概念；其次才是培育孩子的智能。

6~10岁，是"护苗"期，父母的主要任务是全面培养孩子的人生观念、行为习惯、学习能力等综合素质。

"育种"和"护苗"，简单说，就是让孩子心中永远有一些美好的想法以及将美好想法付诸实践的激情和动力。当一个孩子具备了这两项素质，他的人生必然处于上行状态，无论遭际如何，永不绝望。这样，父母也真正尽到了教子的责任。

目录

下 篇 不吼不叫，陪着孩子长本领 / 173

不宠不娇，
领着孩子走正道

做父母的人，最担心的事，莫过于把孩子养成了一个"药加鑫"或别的什么坏蛋，因为那种痛楚，远甚于身受重伤、事业破产。多少父母悲呼："白养了！早知道这样，不如不养。"想想也是，千般辛苦，万般期待，最后竟变成了失望和痛苦，真的不如不养。

养儿育女本是人世间一件美好的事情，怎么会变成一场人生灾难呢？没有别的原因，问题出在教养方式上。大部分父母并非"生而不养"，他们只是被一个错觉戏耍了——每个孩子都是那么的天真可爱，孩子的每个行为都是那么的幼稚可喜，似乎无须教养。等到某一天，发现到了非管教不可的时候，起步已经迟了；又由于方法不当，导致越管越糟。

所以，教子成功的关键是：在看似不需要管教的时候开始引导，将孩子扶上正道。

3~6岁，是孩子的价值观养成的关键时期，同时也是"免疫力"最弱的时期，他们的思想如同一张白纸，好的观念、坏的思想都很容易进入孩子的心灵，父母的核心任务是"培养良种"，用好的观念润泽孩子的心灵。尽管我们处于一个价值观混乱的变革时代，尽管我们这个时代夹杂着欢迎庸俗、反对高尚的风气，但我们应该相信：孩子们比我们强，他们可以将世界建设得更加美好。而我们的任务是教孩子做一个道德清白的好人。因为，好人之路才是真正的幸福之路。当我们将一个天堂建造了在孩子的灵魂中，哪怕他日后深陷地狱，昔日的美好体验也将像明灯一样照亮着他的人生路，使他的意志永不消沉。

第1章

不宠不娇，
给孩子种下"福缘"

　　最有福的人不是最聪明、最有学问的人，而是一辈子按简单原则做事的人。作为父母，谁不希望孩子跟好运相随而远离灾祸？既然如此，那么父母就有责任通过言传身教并一次次重复，将下面12个理念深深地刻印在孩子的心灵里。

第1招

自己的事自己做

一位妈妈给儿子喂饭时，儿子想抢过勺子自己吃。急于结束喂饭任务的妈妈不耐烦地说："快点吃！我忙死了，你还给我添乱。"

洗脸时，儿子想抢过毛巾自己洗，妈妈三把两把替他洗净脸，将水倒掉了。

类似的情节，经常在父母和孩子之间上演，父母用高效省时的方式完成了"任务"，却放弃了一个个教育的机会。

另一位妈妈的做法正好相反。当儿子刚拿得动勺子时，她就将勺子放在儿子手里，夸道："宝宝会自己吃饭了，真了不起！"儿子吃饭的本领不敢恭维，结果是"一半在天上，一半在地上"，饭菜洒得满桌都是。婆婆心疼地问："这会不会有点浪费？"她说："这是学费中很少的一部分，还不算贵。"

当儿子抢夺毛巾时，她替儿子卷起衣袖，将毛巾拧到半干，放在他的手里，轻轻扶着他的手，协助他洗净了脸，最后接过毛巾，夸道："宝宝会自己洗脸了，真不错！"

两个妈妈有什么区别呢？

一位妈妈在用无声的语言告诉孩子：你的事就是我的事，你可以不做。

另一位妈妈则言传身教，告诉孩子：自己的事自己做，很对！

两个接受了不同观念的孩子，日后的人生道路和给父母带来的回报会有很大的差别。

如果你的孩子将"自己的事自己做"当成信条，那么无论他日后的遭遇如何，都会是一个很少需要父母操心的孩子。

如果你的孩子认为自己的事可以不做，那么各种毛病就会自然滋生。

还是前面那两位妈妈，她们本是表姐妹。

一位妈妈将儿子送进了小学，为了让他安心学习，生活上的事一手包办，全不让他操心。儿子的学习还不错，谈不上勤奋，成绩却名列前茅，大家都夸他聪明。到了初中，进入青春期，情况却急转直下，儿子迷上了网络游戏，成绩一落千丈。更麻烦的是，进入初三，学校要求住校，他对洗衣服、收拾床铺之类的活儿全不在行，多次要求退学。妈妈为此很烦恼，没办法，只好一面安抚他，一面每天抽时间替他安排生活。好不容易熬过中学阶段，儿子考上了一所专科学校。毕业后，他找过几份工作，但都因为素质的欠缺而干得不太顺利，不是主动离开，就是被炒鱿鱼，最后索性不找工作了，赋闲在家，当了一个心安理得的啃老族。父母内心焦急，却拿他没有办法。如果儿子老实待在家里，倒也罢了，他却闲不住，每天呼朋唤友，喝酒赌博，没钱了就向父母伸手要，仿佛债主讨债一样，是那么的理直气壮。因此，这位妈妈一直过着唉声叹气的日子。

另一位妈妈也将儿子送进了小学。儿子很懂事，每天放学回来，完成作业，收拾好自己的房间，还会帮着父母做些家务，一家人一边忙活，一边随意说笑，气氛很融洽。儿子很轻松地谈论自己在学校的一些事情，好事、坏事都不忌言，因此父母对他的情况了如指掌，感到很安心；妈妈有时跟他谈一谈当天的家庭收支，哪些钱可以节约，哪些钱必须支出。于是，儿子也明白了如何过日子，同时也能体会父母的不易。儿子几乎没让父母多操心，就顺顺当当地读到大学毕业，找到了一份好工作，干得很不赖。从此，他彻底自立了，还能经常买来礼物孝敬爸爸妈妈。

两个妈妈本是表姐妹，因路程远，家务繁忙，平时来往不多。一天，表妹因丈夫出远差，闲着没事，决定去看望表姐。在表姐家住了一天，表妹看出问题来了：家里的事全是表姐一人忙活；表姐夫下班回来，或者捧着报纸，或者守着电视，什么也不干；儿子或者关在房里玩电脑，或者干脆人影儿都不见。

表妹问："你干活从来不让人帮忙吗？"

表姐呆住了！

真是一语惊醒梦中人。自己之所以成了劳碌命，儿子之所以成了一个"问题人士"，全坏在自己一手包办的习惯上。可是，现在才意识到这一点，真是太迟了！

有一句话叫"爱之适足以害之"。许多很正常的孩子，正是被父母毫无理性的爱毁成了废物，甚至混蛋，到头来不过是彼此伤害。让孩子认为自己的事不必自己做，正是伤害的开始；一旦孩子有了这种想法，一个个伤害必将接踵而来。

所以，作为负责任的父母，必须教给孩子一个理念：自己的事自己做。

第2招

✳ 对自己的行为负责任

培养责任意识，从追究责任开始。

一位父亲带5岁的儿子去超市买玩具飞机，那是儿子渴望已久的生日礼物。儿子很兴奋，双手捧着飞机，一边转动身体，一边嘴里"呜呜"地叫着，仿佛他在开着一架真飞机。忽然，他的胳膊撞在邻近的货架上，一辆塑料坦克掉下来，"啪"，摔碎了。

儿子惊呆了，脸上露出害怕的神情。

父亲看看地上的碎物，看看儿子，不动声色地问："怎么办？"

儿子四顾无人，犹豫着说："反正没人看见，我们走吧！"

父亲问："我看见没有？你看见没有？"

儿子说："看见了！"

父亲说："那你怎么能说没人看见呢？"

儿子不作声。

父亲说："损坏东西就要赔偿，所以咱们得赔。"

父亲瞟了一眼标价牌，又说："这个玩具50元钱，我没有提醒你注意安全，要负主要责任。我赔30元，你赔20元，怎么样？"

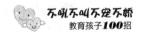

儿子说:"我没有钱。"

父亲说:"从你的玩具钱里扣。所以你不能买飞机了,只能买一个便宜的玩具。怎么样,你觉得这个办法合理吗?"

儿子噙着眼泪,犹豫了老半天,最后点了点头。

这个父亲做了一件正确的事,他让儿子接受了一个"惨痛教训",同时将责任意识刻进了孩子的心里。

孩子的心灵或许脆弱,却具有成年人所没有的弹性。"惨痛教训"不会成为伤痕,反倒会变成他人生的一个重要体验。如果孩子日后功成名就,这个"惨痛教训"还会变成人们喜闻乐见的趣闻轶事。

培养责任意识,需要通过孩子自身的实践体验,需要从点点滴滴的小事做起。相对来说,孩子比成人更"犯得起错",因此不妨给孩子"犯错"的机会。例如,不要越俎代庖替孩子整理书包,应该让他知道忘记带课本和纸笔会有什么后果;不要每一次都帮孩子检查作业,让他尝尝挨批评的滋味……当然,孩子受挫后,要及时地给予必要的指导和鼓励。

最重要的是,父母要指导孩子认清犯错的原因,鼓励孩子勇敢地承担自己的责任。企图替孩子承担起所有的责任,其实是对孩子不负责任;让孩子对自己的行为负责任,是爱孩子的方式之一。当一个孩子有清醒的责任意识并决定对自己的行为负责时,他会对自己的行为更加慎重,避免给别人制造麻烦,这也等于让自己远离麻烦,让家庭省了许多麻烦。

第3招

✳ 说话要算数

孩子向妈妈提了一个请求："我想去动物园玩。"

妈妈随口说："好的，周六带你去。"

周六到了，孩子特别兴奋，可是妈妈早就将答应过的事忘到了脑后。

孩子说："我要去动物园，你答应的！"

妈妈看着凌乱的家和一大堆未洗的衣服，不想去。于是，她对孩子讲了许多不能去的理由，可是孩子不干，流着眼泪，非去不可。妈妈生气了，批评孩子"不讲道理"。孩子无奈，在得到妈妈下次带他去动物园的承诺后，只好嘟着小嘴，做出了让步。

孩子的力量有限，终究拗不过大人，所以让孩子做出让步总是容易的。不过，当孩子被迫屈服时，他也在头脑中留下了一个印象：在一定情况下，说过的话可以不兑现。

虽然一次行为还不至于让孩子养成说话不算数的毛病，但是父母通常的习惯是：依形势办事，有时对孩子守信，有时借故不兑现自己的承诺。孩子耳濡目染，渐渐变得跟父母一样，有时说一句算一句，有时不过是随口敷衍，诚信指数不高。

两千多年前，孔子讲了一句箴言："人无信不立。"这不是道德说教，而

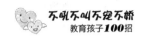

是孔子观察万千现象得出的一个结论：一个说话不算数的人，难以赢得他人的信赖，谁敢将重要的岗位和重要的事务交托给他呢？一个不被赋予重任的人，不过是可用可弃的工具型人才，怎么能够在事业上站住脚跟呢？怎么可能在人群中成为一个不倒的"招牌"呢？

聪明的父母深知诚信对孩子的价值，将诚信教育贯穿于日常的一言一行中。

有一位父亲，决定拆掉农场的一个旧亭子。儿子对这件事很感兴趣，向父亲请求："爸爸，等我放假回来再拆亭子可以吗？我想看到拆亭子的全过程。"

父亲答应了。

不过，父亲有自己的工作计划，他等不到儿子放假，就让工人将亭子拆了。

儿子回来后，发现旧亭子不见了，大为失望，他闷闷不乐地对父亲说："爸爸，你对我撒谎了。你说过的，那座旧亭子要等我回来再拆。"

父亲说："孩子，爸爸错了。我应该兑现自己的诺言。"

于是，父亲召集工人，让他们在拆掉旧亭子的地方再造一座新亭子。他把儿子叫来，然后对工人们说："现在，请你们把它拆掉。"

这件事在儿子的心中产生了强烈的震撼，日后，无论从事什么工作，他都将"绝对守信"作为信条。许多年后，他成为墨西哥总统，当他谈到这件事时，他说："我想告诉大家的是，我愿意像我父亲对我一样对待这个国家，对待这个国家的每一个人。"

说话算数并不容易，有时候需要付出一定的代价，这是人们在形势不利时选择自食其言的原因。培养孩子诚信的品格，意味着鼓励他勇于面对损失，所以，在教育孩子说话算数的同时，也要告诉孩子：慎重对待别人的请求，不要轻易许诺。一般来说，父母们需要把握以下两个要点：

慎重对待孩子的请求，不要轻易许诺

妈妈晚上去探视一个病人，儿子吵着要去。妈妈认为医院不是适合孩子去的地方，就哄他说："你乖乖在家里玩，妈妈回来买玩具汽车给你。"

妈妈一开始就没把这件事放在心上，而且医院附近没有玩具店，所以她没买玩具汽车。回家后才发现，儿子正在等她答应的玩具汽车呢！儿子一看妈妈两手空空，马上就大哭起来。

未成年的孩子，尤其是六岁以下的孩子，不能体会父母的艰难，经常提出一些不合理的要求，甚至以哭闹、不吃饭等手段相要挟。父母为了哄孩子高兴，为了摆脱一时的麻烦，往往随口敷衍孩子，转眼就忘了许下的诺言，这是最常见的也是最有问题的做法。

父母并不需要答应孩子的每一个请求，对孩子的哭闹也不必大惊小怪。对孩子的要求，需要冷静加以甄别，该答应时答应，不该答应时就果断拒绝，但要讲清楚道理，态度温和而坚决。一旦答应了，不论情况如何不利，都要如实兑现。

不要让孩子承诺无力承担或不愿做的事

妈妈为了让三岁的孩子学会做自己的事，鼓励说："宝宝自己穿衣服，好不好？"

孩子跃跃欲试："好！"

但孩子还没有学会穿衣服的技巧，力量也不够，妈妈想去帮他，他却推开妈妈的手说"不要"。最后弄了半天，眼看孩子冻得打喷嚏了，妈妈无奈，不管孩子乐不乐意，赶紧替他将衣服穿好了。

让孩子作出难以兑现的承诺，等于让孩子平白无故地经受了一次挫折。类似的挫折多了，不仅损害孩子说话守信的积极性，还会挫伤其自信心，认为自己"什么事都做不好"。不能确定孩子能否办到时，可以换一种语气，例如："你试试看，自己穿衣服，很好玩哦！"当孩子做不了时，再出手帮忙，孩子就不会有挫败感。

对孩子能做好的事，鼓励他作出承诺，并监督执行，有利于培养孩子说话算数的习惯。

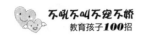

第4招

不是自己的东西不要拿

婴儿时期的孩子，没有明晰的"你"、"我"界线，对自己感兴趣的东西，想拿就拿，想碰就碰，玩腻了就毫不留恋地扔掉。三岁左右时，孩子开始分得清"你"、"我"了，知道"这是我的小皮球"，这是"你的布娃娃"。这时候，父母有必要严格约束孩子：不是自己的东西不要拿。

"贪小便宜"是人的天性之一，大人有时也难以克制将别人的东西据为己有的欲望，何况孩子呢！当孩子拿了别人的东西，该怎么办？作为爱孩子的父母，唯一正确的选择是：坚决纠正孩子的行为。

有一个孩子，在参加本城的狂欢节集会时，偷了一个玩具球并拿回了家。这只是一个很便宜的小玩意儿，妈妈看见后却大惊失色，连忙追问球的来历。

孩子照实说了。

妈妈要求："你应该将球送到神甫那儿去，并忏悔自己的过错。"

孩子很害怕，他担心自己一张嘴，大家都知道他是"小偷"。他请求说："我宁愿多走一些路，将球扔到河里去。"

经过一番谈判，妈妈接受了孩子的请求，亲自驾车，将他送到城里的河边，看着他将球扔进水里。

从此，这个孩子再也没有动过拿别人的东西的念头。他是谁呢？他就是伟大的管理者、被誉为"全球第一CEO"的杰克·韦尔奇。

拿和不拿别人的东西，是两种对人生影响深远的观念。如果一个人认为可以拿别人的东西，他就会萌生一些投机取巧的念头，自然会花心思设计如何占有本不属于自己的东西而又可以逃避惩罚；遭遇不利时还会心生怨尤，认为自己之所以心想而事不成，只因坏得不够，不像别人那么无耻贪婪。很显然，这会导致事业和品德两方面的损失，更有甚者，还可能引发犯罪的行为。如果一个人认为别人的东西绝对不可以拿，他就容易打消杂念，将心思专注于自己的事业，凭努力去获取自己想要的东西。

怎样帮助孩子克服"贪小便宜"的冲动呢？我们可以从以下三个方面入手：

以身示范

一位妈妈带孩子去市场买菜，摊主不小心多找了五元钱。妈妈对孩子说："瞧！那个伯伯多找了我五元钱，别人的钱咱们可不能要。走，我们将钱送回去。"

孩子在幼儿园学唱过儿歌"我在马路边，捡到一分钱"，高兴地问："我们是不是在学雷锋做好事？"

妈妈想了一会儿，说："这是我们应该做的事。别人的钱，我们不能要。"

孩子比大人想象的聪明得多，能由此及彼，将一些观念融入到日常行为中。幼年时的孩子，在心理上对父母持肯定态度，缺乏批评能力，对父母行为中的观念往往是照单全收。所以，你想教孩子不拿别人的东西，自己首先就要做到，否则非但不能传输正确的观念，反倒教会了孩子怎样做到言行不一。

教育孩子尊重他人的所有权

华华看见芳芳在玩皮球，就跑过去，捡过皮球玩起来。芳芳想将球夺过去，说："这是我的球，你走开！"

华华不让，两个孩子相互争夺起来。

华华爸看见了，赶紧走过去，将球拿过来，递到芳芳的手中，对华华说："这是芳芳的球，她不让你玩，你就不能玩，知道不？"

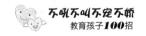
华华不争了，羡慕地看着芳芳一个人玩球。

芳芳妈对芳芳说："宝贝！两个人玩更好玩，你跟华华一起玩吧！"

芳芳懂事地将球递到华华的手中，两个小朋友一起玩得很开心。

孩子初知人事，对所有权的认识不太清晰，只能靠父母教育。父母应该告诉孩子：别人的东西，别人有支配权，不能想要就拿，更不能抢夺和损坏；可以借用但一定要得到允许，用后一定要归还。

与此同时，父母还要告诉孩子，不要太小气，自己的东西，应该慷慨地跟小朋友分享。

对孩子失当的行为及时处理

孩子的事，看上去都是鸡毛蒜皮的小事，这是许多父母掉以轻心的原因。对孩子的行为，应该放大一百倍、一千倍去看，因为随着年龄增长，孩子的能力必然一百倍、一千倍地增长。相同的观念必然带来类似的行为。"小时偷针，大时偷金"；小时助人为乐，大时是个活雷锋。父母应该透过孩子的行为去看其中隐含的观念，对危险的观念，应该及时纠正，切断其源头。杰克·韦尔奇的妈妈为了一个几角钱的玩具球，可以费半天工夫和几元钱的汽油，是因为她知道，这不是时间和钱的问题，而是纠正孩子的观念的问题，无论花多大的代价，都是值得的。

但是，父母对孩子不要有急于求成的心理，别指望一次就彻底改变孩子的某种不当行为。对"屡教不改"的孩子，不要灰心丧气，应该有耐心和信心，父母看见一次就要纠正一次，慢慢地，孩子也就走上"正道"了！

第5招

❋ 不可对长辈失敬

许多年轻父母，从小没有受到尊敬长辈的教育，在对待长辈的态度上，经常会流露出不恭之意。

张女士跟婆婆拌了几句嘴，心里窝着火。晚上，她做好了饭，而婆婆还在邻居家聊天未归。张女士对孩子说："去！喊老东西回来吃饭，免得背后又说我虐待她。"

丈夫一听就急眼了："你怎么能对孩子说这样的话？你们家那两个老东西是拿你当野生动物养的吧？"

张女士不干了，拉开架式，跟丈夫大吵起来。

在当前这个新旧文化交替、价值观多元的时代，像这种没有尊敬长辈理念的夫妻不在少数，他们唯一尊敬的长辈可能只是自己的父母，而不能"老吾老，以及人之老"；有的人甚至对父母也缺少敬意，脑子里是彻底的"自我中心主义"。可以想象，他们很难将尊敬长辈的理念教授给孩子。

"长辈"是一个有着强烈象征意义的文化符号，是否尊敬长辈，将形成截然不同的两种价值观体系。有尊敬长辈理念的人，做人方面，在家孝敬父母，在外敬老尊贤、服从领导，通常不会做出格的事，也就不容易遇到意外的波折和灾难；做事方面，尊重前辈的意见，乐于吸取前人的知识和经验，进步

会比较快，可以少走弯路。

反之，没有尊敬长辈理念的人，做人做事都会比较"难看"：对长者只有轻视，没有敬畏之心，交往时常常表现出疏慢不恭的态度，无论在私人场合还是在工作单位，都会因"缺少教养"而受到排挤；过于相信自己的小聪明，对前人的经验缺乏足够的重视，成长会比较慢，往往成为落伍者。大凡人际关系不良、事业不顺利的这类人，通常不会从自己身上找原因，只会怨天尤人，以为全世界都在捉弄自己。在这种心态支配下，有的人情绪急躁；有的人意志消沉，自暴自弃；有的人报复他人，报复社会。这些人可能一辈子都不会明白，事情的源头竟是因不懂得尊敬长辈而起。

最近几十年，"孩子为大"的观念盛行于世，许多孩子被宠成了"小皇帝"。"小皇帝"除了养尊处优之外，最大的"特点"是自高自大，"唯一崇拜的人是自己"，将别人看得很低。

其实，在中国历史上，真正的好皇帝都懂得不可对长辈失敬的道理。刘邦以敬老尊贤著称，每到一地，必"存问父老"。他临终时，不仅将天下传给了儿子刘盈，还传授了三条经验：一是多读书；二是自己的事自己做，亲手书写公文；三是尊敬长辈。他对刘盈说："你见了萧何、曹参、张良、陈平等诸位公侯，凡是我的同辈人，年龄一倍于你，你都要行拜礼，还要将我的话告诉你的弟弟们。"

刘邦以七尺剑扫平天下，阅历丰富，最后留给儿子的却不是什么宏图大略、奇谋异策，而是三个看上去毫不起眼的"小经验"。刘邦显然明白，大事其实没有看上去那么大，小事也没有看上去那么小。尊敬长辈和多读书、勤做事一样，都是关系到一生福祉的好习惯。

第6招

礼貌对待每一个人

英国哲学家约翰·洛克说："礼貌是儿童与青年所应该特别小心地养成习惯的第一件大事。"

讲礼貌的习惯，是父母能送给孩子的最好的防卫工具。世上大多数人际矛盾，不是源于利益冲突，仅仅是因为彼此间的失礼。许多父母将礼貌看成小节，没有引起高度的重视。殊不知，小节的失误，也可能铸成大错。家庭和工作单位的争吵，也多起因于一些不经意的失礼行为。因"性格不合"离异的夫妻，远多于因财产纠纷和感情出轨而离异的夫妻。什么叫"性格不合"？其实就是彼此失礼。

当一个孩子从小养成了讲礼貌的习惯，长大后，他的人际关系会"干净"许多，这可以为他避免许多不必要的麻烦。

培养孩子讲礼貌的习惯，可以从以下几个方面着手：

家庭是礼貌教育的"训练场"

王女士决定亲自担任孩子的"礼仪教师"。孩子刚牙牙学语时，她就教给他礼貌用语。早上起床，笑着对他说："早上好！"晚上睡觉，亲亲他的脸，对他说："晚安！"去上班，挥挥手，对他说："再见！"孩子渐渐长大，很

自然地学会了各种礼貌用语，到了外面，大家都夸他是个懂礼貌的乖孩子。不仅如此，丈夫也受到了影响，主动当起了孩子的"礼仪辅导员"。有一次，丈夫在单位遇到不顺心的事，回到家里，看见饭还没做好，火气顿时上来了，想发泄一番。王女士一笑，说："别在孩子面前表现得粗鲁，等会儿我们找个没人的地方，好好吵个痛快。"丈夫大笑，火气顿时没了。

教子不仅是教育孩子，也是一个自我教育的过程。把自己教育好了，才能演示给孩子看。连自己都做不好的事情，却要求小孩子做好，不是太难为孩子了吗？

对每个人都要讲礼貌

小胖想玩小朋友的玩具，小朋友不让，两人发生了争执。妈妈走过来，一把将小胖拉开，说："这是个小气鬼，咱们不跟他玩，以后别理他！"

这个妈妈教给了孩子什么呢？教给了他站在自身角度拣择他人，敌视他人。假设孩子接受了妈妈的理念，那么可以想象，他将来必定是个以自我为中心的人，他一定会遇到人际关系障碍和许多莫名其妙的麻烦，因为没有人有义务迁就他的个人倾向。

礼貌是一种修养，体现的是自己的内在品质，许多人却将礼貌理解为送给别人的一份礼物——礼貌可以赠送给老师，长辈和自己喜欢、敬佩的人，对农民工，对自己轻视和讨厌的一切人，就大可不必了！这其实是缺少教养、不懂礼貌的表现。

真正有教养的人，在任何人面前都表现得彬彬有礼，如同漂亮的人在任何人面前都漂亮。如果见了不喜欢的人，就故意涂黑自己的脸，这不是很可笑吗？失礼的行为，跟涂黑自己的脸其实没有什么两样。

对孩子的礼貌行为及时给予鼓励

爸爸带孩子去买棒棒糖，他将孩子抱起来说："将钱交给阿姨，告诉她你想买什么，记得说'请'字。"

孩子将钱交给营业员，说："阿姨！请帮我拿两个棒棒糖。"

营业员接过钱，将棒棒糖递给孩子。孩子懂事地说："谢谢阿姨！"

营业员笑了，说："小朋友真乖！"

走出店门后，爸爸对孩子说："你瞧！刚才阿姨夸你了，大家都喜欢懂礼貌的孩子。"

孩子高兴地笑了。

每个人都重视行为的效果，"没有用"的事谁都不愿做，孩子也不例外。孩子不一定理解礼貌是自我素质的一部分，但如果讲礼貌的行为受到夸赞，孩子体验到了愉快的心情，就比较容易养成主动讲礼貌的习惯了！

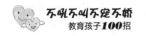

第7招

对别人的帮助要说"谢谢"

一位女士带孩子去小食摊吃早点，吃完后，帮孩子擦擦小嘴，准备离开。

摊主笑道："女士，你好像忘记什么了。"

女士看看座位，没落下什么，不解地望着摊主。

摊主说："你好像忘记说'谢谢'了。"

女士一怔。

摊主说："我不需要，但我想，可能孩子需要。"

女士看了看孩子，脸上露出难为情的神色。少顷，她很真诚地对摊主说："谢谢你的早点，味道很好！也谢谢你的提醒，真的！"

女士牵着孩子，边走边思考刚才的事，越想越惭愧。她自问也算半个知识分子了，"谢谢"二字，竟然还需要别人提醒！

"谢谢"一词，简单好记，说出来也很美，却被许多人所忽略——接受别人的服务，那是花了钱的，无须说谢；接受父母的关怀，更无须说谢了！只有在接受亲朋好友或陌生人的帮助时，才觉得必须说谢；有时因为不习惯，也会难于启齿，私下告诉自己，只要将对方的好记在心里就行了。

有人说：爱和感恩是一切教育的基础。人与人的关系，不是被金钱、组织、家庭等外在的东西联结在一起，而是用"爱"相维系。无论哪种交往方式，都包含了某种情意：服务员会注意保持店内的环境美观整洁和自己说话的方式亲切友善，以便让顾客感到舒适，因此顾客花钱买的是商品，服务员的善意却是免费赠送的；上司会关心下属的成长，下属也会考虑上司的需要和心情，双方并不是冷冰冰的管理与被管理的关系；陌生人之间，彼此也会关注和迁就，尽量不让对方产生不适感……总之，无论哪种关系，原本都有"爱"的成分，值得我们"感恩"；而一句"谢谢"，不仅是为了表示尊重和礼貌，也表明自己理解了对方的心意。因此，一句"谢谢"，常常让付出的人觉得一切都值得。

所以，懂得感激的人，让付出者更乐意为之付出，得到的情意总是越来越多，在他人贴心的帮助和友好的笑脸中，可以时时体验如沐春风般的惬意。

反之，不懂得感激的人，谁愿意为他付出呢？他将受到更多的冷漠、敌视，甚至伤害。许多人抱怨服务员的态度差，抱怨上司的德性差，抱怨下属的品行差，抱怨社会大众的素质差，却忘了问问自己：我值得别人对我好吗？我真心感激过别人的好吗？

父母教孩子说"谢谢"，不仅是教孩子懂礼貌，也是在教孩子正确理解人与人的关系，理解人与人之间的帮助和善意。事实上，孩子比成年人更感性，可能比成年人更容易理解爱和感恩，只要稍加点拨，孩子就能心领神会。

一天，一位妈妈拉着满脸稚气的小女孩过马路。等红灯时，小女孩百无聊赖，蹲在地上玩妈妈刚给她买的小泥人。过了一会儿，绿灯亮了，妈妈说："走！快些过去。"小女孩起身就走，将小泥人忘在地上了。一位姑娘捡起小泥人，追上去说："小妹妹，你的玩具掉了。"

妈妈感激地看了姑娘一眼，对小女孩说："快跟姐姐说'谢谢'。"

小女孩乖巧地说："谢谢姐姐！"

姑娘笑笑说："不用谢！"

过了马路，小女孩回头看了正在走远的姑娘一眼，好奇地问妈妈："那个姐姐说'不用谢'，你为什么教我说'谢谢'？"

妈妈愣了一下，说："别人帮助了我们，我们就应该说'谢谢'。她说'不用谢'，意思是她很高兴帮忙。对于她的好意，我们更应该说'谢谢'，你说对不对？"

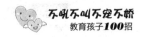
小女孩点了点头。

走到另一个街口，小女孩停下脚步，看着正在指挥交通的交警，对妈妈说："我们去对那个叔叔说'谢谢'吧！"

妈妈一怔，问："为什么呀？"

小女孩说："天气这么热，叔叔不怕辛苦，保护我们安全过马路，我们应该说'谢谢'。"

妈妈犹豫了一会儿，拉着孩子的手，走到交警面前，说："谢谢你！"

小女孩也说："谢谢叔叔！"

交警莫名其妙地看着母女俩，一时不知该说什么。

妈妈笑着解释说："我孩子说，天气这么热，你不怕辛苦，保护我们安全过马路，所以我们应该向你说声'谢谢'。"

交警笑了，说："不用谢！这是我的工作。"

小女孩说："你说'不用谢'，我们更要谢谢你的好意！"

交警笑了。这一天，他的心情一直很好。

当孩子真正理解了"谢谢"的含意，那么，"谢谢"就不是一个机械的词语，不是一种礼仪形式，而是发自内心的一个感恩信号。在"谢谢"声中，彼此的心意相互感染，水乳交融，这不是一种很美的情景吗？

所以，让你的孩子学会说"谢谢"吧！

第8招

❋ 错了要说"对不起"

　　人难免会犯错，或者损害了别人的利益，或者伤害了别人的感情，或者冒犯了别人的尊严，无论哪种错，无论是有意犯的错还是无心之过，都会给人际关系造成障碍。如何消除障碍，使人际关系畅通起来？承认错误是先决条件。对方不一定计较自己的损失，但一定计较犯错者的态度。一句"对不起"，可以使僵持的关系出现转机，甚至可以大事化小、小事化了。所以，犯了错误的时候，"对不起"是一句很有用的话。

　　父母教会孩子说"对不起"，等于交给了孩子一把打开人际关系障碍的钥匙，但这是一件难事——事实上，无论处于哪个年龄阶段，说句"对不起"都不容易。对孩子来说，说"对不起"有两个难点：五岁之前，孩子生活在一个以"我"为中心的语境里，通常只考虑喜欢或不喜欢，不会考虑什么是对、什么是错。当孩子不认为自己有错时，怎么会说"对不起"？即使说了也是言不由衷，等于没说。五岁之后，孩子开始能分得清对错，"爱面子"的心理却又随之增加，对责任风险也有所顾忌，"对不起"还是难以出口。

　　怎样让孩子勇敢地说"对不起"？父母需要掌握以下要点：

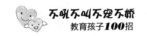

让孩子明白错在哪里

孩子明白错了，才会真诚地道歉，从而赢得对方的谅解。

对五岁之前、不懂对错的孩子，最好教会孩子换位思考。

一位妈妈对孩子说："别人用手打你的脸，你疼不疼？"

儿子的脸上露出一丝畏怯的表情，说："疼！"

"别人将你推倒在地上，你高不高兴？"

儿子说："不高兴。"

妈妈说："你打珊珊的脸，她多疼啊！你还将她推倒在地上，她多不高兴啊！"

儿子看着妈妈，不知所措。

妈妈说："我们去向珊珊道歉，说'对不起'，好不好？这样她才会高兴起来，以后还会跟你玩。"

儿子同意了，真诚地对珊珊说："对不起，我以后再不打你了。"

孩子也是讲道理的，只要真的认为自己错了，道歉就容易多了。

对孩子的错误行为不要轻易让步

一天，小胖家来了一个客人。吃饭时，客人坐在小胖平时喜欢坐的位置上，小胖当即提出抗议："那是我的座位，我要坐！"

客人有点尴尬，正准备让座，小胖妈忙拦住他，又转身对小胖说："你对叔叔太没礼貌了！快向叔叔道歉。"

小胖倔强地说："我不！我要坐我的位置。"

小胖爸见小胖非但不认错，还哭着闹着争座位，觉得必须坚决制止了。于是他板起脸，警告说："不听话，就回到自己的房间里去!"

小胖哭着冲进了自己的房间。

客人说："将位置让给他好了，没关系的！"

小胖妈说："俗话说'宠儿不孝，宠狗上灶'。一味惯着孩子，他更不知道轻重对错。"

小胖毕竟是个有教养的孩子，只是一时情绪发作，才这样胡闹。过了十几分钟，他冷静下来，认识到了自己的错误，打开房门走出来，对客人说："对不起！叔叔，刚才我错了。"

爸爸、妈妈高兴地吻了小胖，夸道："你真了不起，敢于承认自己的错误。"

客人也夸道："真是个懂事的孩子！"

小胖不好意思地笑了。于是，满天阴云，变成了阳光明媚。

孩子虽然弱小，也有"杀手锏"，哭闹和固执是他们跟父母谈判的一种方式。对于无关紧要的事，迁就一下，或许没有什么；对于原则性的问题，就不宜轻易让步了，否则孩子可能会将错误当成正确，并重复类似的行为。

敢于向孩子说"对不起"

如果父母对孩子犯了错，却不肯道歉，反而要求孩子让步，那么，孩子就会认为：道歉并非是必须的，仅仅是因为"权力"。即使孩子被迫认错，心里也会不甘不服，甚至萌生报复父母的念头——报复的方式则不一而足。如果父母敢于向孩子认错，孩子认错的心理障碍就小多了。

李女士带女儿去逛超市，女儿看中了一个玩具熊猫，抱着不撒手，非让妈妈买不可。妈妈买了一大堆东西，钱快花光了，就劝女儿将熊猫放回去。但是，软话、硬话都说尽了，女儿非但不听，反倒哭起来，眼泪、鼻涕都下来了。

母女俩正僵持着，售货员走过来，对李女士说："对不起！熊猫被您的孩子的眼泪、鼻涕弄脏了，您应该买回去。"

李女士一听，气急败坏，在女儿的耳朵上揪了一下。这下可好，女儿号啕大哭，引得大家都跑过来看热闹。李女士觉得很丢脸，赶紧退掉部分商品，将熊猫买下来，然后带着女儿"逃"出了超市。

回到家里，李女士气恨难平，有心"赏"女儿几下，却忍住了，但开出一个条件："你今天太过分了！我不要别的，只要你说声'对不起'，我就原谅你。"

女儿不为所动，还摆出一副理直气壮的样子。

李女士气极了，想打女儿几下，丈夫赶紧将她拉过去，问了问情况，说："你当着那么多人的面打骂孩子，难道就做得对吗？"

李女士心里一惊，回想起自己在超市的表现，确有许多不当的地方。她犹豫了许久，终于走到女儿身边，说："对不起！宝贝。妈妈不该打你，尤其不该在那么多人面前打你。妈妈错了！"

女儿惊奇地看了妈妈一眼，没有作声。

第二天，女儿对妈妈说："对不起！妈妈！昨天是我不对，我知道妈妈钱不够，还要买熊猫，不讲道理。"

李女士笑了，心想：让这个犟姑娘认错，真不容易！

孩子对"面子"之类的担心毕竟少于成年人，认错或不认错，并不会太偏执。只要父母肯认错，孩子也不会吝于道歉；孩子固执地不肯认错，可能是因为父母没有做好表率。

别让孩子变成"坦白痞子"

小英打了邻居家的小朋友，妈妈让她道歉，她不肯，妈妈就将她关进房间里反省，并且声明："愿意向小朋友说'对不起'才可以出来。"小英大哭，满以为爸爸听见哭声会来救她，谁知嗓子哭哑了都没人来理她。无奈之下，她只好走出来，表示愿意说"对不起"。

让孩子屈服并不难，问题是，如果孩子并不是真心认错，那么说句"对不起"又有什么用呢？当孩子渐渐长大，还可能会狡猾地发现：说"对不起"是迅速摆脱麻烦、逃避责任的好办法。这样，孩子会很容易变成一个有错就认、见错照犯的"坦白痞子"。

让孩子说"对不起"，仅仅是认错的第一步；让孩子明白自己错在哪里，是更重要的一步。但最重要的一步是，让孩子勇敢地承担责任，并积极地补救犯错所带来的损失——这是前面"第2招"讲过的内容，在此就不赘述了。

第9招

不可伤害弱者和小动物

李先生为了培养儿子的勇敢精神，当儿子刚学会走路时，就鼓励他跟小朋友对抗：“打他，看谁打得赢。”儿子打赢了，李先生就乐得眉开眼笑，夸道：“好儿子，真棒！”小家伙受到鼓励，经常向小朋友挑衅。别的小朋友平日接受的教育是：跟小朋友友好相处，不要打架。所以，他们都怕了这个喜欢惹是生非的小家伙。小家伙自以为天下无敌，有时竟敢向大孩子挑战，这就难免招打，经常被打得哭哭啼啼。小家伙吃了亏，长了“见识”，见了大孩子就躲，专门欺负比自己弱小的孩子，并以此为乐。

从某种意义上说，这个父亲是在培养“准坏蛋”；说严重一点，是在培养“准强盗”。无论中国还是外国，无论古代还是现代，对于道德，都有一个基本的分界：帮助弱者的是好人，欺压弱者的是坏蛋。“帮助”的含义很广：物质的帮助，精神的扶助，身体和名誉的保护，都在帮助的范围内。“欺压”也包括物质、精神、身体诸方面。伤害弱者的身体，是一切恶行中最显见的恶行了！父母教子，如果容忍甚至鼓励孩子欺负弱者，岂不是眼睁睁地看着他走上邪道吗？

欺压弱者不是强者之道。一个专在弱者身上找快乐的人，往往会因为品质不良而受到社会群体的孤立，沦为弱势群体中的一员。那些犯罪分子——

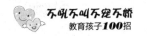

小偷、骗子、强盗，貌似强者，却连养活自己的本领都没有，只能结伙成群，从弱者身上找生活，岂不是弱者中的弱者？但他们最大的悲哀在于，一旦形成了弱者思维，则失去了自省和改变的能力，做事往往因循守旧，好比身陷于泥潭，难以自拔。犯罪分子被关在监牢中，就像笼中的动物，但即便如此，他们作风依旧，以欺负新来者为乐，因为新来者比他们更弱小。

帮助弱者才是强者之道。那些有能力资助弱者的人，有能力替弱者解危济困的人，无疑是生活的强者。

没有哪个父母不希望孩子成为强者，没有哪个父母愿意看见孩子成为弱者。既然如此，父母就应该多鼓励孩子同情、保护和帮助弱者，而不是加以欺负。

对孩子而言，伤害小动物跟伤害弱者具有相同的意味。伤害弱者可能遭来反击，还可能受到惩罚，因此，有的孩子为了规避风险，转而在小动物身上找快感。这看上去不算大事，其隐含的心态却同样可怕。有一个杀人犯承认，他杀死的第一个动物是一只猫，看着一个生命在自己的手中一点一点消失，他体验到了无比的快感。到了后来，对于他来说，杀死一个人跟杀死一只猫已经没有什么两样了。

怎样防止孩子养成伤害弱者和小动物的坏毛病呢？像前面那位父亲一样鼓励孩子主动挑衅小朋友的父母极少，但是很多父母教育不当，致使孩子心里积累了暴戾之气。以下三个原因，最容易引发孩子凌弱的心态：

家庭暴力

小刚的父亲深信"棍棒底下出孝子"，因此经常打骂小刚。小刚不明白，其他有同样行为的小朋友不会挨父母的打，自己却为何屡遭打骂？小刚心里时常憋着委屈，随着年龄的增长，他的性格变得阴郁暴躁，别人招惹了他，他一旦发作起来，就敢下死手打人。在学校里，他成了一个让老师和同学都感到很头疼的人物。

小孩子受到"无故伤害"，难免会引发不良的情绪；情绪积累多了，自然会寻找发泄的渠道。经过一番碰壁，弱者就成了他们的头号发泄对象，因为伤害弱者是最容易办到的事。

责备过多

妈妈很想让小华学好，小华犯了一点点错，她就要责备一番。小华觉得无论怎样努力都无法让妈妈满意，于是渐渐变得自暴自弃，在家里我行我素，在外面惹是生非，提前进入"逆反期"，对妈妈的话根本听不进去了！

责备是一种"软暴力"，责备过多，跟打骂过多一样，终将给孩子造成不良的后果。

家庭冷漠

小平的爸爸妈妈工作很忙，经常加班，小平白天被送进幼儿园，晚上由保姆看管。他感觉自己成了一个被忽略的人、一个累赘，渴望爸妈的关爱。为了吸引爸妈的注意，他有时故意打烂一个碗，或者损坏一个遥控器，但效果不大，爸妈没将这些小损失放在心上。后来他找到了一个"开关"：如果他在班上捣乱，或者跟小朋友打架了，老师就会约家长来学校谈话，这时候，爸妈就对他百倍关心起来。以后，小平想爸妈时，就按这个"开关"，屡试不爽。小平的爸妈很纳闷也很苦恼：他们一直用正确的理念教孩子"学好"，孩子怎么变得这么"坏"呢？

孩子渴望关爱，一旦感到自己缺少爱，就可能采取某些行动，以期引起父母的注意。他们的目的不是为了"使坏"，也很难因此产生负疚感。父母从纠正行为着手，往往做不到点子上；只有寻找行为背后的原因，才有可能找到问题的症结。

第10招

学会照顾自己但不要妨碍他人

一位年轻妈妈曾在英国留学，学到了一条英式教子理念：学会照顾自己但不要妨碍他人。有了孩子后，她决定实践这一理念。

她发现，让儿子学会照顾自己，相对比较容易。儿子的学习兴趣高，什么事都乐意尝试一番，总是摆出一副"我能行"的架势。到了三四岁时，吃饭、上厕所、收拾玩具、自己脱衣上床睡觉，大部分事情他都会做了，尽管做得不那么好。

让儿子学会不妨碍别人，就比较难了。孩子还小，他做任何事都不认为妨碍了他人，甚至根本意识不到别人的存在。想哭的时候，那分贝高得几里路外都听得见；想玩的时候，什么都想碰一下。有一次，她带儿子逛街，儿子想尿尿，却到处找不到厕所。儿子憋急了，就不管三七二十一，对着满大街的人尿起来。她窘得满脸通红，却不知如何是好。

有时候，她发现，"照顾自己"和"不妨碍他人"相互冲突。有一次，她带孩子乘地铁，一个年轻人看了孩子一眼，礼貌地让出座位，孩子老实不客气地坐上去。她发现年轻人的脸色疲惫，显然是忙碌了一天，刚下班。她想，也许这个年轻人比她的儿子更需要这个座位，那么，儿子享受了文明礼让带来的好处，算不算妨碍了人家呢？

尽管教育效果不尽如人意，她还是耐心地、坚持不懈地向孩子灌输"不妨碍他人"的理念。渐渐地，儿子变得越来越懂事，在很多事情上，当他意识到有可能妨碍他人时，就能制止自己，不去做。到6岁时，他已经成了大家眼中一个很有教养的孩子。

在传统的思想品德教育中，"助人为乐"始终是一大主题，但我们却忽略了"不妨碍他人"这一道德底线。结果我们看到的是一个"怪现象"：大部分孩子都心怀助人为乐的美好想法，却又天天在做妨碍他人的事，例如在公共场所大声喧哗，践踏公园的草地，嘲笑同学的失误和缺陷等。小孩子的能力有限，大部分时间处于被帮助状态，助人为乐的志向常常流于表面；不妨碍他人，却是每天都能做到的。让孩子做力所能及的事，效果会更好。

不久前，著名德育专家、国家教委基础教育司德育工作处原处长孙学策提出了一个观点，他认为，助人是道德的最高境界，只有雷锋等少数人才能做到，老师、父母不妨对孩子降低一个层次的要求，即乐于助人。高兴就去做，顺着本性中自发的道德情感，这是许多人都可以做到的。对不乐意助人的孩子，不必勉强，不妨再降低要求，只要不妨碍他人就够了。只要一个孩子能坚守这条道德底线，道德教育就很有成效了！

笔者认为，不妨碍他人可能比乐于助人更难做到，价值也更高。假设世界上人人都能做到不妨碍他人，那么需要帮助的人也就没那么多了！再者，偶尔帮助一下别人，只是一时之力，无论多么困难的事，都可能办到；时刻约束自己不妨碍他人，则对自身素质的要求高得多。不仅如此，是否妨碍他人，没有明确的标准，很大程度上依赖于自我认知水平，这无疑增加了做到不妨碍他人的难度。前面谈到的那位女士，当年轻人给她的孩子让座时，她能想到她和她的孩子可能妨碍了人家，这很了不起！另一位女士的想法却不一样，当男青年不肯给她的孩子让座时，她竟然愤然出手，打了男青年一耳光。很显然，她认为别人妨碍了她，却根本意识不到她可能妨碍了别人。还有一些老人家，抱怨自己没有享受到被让座的权利，这也是一种意识不到自己可能妨碍了别人的表现。

为什么会这样呢？

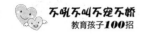
关键是没有标准。

假设有标准，谁妨碍了谁，就比较清楚了。

记得乡下有一句俗话，被大家普遍视为行为准则：轻担让重担，空手让扁担。

"狭路相逢"时，挑轻担的人应该给挑重担的人让路，空手的人应该给拿着物件的人让路。此一准则适用于所有人，包括老人和孩子。

假设将这一准则套用到乘车礼仪中，有些争议就比较容易理清楚了。那些上班赶时间、傍晚带着一身疲惫回家的人，都是挑着轻重担子的人；去外面游玩的老人和带着孩子闲逛的父母，都是空手的人。如无必要，空手的人应该尽量避开上下班高峰期，以免妨碍"挑担者"赶路。只有当大家都空着手或挑着担子时，礼让老幼才成为必须。

不过，"空手人"和"挑担者"并不是那么直观，这就要求各人自律。作为一个有教养的人，最好不要把别人的礼让视为自己理所应当的权利，应该随时注意不要妨碍那些比自己负重更多的人，并把这一理念教给自己的孩子。

第11招

你对别人好，别人才会对你好

　　林女士堪称"人际关系专家"。作为业务部经理，她掌握着一个由众多大公司、大集团中的实力派人士组成的客户群，这使她的身价倍增；在社区，她跟左邻右舍的关系也相当好；在亲戚朋友中间，她是一个令人信赖的大好人。有人说她"天生招人喜欢"，但她说："我只知道，你对别人好，别人才会对你好。"

　　在教育孩子时，她将"你对别人好，别人才会对你好"的理念灌输给孩子。她的方式其实很简单，但难能可贵的是，她始终清楚地知道想让孩子得到什么样的教育。

慷慨分享

　　一次，林女士带乐乐购物回来，在小区门口，遇到了乐乐的好朋友华华和他的妈妈。

　　林女士说："乐乐，拿巧克力糖给华华吃。"

　　乐乐很大方地拿出几颗巧克力糖，递到华华的手中。

　　华华看见了林女士手里的电动飞机，用小手拨弄着，很想玩一玩。

　　林女士说："回家还早，要不你们两个小朋友玩一会儿小飞机吧！"

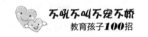

乐乐有点儿不乐意:"小飞机我还没玩呢,怎么能给他玩?"

林女士笑道:"咱们乐乐可不小气,好玩的东西愿意跟好朋友一起玩,一起高兴。"

乐乐只好将小飞机拿出来,跟华华一起玩,两个孩子果然都玩得很高兴。

今天的孩子,多数是独生子女,平时习惯于独居独食,难免萌生自私的念头,彼此难以建立亲密的关系。林女士鼓励孩子跟小朋友分享自己的东西,有利于培养孩子热情大方的性格,孩子在小朋友中自然更有亲和力,将来长大了,也更有凝聚力。

好客

林女士鼓励乐乐带小朋友来家里玩。孩子们来了,她像对待大人一样,端茶让座,热情接待,用心准备饮食;而乐乐也会将自己的零食、玩具拿出来,招待小朋友们。在社区里,孩子们一般很少互相串门,乐乐家却是个例外,成了一个孩子们以及家长们喜欢光顾的地方。所以,乐乐在小朋友中间的人缘非常好。

对父母来说,给孩子一个大家喜欢光顾的家,比给孩子买好吃的、好玩的有意义多了!一个好客的家,不仅有利于孩子跟小朋友友好相处,对孩子的人格培养、智力成长也都有好处。孩子的信息来源广,可以较多地接触成人的处世规则和思维方式,自然会变得更聪明、懂事。所以,好客的家庭更容易培养出优秀的子弟。

鼓励孩子参与并遵守游戏规则

林女士带乐乐出去玩时,乐乐跟小朋友做游戏,她总是兴致勃勃地在一旁观看,有时还会参与其中。

有一次,乐乐跟小朋友们玩跳远游戏,规定要双脚起跳。乐乐年龄稍小,每次都不是跳得最远的一个。他要了一个小聪明,起跳时一只脚半蹬半垫,看上去是双脚起跳,实际上是单脚起跳,结果跳得最远。乐乐还没来得及得意，妈妈已经说话了："你输了！你是怎么输的，我先不说，你自己去想。"

乐乐脸红了。

事后，林女士对乐乐说："比不过人家，输了不丢脸；靠作弊的方式去赢，是最丢脸的输法。你想赢的话，就要去练习两个月，到时候再跟小朋友比比看，能不能赢？"

乐乐果真每天练习跳远，练了一个多月，明显有进步，再跟小朋友们比，谁都比不过他。于是，乐乐真正品尝到了胜利的滋味。

孩子跟小朋友玩在一起，才能跟小朋友搞好关系。但是，任何游戏都得遵守规则，不遵守规则者必然会受到大家的排斥。所以，父母要鼓励孩子参与游戏，同时要培养规则意识，这对孩子的人格培养也大有好处。

鼓励孩子帮助别人但不越位

一次，幼儿园老师布置了一项作业：用白纸描一幅画并涂上颜色。

乐乐很快就完成了。

邻居家的娇娇不会做，跑来找乐乐帮忙。乐乐指点了一会儿，见娇娇还是不会，有点儿不耐烦了，说："我帮你做！"

林女士制止说："不可以！娇娇能做好。来，我们帮她一起想办法。"

林女士走过去，一面指点乐乐如何讲清自己的想法，一面指点娇娇如何去做。过了不多一会儿，娇娇掌握了诀窍，很快完成了作业。

帮助朋友自立，才是真正的帮助；让朋友对自己产生依赖，这样的帮助也有伤害。事实上，一个依赖自己的朋友，对自己而言也是一个负担。

在世界上，只有父母才有可能无条件对自己好。将要求父母的标准沿用于父母之外的人身上，冀望他人也能无条件对你好，得到的往往是失望，亦不利于建立良好的人际关系。将"你对别人好，别人才会对你好"的理念告诉孩子，并鼓励孩子主动向他人示好，孩子就能走上人脉畅通之路了！

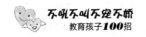

第12招

为他人的精彩表现鼓掌

小萱很好强,做什么都想争第一,而她确实很强,无论学习还是做游戏,她都很出色。在唱歌跳舞方面尤其有天赋,她三岁就开始接受专业老师的指导,六岁就成了全区有名的"小童星"。妈妈的心愿是将她培养成未来的歌星。

有一次,小萱参加全区学生文艺汇演,妈妈特意赶去观看。最后评奖时,小萱得了个第二名,第一名被一个高年级女生夺得。小萱很生气,拒绝上台领奖。

妈妈问她为什么,她说:"评委老师偏心,她唱得没我好!"

妈妈说:"你太丢脸了!比赛输了没关系,可以下次再来,输了人可不好。那个姐姐确实唱得很好,难道你听不出来吗?你连好与不好都分不清吗?"

小萱不做声。

妈妈又说:"光荣属于表现优秀的人,而不是会耍小脾气的人。当然,你的表现也很优秀,你应该有信心表现得更优秀。所以,你该去向那位姐姐祝贺,这不仅是对优胜者的尊重,对评委老师和观众的尊重,也是对艺术的尊重,对你自己的尊重。"

小萱毕竟是个懂事的孩子,她很快就想通了。她跑上台去,高高兴兴地向那位女生道贺,并且表示:以后一定努力,争取唱得更好。她的行为,赢得了大家的掌声。

为优秀者鼓掌，向优胜者道贺，这是自信的体现，也是自爱的体现。那至少可以证明：你也许不能像别人一样表现得那么优秀，但你懂得欣赏优秀。一个懂得欣赏优秀的人，自然懂得怎样去追求优秀；一个懂得欣赏优秀的人，已经不是一个庸俗的、低级趣味的人了！

每个人都有嫉妒心理，看见别人表现优秀，心里难免不是滋味。在面对竞争对手时，嫉妒更有可能带来强烈的心理煎熬。在嫉妒心的催动下，很容易产生不恰当的言行，例如鄙视、嘲笑、贬低优秀者，给优秀者设障碍、使绊子，甚至可能做出更恶劣的行径——对优秀者的名誉和身体进行伤害。

怎样避免嫉妒带来的危害呢？最好的办法是化竞争为欣赏，为他人的精彩表现鼓掌。生活的经验告诉我们，观众一般不会嫉妒舞台上和影视剧中的演员，因为双方不存在竞争关系；所以在人际关系中，无论对竞争对手还是无关人员，都可以改变自己的角色，以观众的眼光去看待他人的表现，就不会受嫉妒的困扰了！

父母有义务教育孩子学会欣赏别人的优秀表现，方法其实很简单，一位妈妈是这样做的：

陪孩子看电视节目时，听见打动自己的歌，看见打动自己的情节，妈妈就鼓鼓掌，说："真棒！太棒了！"

爸爸做了一件漂亮的事，妈妈就鼓鼓掌，说："这件事做得真棒！"

孩子做了一件漂亮的事，妈妈就鼓鼓掌，说："你做得真棒！"

别的小朋友做了一件漂亮的事，妈妈也会鼓掌称道。

妈妈的掌声总是献给某个优秀的行为，却不是对某个人全盘肯定。

时间长了，孩子自然接受了妈妈的欣赏方式，看见别人的优秀表现，也会习惯性地鼓掌赞叹。

对别人的精彩表现，或者欣赏，或者嫉妒。欣赏时，心态自然指向了美好、阳光、积极向上的方向；嫉妒时，心灵自然为黑暗所笼罩。

教会孩子为他人的精彩表现鼓掌，等于送给了孩子一片阳光明媚的心灵天空。

第2章

不宠不娇，
做智爱兼备的父母

　　幼儿害怕孤独，喜欢被关注、呵护。温和而坚定的管教方式也是一种爱的表达方式，孩子不能理解却会欣然接受，如同接受世间新奇美好的事物一样。

第13招

做父母也需要"上岗证"

小强跟小朋友"打土仗",玩成一个脏人儿跑回家,妈妈一看就急眼了,怒斥道:"你怎么不学好呢?长大了想当流氓?"

小强一脸无辜地看着妈妈,不知道自己做错了什么,更无法将自己跟"流氓"联系起来。

口不择言是父母教子的恶习之一,养成这种恶习的根本原因是"没水平"。

有人提出了一个有趣的观点:做父母也需要"上岗证"。

想想也是,现在做什么工作都要岗前培训,而做父母是何等重要的工作,一身兼任领导、管理者、教师等多种要职,没点素质,还不把工作搞砸了?

再仔细想想,每个人都是在一套传统而又各具特色的教育模式下长大成人的,对于怎样做父母,早就有了足够多的感性知识,只不过这些知识尚有欠缺,而且比较零乱,只要补充一些必要的知识并加以系统化,取得"上岗证"并不难。

补充一些关于孩子的知识

娇娇喜欢玩门前的一堆沙子,妈妈告诉她:"记住!别玩那些沙子,狗狗经常在上面尿尿,太脏了!沾上细菌和病毒,你会生病的。"

娇娇才三岁，不懂什么细菌和病毒，不知道生病是一件可怕的事情，她的记忆力也不足以长时间记住妈妈的话。所以，过了一会儿，她又跑到沙堆上，兴致勃勃地玩起了沙子。

教育失效的主要原因是超出了孩子的接受能力。许多老师、教授教不好孩子，不是文化知识贫乏，而是缺少关于孩子的知识。父母不需要学成儿童教育学博士，但至少要知道不同年龄段的孩子的智力水平、心理特点和接受方式。只要看一两本相关的书就够了，这并不难。

为孩子做一个前期规划

孩子在幼儿园被小朋友欺负了，哭哭啼啼地回到家。

一位父亲对孩子说："光知道哭！谁打了你，给我打回去，一定要打赢！"

另一位父亲对孩子说："宝贝，别难过！咱们去跟那个小朋友好好聊聊。"父亲带着孩子，跟打人的小朋友谈了谈，询问了一些情况，很快帮助两个小朋友握手言和。

你认为哪个父亲的做法正确？

在你回答之前，我有80%的把握可以肯定：你的回答不正确！

因为80%以上的父母没有给孩子做好初步的人生规划，不确定要将孩子培养成哪一类型的人，那就很难说哪种教育方式正确。

培养总统或外交家，培养将军或商人，培养教师或科学家，培养勇士或老实人，是有所不同的，对孩子的品性、素质的要求各有侧重点。你期待孩子向哪个方向发展，才知道怎样提出要求并加以指导和锤炼。

阅读环境

刘女士一家住在一个杂乱的小巷子里。一天，孩子在门前玩耍，不幸被一辆摩托车撞伤。刘女士悲急交加，哭着数落丈夫："我天生命苦，嫁给你这个废物，住在这个破地方，孩子都不能保护好。"

刘女士的遭遇令人同情，她的话却没有道理。对教子而言，每一个环境都有优点和缺陷，城市或乡村，豪宅或陋室，僻壤或闹市，都能培养出健康

活泼的孩子，都能培养出总统或其他各类人才。父母的智慧在于读懂环境，聪明地利用环境的有利面而规避不利的因素。

界定问题

三岁的欢欢将小朋友的玩具汽车抱回了家，你认为这是什么性质的问题？

千万别急着回答！没有调查就没有发言权。

最后问清楚了，欢欢是从小朋友的手上抢过玩具汽车，拿回了家。这是什么性质的问题？

别使用"抢劫"之类的字眼，小孩子没有明确的自我意识，没有清晰的人我界线，价值判断跟成年人的也不一样。在小孩子的眼里，一个玩具汽车跟地上的一块小石头、一片树叶没有多大的差别。抢小朋友的玩具，抢者和被抢者都感觉不到是一件很严重的事，但父母必须出面干预这件事。欢欢妈的做法是：领着欢欢，将玩具汽车送还给那位小朋友，并且说了"对不起"。欢欢暂时还不能完全理解自己有何不对，不过，规范他的行为还是有必要的。观念决定行为，行为也反作用于观念。端正行为，有利于培养正确的观念。

孩子每天都在制造大大小小的问题，这些问题应该如何处理？重要的问题设法弄懂，或读书学习，或向人请教；不重要的问题，不要随意干预。

良性沟通

张女士在电脑上打字时，孩子对搁在地上的电源插座产生了兴趣，想摆弄一番。张女士将他拉开，说："乖！别碰，危险！"

孩子对"危险"更感兴趣，想玩的欲望更强烈了。张女士只好编了个故事吓唬他："插座里面住着一个蓝脸红眼睛的魔鬼，牙齿特别长，小朋友去碰它，它就会跳出来，哇，一口咬下去。"

孩子果然有些害怕，同时好奇心大起，很想将"魔鬼"碰出来。张女士无计可施，终于恼羞成怒，喝道："去！滚一边去。"

孩子"哇"地大哭起来。

丈夫走过来，摸摸孩子的头，说："乖！这个不能碰。"说完，将插座拿起来，搁在高柜子上，然后拿起一个玩具球，跟孩子玩起来。孩子很快将插座忘到了脑后。

让孩子听懂自己的话并且言听计从，这是一件难事。父母只能根据孩子的特点，慢慢摸索有效的沟通方式，不能讲清道理时，先求效果也可以。

保持一种心情

教育孩子不仅取决于主观努力，也受环境、教养水平等客观条件的影响。在主观努力和客观条件的双重作用下，你的孩子必然以"最合理"的方式成为"这样"的孩子，而不是像张三、李四"那样"的孩子。那么，你不妨认为"我的孩子是一个很特别的孩子，我对他感到满意"。保持这种心情，你就对孩子少了许多抱怨，对自己少了许多懊悔，这样，亲子关系也会和谐许多！

第14招

成为孩子的好榜样

幼儿的模仿能力很强，父母是孩子的第一个模仿对象；幼儿分辨是非的能力很弱，对父母的优点、缺点都可能照单全收。

林女士下班回到家，感觉很累，她摊开双手，躺在沙发上，脱掉高跟鞋，将双脚搁在茶几上。小女儿跑过来，也爬到沙发上，学着她的样子，摊开双手，靠在她的怀里，踢掉鞋子，将小脚搁在茶几上。林女士一看女儿的模样，感觉有些不雅，教训道："女孩要有女孩的样儿，你怎么能把脚搁在茶几上？难看死了！"

女儿说："你不是女孩吗？你可以搁，我为什么不行？"

林女士脸红了，无言以对。

类似的情景在每个家庭都可能有过，有些家庭还会经常上演。有些父母的风格是，严格要求孩子，坚决放任自己：一面打麻将，一面催促孩子做作业；一面捧上色香味全无的饮食，一面教导孩子认真办事；一面应付单位的差事，一面鼓励孩子追求成功……这像是在告诉孩子一个道理：如果你掌握了话语权，你就可以蛮不讲理。

父母是孩子初涉人世的第一部"教材"。父母的成功在于，让孩子百读不厌；父母的失败在于，让孩子一读就厌，乃至于成为反面教材。

许多儿童教育研究者在强调父母的榜样力量时，将孩子对父母的学习描述为机械模仿。据笔者多年观察，孩子对父母的模仿，实际上是一个扬弃的过程，不是见样学样。了解孩子的取舍方式，才能知道怎样发挥示范作用。

孩子乐于模仿父母易于模仿的行为习惯

乔乔的妈妈是个形象设计师，每天衣着新潮得体，乔乔从小就爱"臭美"；乔乔的妈妈爱玩手机游戏，经常将大事小事丢到一边，玩个天昏地暗，乔乔的手机游戏也玩得倍儿棒。娘儿俩的情景经常是：一人捧着一部手机，各玩各的。

孩子的是非分辨能力不强，对自己的判断力也缺乏足够的自信，模仿父母是比较"安全"的学习方式，也不太困难，这是他们乐于模仿的原因。所以，不论好的习惯还是坏的习惯，他们都会照搬照抄。

孩子畏惧模仿父母不易模仿的行为习惯

李先生是一位高级工程师，为人稳重，办事严谨，专业能力出众。他很想将儿子培养成像自己一样的人，但儿子却"不听话"，成天跟一些"差生"混在一起，喜欢玩乐，不爱学习。在儿子的眼里，父亲是个英雄，也是他向小伙伴炫耀的资本，但他好像并不打算成为像父亲一样的英雄，更乐意走向反面。李先生对儿子的感觉只有两个字：失望。

"虎父犬子"现象，在生活中并不鲜见。一个主要原因是：父亲成为"英雄"，必然经历了常人难以忍受的艰辛磨炼，这样的成功之道可能让"不需要吃苦"的孩子视为畏途。但是，随着时日推移，孩子能力增强了，认识水平提高了，有可能化"犬"为"虎"。但由于起步迟，能否取得像父亲一样的成就，就不一定了！

想让孩子从小就学做"英雄"，只能持之以恒地在小事上打磨，第一要诀是培养吃苦的能力。孩子吃得起苦，也就有了成为"英雄"的自信心和积极性。

孩子喜欢模仿父母受人称道的行为习惯

张女士开朗乐观，性情和善，乐于助人，大家都夸她是个"好女人"。无论在工作单位还是在社区，她人际关系都处得很好。她很少教儿子怎样做人，但儿子很自然地继承了她的优点，长大后成了一个人见人夸的"好人"，并且成了"成功人士"中的一员。儿子从不谈他所受的高等教育，倒是经常说："我今天的成功，得益于我的母亲。"

每个人都会受"群体效应"的影响，孩子更是如此。父母身上有大家喜欢的东西，孩子自然是继承下来了。

孩子厌恶模仿父母受到批评的行为习惯

李先生为人正直，处世公道，言而有信，受到领导的信赖和同事、下属的敬重。妻子却认为他不会"来事"，家庭建设搞得不如那些"腐败分子"好，经常当着儿子的面，讥讽他"没本事"。儿子受到了什么影响呢？他的性情跟父亲形似而质不同，表面看像个正人君子，但到了关键处，很会"来事"——撒谎，推卸责任，自私自利。

父母将孩子视为与己一体，孩子也将父母视为与己一体，父母的毁誉连接着孩子的荣辱。当父母的某些行为受到批评时，孩子会因此对父母产生怀疑乃至厌恶。有时候，孩子的顶撞和不尊重，往往包含着看不起父母的成分——"你有什么资格管我？"但孩子碍于情面或别的因素，不会将真实的想法说出来。

根据以上特点，父母如何给孩子树立正面榜样，就比较清楚了：不轻视小事；尊重公共价值观，重视公众的评议；夫妻彼此欣赏，杜绝相互诋毁；让教育跟孩子的接受能力相匹配。

第15招

✱ 再忙也不能"闲孩子"

一位年轻女士，人很能干，收入也不低，当她感觉自己还没玩够的时候，已经怀孕了；当她还在犹豫要不要孩子的时候，孩子已经生下来了。总的来说，对于迎接这个孩子，她完全没有心理准备。她嫌喂奶麻烦，整天给孩子喝牛奶；她不愿"窝在家里"，产假没休完就上班了，将孩子丢给娘家父母照看。平时上班又忙又累，自然无心照管孩子，偶得时间，还需要休闲一下，所以她陪孩子的时间极少。

孩子三岁时，她给孩子办了"全托"。这样，孩子白天、晚上都住在幼儿园，干脆连面都难得一见了。到了双休日，有时她想参加派对或出外旅行，也不接孩子回家。老公想接孩子，她反对说："你接你负全责，什么事都别找我。"

将孩子交给幼儿园老师，她倒是省心了，孩子却几乎成了"弃儿"。一开始，孩子每到晚上就想家，想爸爸妈妈，时间长了，干脆连家都不会想了；后来，孩子得了"自闭症"，每天沉默寡言，跟父母在一起，仿佛见了陌生人一样，只会坐着发呆，一句话都不讲。这样一来，父母都后悔不迭，赶紧将孩子送医治疗，但留在孩子心里的阴影，却很难抹去了！

像这种为了图自己省心而将孩子当成累赘的父母极少，忙得没有时间照顾孩子的父母却大有人在。今天的生活节奏快，年轻的父母为了事业，为

了养家糊口，每天忙得不着家，跟孩子相处的时间很少。但是，再忙也不能"闲孩子"，应该尽量挤时间陪孩子，让孩子感受到父母的亲情和关爱。

每个父母都爱自己的孩子，但爱不是一种虚泛的东西，不是心里想着就叫爱；你得将爱表达出来，让孩子感受到真实的爱。

有一对夫妇，事业心很强，每天都很忙，可以说是"日理万机"。但无论多忙，他们都能挤出时间，跟孩子们一起享受天伦之乐。他们指导孩子做家务，拉着孩子的手滑旱冰，给孩子朗读有品位的图书——父亲曾一连多日，每天朗读一部分内容，给大女儿读完了全部七册《哈利波特》。大女儿参加学校的足球比赛或别的表演时，他们会抱着小女儿，亲临现场观看，跟孩子们一起体验竞赛的乐趣。有时出差在外，不能陪同孩子，他们每天晚上都要跟孩子用电话联络，让孩子感受父母的思念和关怀。

这对夫妇，就是当今美国总统奥巴马和他的夫人米歇尔。他们在管理一个美国的同时，也可以管好自己的家，照顾好自己的孩子。让奥巴马很自豪的一件事是：竞选总统期间，在长达21个月的时间里，在让人紧张得喘不过气来的选战中，他没有错过任何一次家长会。

所以说，因为忙而无暇关爱孩子，也许只是一个借口。只要你想跟孩子在一起，不论多忙，总是挤得出时间的。

还要注意的是，陪伴孩子不能跟教育孩子完全画等号。某专家提出了一个观点：不要把亲子时间变为教育时间。父母工作繁忙，为了充分利用宝贵的亲子时间，便不厌其烦地教给孩子一些自认为该教给孩子的东西，但这种枯燥的说教并不符合孩子的兴趣，过多的说教反倒让孩子感到压抑甚至厌烦，以至于不愿跟父母亲近。一个孩子对小伙伴说："今天星期五，晚上妈妈又要回家了，烦死了！"妈妈正巧听见了孩子的话，觉得很寒心，没想到几天不见，孩子对她不是思之若渴，反倒烦她回家。

正常情况下，孩子只要陪伴在父母身边就会感到安心；如果能融入到父母的生活中，则会感到开心。因此，在亲子时间里，父母和孩子彼此谈谈自己的情况，带孩子做家务，陪孩子一起做作业、做游戏，不需要讲太多的道理，孩子就能得到很好的教育。

第16招

✳ 让孩子自然成长

　　小茜聪明活泼，懂事又有礼貌，是幼儿园老师最喜欢的孩子之一。其他孩子的家长很是羡慕，向小茜的妈妈讨教教子经验。原来，夫妇俩并没有用什么特别的法子，只是按照书上学来的"三无原则"，让孩子自然成长。

无错原则

　　小茜的爸妈总是以自然的眼光看待小茜的行为，无论她做什么，都不认为她做错了。小茜两岁时，有一次大人偶尔不在身边，她独自玩耍时，拉了一泡屎在地上，然后用棍子拨弄着玩，弄得满地都是。

　　奶奶瞧见了，大惊失色，说："真恶心！这孩子怎么不知道爱干净呢！"

　　妈妈说："这不怪她！"

　　妈妈帮小茜擦了屁股，洗净手，将地板弄干净。然后，她将小茜带到卫生间，说："乖孩子要讲卫生，大便要拉到马桶里。来，咱们看看，小茜会不会蹲马桶。"

　　在妈妈的指点下，小茜掀开马桶盖，拉开裤子，坐在马桶上，然后站起来，冲水……如此反复数次，小茜的动作已经比较熟练了。后来，小茜大便时，有时记得拉在马桶里，有时不记得；经过几次矫正，她便完全习惯了蹲

马桶，还学会了自己擦屁股。

3~6岁的孩子，不会有意做错事，因为他们的头脑中没有对错观念；即使更大些的孩子，也极少故意犯错。他们的行为像水一样，依自然属性流动，流向哪儿都是合理的流动。假设有不合理的地方，那是因为没有正确的引导。只要加以引导，就可以让孩子的行为倾向于任何方向，也就是说，养成任何习惯。

无批评原则

有一次，奶奶用杯子喂小茜喝水，小茜要抢过杯子自己喝，奶奶只好给她。因杯子太大，里面的水太多，小茜喝水时，有一半水洒在身上，将胸前淋湿了一大片。

奶奶说："你这丫头片子，偏要逞能，怎么样，衣服都湿了吧？"

妈妈赶紧说："小茜自己喝水，很对。来，妈妈教你怎样喝水。"

妈妈拿了一个小杯子，浅浅地倒了一些水在里面，递给小茜，教她动作轻一点、慢一点。小茜按妈妈的指点，果然喝得很好。

孩子的行为既然没有错，那么批评就不合理了，打骂更不合理。无论是孩子事情没做好，还是耍性子打烂了东西，都无须反应过激，只需冷静地引导就行了。孩子事情没做好，就教他做好的方法。孩子打烂东西，要先抚平孩子的情绪，然后教以正确的道理——该认错时，教孩子说"对不起"，还可以让孩子自己将打烂的东西收入垃圾桶。总之，父母的言行应贯彻着关爱和理性，不要仅凭自己的情绪，胡乱向孩子发泄，拿孩子当出气筒。

无压力原则

小茜的爸妈从不将自己摆在绝对正确、具有绝对权威的位置，他们拿孩子当"小大人"，进行平等的沟通，说话时从不摆出居高临下的姿态，极少用命令的语气，除非确有必要。因此，孩子在父母面前感到很轻松，无话不谈，也通情达理，愿意听父母的话。这样的孩子，教育起来就比较容易了！

很多父母拿孩子当什么都不懂的"小傻瓜"，总认为"我是对的"，按自己的标准和喜好去要求孩子，不管是否合理，都要求孩子照办不误——当然，父母从不认为自己的要求有什么不合理。高高在上、盲目运用权威的父母，会让孩子感到紧张和压抑，所造成的后果是：当孩子幼小时，缺乏自信，凡事比较被动，胆小怕事；当孩子自以为能力足以跟父母对抗时，可能突然"变坏"，不再听父母的管教了。到了这种地步，教子工作已基本上可以宣布失败了！

只有尊重孩子，孩子才有自尊。有自尊才有自律，有自律才有自强，有自强才有自信。所以说，一个优秀孩子的培养成，始于尊重。

第17招

给孩子一种成熟的爱

做父母的人，自身都不乏父爱或母爱，但一种成熟的爱，还需要智慧参与。

有一位年轻的妈妈，给4岁的女儿报了各种各样的特长班——英语、绘画、钢琴、舞蹈……女儿每天奔忙于各个学习地点，没有一点儿玩耍的时间，学得苦不堪言；妈妈也不轻松，每天陪着孩子，东奔西跑，忙得团团转。她认为，给予孩子学习机会，让孩子学好本领，这就是对孩子最大的爱，再辛苦也值得。

有一天，女儿咬着铅笔头构思绘画，妈妈提醒说："别咬铅芯，有毒！"

过了一会儿，妈妈起身去卫生间，回来时，看见女儿正在偷偷往自己的茶杯里放铅笔芯。

妈妈大为惊讶，问："我告诉你铅笔芯有毒，你为什么放进我的杯子里？"

女儿不做声。

妈妈又问："你想毒死妈妈吗？"

女儿不做声。

妈妈说："毒死妈妈了，对你有什么好处？"

女儿沉默了一会儿，忽然闭着双眼，大叫道："我讨厌上特长班！"说完，抽抽搭搭地哭起来。

妈妈难过极了！她没想到，她的一腔母爱，换来的竟是女儿的仇恨。

父母爱孩子，大方向要正确；让孩子接受良好的教育，方法要正当。但是，世上没有绝对的正确，也没有绝对的好。比如吃饭对身体有好处，吃撑了反倒会损伤身体。父母之爱，让孩子感受到了，接受了，产生了美好的体验和良好的激励作用，那才有意义；如果孩子感受不到，甚至产生负面影响，爱就变成伤害了！

怎样避免让爱变成伤害呢？

给孩子真爱

一个6岁的孩子，读小学一年级，期末考试，两门功课考了198分——语文有一个错别字，丢了两分。

妈妈的心愿是"双百分"，见了孩子的试卷，难过得直流眼泪，责备道："你怎么这么粗心呢？这么简单的字也不会写？"

孩子很失落，低着头，像犯了大错误一样。

孩子考198分，已经达到了优秀的标准，应该得到表扬，但他从妈妈那儿得到的却是责备。孩子会怎么想呢？孩子会想：妈妈爱的不是我，爱的是分数。

事实上也是如此，妈妈真正爱的是自己建立的标准，是自己想象中的那个"好孩子"，而不是现实中这个没有达到她的标准的孩子。当现实中的孩子跟想象中的孩子有差距时，父母便感到不满，甚至厌烦，这难道是真爱吗？

当父母凭想象要求孩子时，孩子为了得到父母的爱，一开始可能会努力成为父母心目中的那个完美的孩子。但终有一天，孩子会感到力不从心，觉得无论怎样努力都不能达到父母的要求，也不再希冀以努力"换取"父母的爱，从而走向反面。许多起初学习优秀的孩子，突然会变得厌学，成绩一落千丈，原因便在于此。

真爱是爱现在这个孩子，爱这个不尽完美的孩子，陪着孩子一起成长，一起承受烦恼和失败，一起追求进步和成功。

让孩子感受到爱

给孩子吃好喝好，有益于孩子的身体健康；指导孩子努力学习，有利于

孩子的智力发展；制止和矫正孩子的不良行为，有利于改善孩子的道德品质和行为习惯……父母的这些行为，都包含着爱，但孩子能不能感受到父母的爱呢？这才是最重要的问题。我们做事，不仅强调动机和过程，也要重视实际效果。父母培养孩子的动机很好，过程也辛苦，却没有效果，那爱如何体现呢？像前面那位母亲，为了让孩子学习各种特长，费尽辛苦，到头来孩子却不领情，反倒想"毒死"她，岂不是白爱了吗？

怎样让孩子感受到爱呢？父母不能单纯关注自己的感受而忽略孩子的感受，要随时体察孩子的喜怒哀乐，并加以疏导，让自己的心情跟孩子的心情相融，同苦同乐。这样，孩子才能感觉到：爸爸妈妈爱我，我在爸爸妈妈心中占据着重要的位置。

让孩子接受爱

一个孩子在场地上踢球玩，不小心把邻居家的玻璃窗打碎了，吓得跑掉了。邻居将这事告诉了孩子的妈妈。妈妈赶紧道歉，表示要赔偿，并且马上打电话到物业，请物业派人来给邻居家安装玻璃。处理完这事，她心气难平，说："这孩子太调皮了，我得教育教育他！"

孩子做了错事，吓得躲在家里不敢出来。妈妈回到家里，有心给他两巴掌，一想这办法不对，就教育他应该注意自己的行为，不要影响别人，更不能损坏别人的东西……

听妈妈唠叨了半天，孩子终于火了，气道："我偏要！"他冲出去，捡起一块石头，将那个邻居家新装的玻璃又砸碎了。

妈妈教孩子正确的道理，是爱孩子的一种方式，只因方式不当，孩子不接受，反倒产生了相反的效果。好比喂孩子吃饭，吃得他拉肚子，究竟是爱孩子还是伤害孩子呢？

其实，孩子犯了错，正是一个很好的教育机会。这位妈妈首先应该找到孩子，问问清楚，究竟是不是他干的？因为邻居也可能看错了人，产生了误会。弄清情况后，用不着批评和指责，因为孩子已经吓得躲起来了，说明他知道自己错了，何必再讲多余的道理？不妨将孩子带到邻居家，当着孩子的面，处理这件事。这样，孩子可以亲眼看到自己的行为产生的后果和应负怎样的责任，自然可以学到很多，比听妈妈的唠叨有意义多了！

给孩子发泄情绪的机会

一位女士在文章中写到了她做孩子时的一个美好的体验："童年时在爷爷家里，哭是我的家常便饭。受委屈就直冲到爷爷家里撒泼，在水泥地上打滚，跳脚，叫嚷。爷爷为此铺上木地板，为我哭闹提供舒适的环境。而他坐在门外不声不响，毫不干涉。有爷爷这个出气口，我现在始终还保持着内心的一份善良与和平。"

谁都会有情绪，成人、孩子都不例外。找到了发泄情绪的合适方式的人，可以有效平定内心波动而又不至于太丢脸；没有找到合适方式的人，很可能会导致心理障碍和人际关系障碍。孩子发泄的方式一般是哭闹，在大人看来这是很丢脸的行为，因此，父母常常会设法制止孩子的哭泣，甚至会大声喊道："不许哭！"当孩子听命行事时，很显然，感受到的不是爱，而是欺压和蛮横。当孩子哭闹时，给予一定的宽容，或是用好话和笑脸哄着，更有利于孩子的心理健康。

多抱抱孩子

美国著名的心理学家赫洛德·傅斯博士说："拥抱可以消除沮丧，能使体内免疫系统的效能上升；拥抱能为倦怠的躯体注入新能量，使你变得更年轻，更有活力。在家庭中，每天的拥抱能加强成员之间的关系，并且大大减少摩擦。"

身体的接触，如触摸、拥抱和亲吻，会让孩子更有安全感、温暖感。经常被触摸、拥抱和亲吻的孩子，心理要比缺乏身体接触的孩子健康得多。这正是我们中国父母的一个弱项，随着孩子渐渐长大，身体的亲密接触越来越少，到10岁左右，几乎就没有了。

所以，父母不妨多抱抱孩子，多抚摸孩子，孩子自然能感受到父母这种无声的爱。

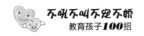

第18招

怎样让孩子真正信任你

大部分父母在孩子心中的"信任指数",随年龄的增加而递减,从婴儿时的绝对信赖,到幼儿时的有所怀疑,到青少年时的不太信任甚至完全不信任。很显然,当孩子不信任我们时,教育的功效就会大打折扣,甚至完全无效。

许多成功的教子事例显示,孩子完全可能一生信赖父母;之所以会失去信任,完全是父母自降"信用等级"的缘故。对希望赢得孩子信赖的父母而言,以下几种行为是要绝对避免的。

拿孩子当玩物

一个孩子将牛奶盒子递给妈妈,想让她帮忙打开。妈妈故意想逗他着急,装着不乐意的样子。孩子央求了好一会儿,妈妈才把盒子打开,却凑到自己嘴边喝起来。孩子"哇"地哭了。妈妈赶紧将牛奶递还给孩子,笑道:"妈妈逗你玩的!"孩子接过牛奶,一下扔出去老远……

做父母的人应该知道,我们养的是一个人,不是一只小狗;我们是想将孩子培养成人,不是拿来当玩具。俗话说,"大小是个人,长短是根棍"。孩子虽小,我们也要拿他们当人看,不要随便戏弄。

欺骗

妈妈想让孩子离开电视去睡觉，孩子不干，护着电视开关，不让妈妈关掉。妈妈生气了，威胁说："再闹妈妈就不要你了！"

孩子还要闹，妈妈就将他抱起来，放到门外，锁上房门，故意弄出关灯的声音，说："我要去睡觉了！"

孩子吓得撕心裂肺地哭起来，惊动了四邻。爸爸也被惊动了，急忙把孩子抱回家去，好言哄着。孩子显然被吓得不轻，啜泣了好一会儿，才睡着了。

有些父母为了达到某个目的，经常欺骗孩子，有些欺骗甚至很残酷，如"不要你了"、"打死你"、"将你送给狼吃了"。虽然这些话不会算数，但足以损害孩子对父母的信任感；而且损害的不仅仅是信任感，还可能给孩子造成心灵创伤。所以，父母说话一定要"认真"；我们认真，孩子才会拿我们的话当真。

简单粗暴

一群小宝贝在儿童游乐室玩各种玩具，一个个乐不可支的样子，父母都在旁边观看。有的父亲或母亲觉得孩子玩得差不多了，想带孩子回家，可是没有一个孩子愿意乖乖离去，父母只好将孩子强行抱走。孩子总是挣扎着、哭闹着，试图回到游戏中，所以，游乐室不时可以听见哭声。

有一位妈妈做得很聪明，对孩子说："宝宝要回家了，来，跟马儿再见！"

孩子摆摆手，跟他刚坐的木马说了再见。

妈妈又说："跟卡车、蹦蹦床和所有的玩具朋友再见。"

孩子很听话地跟玩具们说了再见。

最后，妈妈说："跟小朋友和叔叔、阿姨们再见！"

孩子高兴地跟大家说了再见，跟妈妈离开了游乐室。

孩子的"本领"有限，对父母简单粗暴的管教方式无可奈何，只能屈从，但他们一定不会认同父母的方式；不认同就谈不上信任。只有像那位聪明的妈妈一样，用一种自然的、顺从孩子心性的方式去引导孩子，让孩子感到舒适，孩子才会对父母充分信赖。

言行相悖

林女士看见女儿在跟邻居家的小孩对骂，赶紧制止说："好孩子要讲文明礼貌，不能骂人。"

下班时分，老公过了平时的点才回家，林女士骂道："你怎么才回来？我以为你被车撞死在路上了呢！"

老公说："经理将我们留下来训话，我有什么办法！"

林女士说："你编瞎话不能换点儿新鲜的？老是这一套，拿老娘当傻瓜呀！"

女儿惊奇地看着妈妈，走过来，轻轻拉拉妈妈的衣角，说："妈妈，要讲文明礼貌。"

林女士推开女儿的手，怒道："去你的文明礼貌！再不教育教育，你爸爸就要学坏了！"

父母言行相悖，几乎是一种普遍现象。古人说："以教人者教己。"你教给别人的道理真的很好，为什么不拿来教育自己呢？古人又说："先行其言而后从之。"你做到了你说的，别人才可能照你的话去做。可惜很多父母虽然掌握了许多优秀的道理，却是专门拿来教育孩子的，从没想过要亲身实践。父母都做不到的事，却要求孩子做到，这未免把孩子的学习热情和学习能力想象得太高了！

不努力

张女士是个全职主妇，每天的任务是带孩子和做家务。她喜欢打麻将，每天约来牌友，在家里摆一桌，有时也去别人家打牌。孩子上了幼儿园，本来她可以轻闲许多，但是因为喜欢打牌，反倒更忙了，以至于碗筷没时间洗，地板没时间拖，家里乱得像个狗窝。好在老公是个好脾气的人，也不太计较，只是偶有抱怨之言。

有一天，幼儿园老师将张女士叫去谈话，说她的孩子从不交作业，图画本都撕下来折了小飞机、小船。

张女士一听就急了，回来教育女儿："你要好好学习，听老师的话。不学知识长本领，将来能干什么？要饭去呀！"

女儿说："我才不去要饭！我要像你一样，打麻将，赚大钱，还要当赌王呢！"

张女士大吃一惊。她决定为了女儿，从此以后，要跟麻将说拜拜。

父母可以穷，可以地位低，但不可以不努力，生活态度不可以不认真。贫穷但努力尽责的父母可能会教育出优秀的子弟，富有但生活态度不认真的父母只能教育出浪荡子弟。只有认真做事、认真生活的父母才能赢得孩子的尊敬和信赖，否则，只会被孩子轻视而已。

没学问

有一天，孩子看到一个词：误入歧途。其中"歧"字不认识，孩子去问爸爸。爸爸正好也不认识，不过他向来是"认字认一边，不怕走上天"，于是就说："这是'支'字。"

过了一些日子，孩子怒气冲冲地来找爸爸，说："你让我丢大脸了！同学说误入歧途，我说误入'支'途，找老师评理，原来是我错了，还不是你教的！"

现在的孩子学习条件比他们父辈的好，又是电视，又是网络，应有尽有，孩子的知识增长速度变得快多了。父母很可能变成孩子眼里一个"没学问"的人，这是父母渐渐失去孩子信任的一个重大原因。

怎样补救呢？

养成"终生学习"的习惯，使自己不至于落伍，这是个好办法。但孩子接受新知识的能力强，跟孩子拼学问，不一定拼得过，最好的办法是拼经验、拼智慧。父母将亲身实践过、确有效用的经验总结出来，适时传授给孩子，将切身的体验告诉孩子，使孩子得到他们一时得不到而又有益的东西，这样，孩子对父母就不敢小看了！

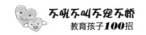

第19招

父爱多的孩子更聪明可爱

孩子想让爸爸讲故事，正在读报的爸爸抬起头，推推孩子说："找你妈去，我忙着呢！"

过了一会儿，孩子跑过来问："爸！我是从哪儿来的？"

爸爸想了一会儿，不太好回答，就说："问你妈去，她最清楚了！"

妈妈抱怨道："你光会说'找你妈去'、'问你妈去'，好像孩子是我一个人的。"

爸爸说："带孩子本来就是你们女人的工作，不找你找谁？"

将带孩子当成女人的工作，是许多爸爸的一个误区。据一份调查报告显示，在孩子的早期教育中，爸爸积极参与者只有4%。大部分爸爸的角色定位是一位抓大放小的领导者，只会在"大问题"上给予一些指导性意见，小事全扔给妈妈；即便有时候不得不照管孩子，心态也不对头，好像是在给孩子他妈帮忙。但是，孩子不仅需要妈妈，也需要爸爸。心理学家认为，爸爸和孩子建立亲密关系，更有利于孩子的健康成长。

作为爸爸，有必要了解以下几个问题：

父亲的言行对孩子影响深远

一般观点认为，孩子的素质，受母亲的影响最大。事实上，这是因为孩子跟母亲相处的时间更多，而父亲没有积极参与到教子工作中来的缘故。在多数家庭，男性的收入、学历、能力都高于女性的。因此，在孩子的心目中，父亲更有权威，更有影响力，因此更乐意向父亲看齐。如果父亲在教育孩子方面投入更多时间、精力和智慧，那么孩子的素质可能会更高。

父爱多的孩子更聪明可爱

男性的逻辑思维能力一般优于女性的，在思考问题时，更善于忽略细枝末节而抓住重点和要点，更有大局观。据哈佛大学的一项研究显示：父亲陪在孩子们身边的时间长短可以影响孩子在数字方面的能力。还有心理学研究者发现：父亲精心照顾的孩子，性格更宽容，更富有责任感，而长期缺少父亲陪伴的孩子，在同情心、推理和大脑发育方面都不如那些父亲经常陪在身边的孩子。缺少父爱的孩子较有攻击性而较不愿意为自己的不良行为承担责任，因此更容易成为被大家讨厌的对象。

父母共同参与有利于孩子个性的均衡发展

一般来说，男人具有"敢于冒险和探索外界的勇气和信心"，而女人则偏于保守和重视安全。父母共同教育孩子，则孩子的个性会比较均衡，乐于创新而不轻率，勇于冒险而不鲁莽，独立而自信。反之，单由父亲或母亲教养的孩子，容易偏于一端——长期缺少父爱的孩子，个性比较敏感，而长期缺少母爱的孩子，个性比较粗率。

上述结论只是概说，实际情况因父母的个人特性而异。但总的来说，父母共同教养孩子，对孩子个性的均衡发展更有好处。

男孩需要偶像，女孩需要欣赏对象

孩子在2~3岁时开始有性别意识，知道自己是男孩还是女孩。男孩想学做男人，因此倾向于模仿父亲，希望"像爸爸一样"。而女孩需要一个男性欣赏对象，且女孩与父亲交往的方式将影响她日后跟其他男性的交往，弗洛伊德称之为"恋父情结"。笔者认为，真正的原因可能不是"恋父"，而是习惯使

然。女孩早就养成了某种习惯的男性交往模式，为了迎合自己的习惯，自然倾向于跟类似父亲的男性相处，否则会有不适感。

总之，男孩需要"偶像"，女孩需要"欣赏对象"，父亲的角色不能缺失，否则将对孩子的成长产生不利的影响。

父亲在孩子不同年龄段的介入方式

心理专家认为，2岁以前是孩子"安全感"建立的关键时期，孩子需要确认"我很可爱"、"爸爸妈妈都爱我"、"大家都喜欢我"，而且确认的过程时常伴有疑虑，"爸爸妈妈不喜欢我？""爸爸妈妈不要我了？"父母需要随时用言行表达对孩子的珍视，任何一方的忽视都可能对孩子产生难以挽回的伤害。

有这么一个悲惨的故事：

一个家住江边的孩子，父母都在南方打工。有一天，一群大人逗他说："你爸妈不要你了！"孩子急了，说："你们骗人，爸妈要我。"

大人们说："你爸妈真的不要你了，不然为什么不回来看你。"

孩子急得哭了。

后来，孩子每天独自来到江边，痴痴地望着过往的船只，希望看见爸妈从船上走下来。过了一些日子，大家发现，孩子已经精神失常了。

幼年的孩子，对父母是否真的爱自己、对自己是否真的有价值还没有建立起信念，"安全感"不强，脆弱的心灵很容易受到伤害。在这一时期，父母应该时时表达关爱，以帮助孩子建立起信念。

6岁左右，孩子开始有是非对错的观念，渐渐学会自立和自我管理。在这一时期，父亲最大的任务是利用自己的权威，主持规则的建立，让孩子知道自己该做什么不该做什么，该用怎样的方式去做；与此同时，还要以身作则，给孩子当好榜样。

孩子进入青春期，对自身的能力比较自信，开始要求摆脱父母的控制而自立，变得不那么听话了，敢于跟父母公然对抗了。对此，母亲往往会惊慌失措，处置失当；而父亲较能理解和认同孩子的独立和反叛，也比较懂得如何"闯荡天下"和防范风险。因此，父亲应该更多地参与到孩子的教育中来，多给孩子有益的指导。大部分青春期发生严重问题的孩子，往往是因为父亲事业忙，疏于管教孩子，将教养责任全推给母亲。孩子缺少一个合适的引路人，很容易走上偏途。如果父亲将教育好孩子当成一件不亚于事业成功的大事，将更多的时间分配给孩子，孩子就不容易发生偏差了！

第20招

给孩子一个平等开放的家

爸爸在客厅大声呵斥六岁的儿子："给你说过多少回了，叫你不要捣乱，你偏捣乱！弄坏了人家的东西，怎么办？你真是个小糊涂虫！"

孩子吓哭了，爸爸大声命令："不许哭！你不好好反省，还好意思哭！"

孩子的眼睛偷偷向厨房看去，想向妈妈求援。妈妈有心抚慰一下孩子，却不敢，因为丈夫不让她惯着孩子，否则可能连她一起骂。

这样的"节目"，经常在一些家庭上演。这个爸爸向孩子灌输责任意识，并没有错，但他蛮横霸道、出言无状的方式，却会使教育效果大打折扣。

孩子在价值观和性格成型之前，可以被环境的魔力任意揉捏，最终成为怎样的"作品"，取决于环境的好坏。"孟母三迁"的故事，大家都知道，但许多父母并不知道。我们自身，我们的家，我们的一言一行，都是孩子成长环境的一部分。

心理学家诺尔蒂生动地描绘了教育环境与儿童行为的关系：

如果儿童生活在批评的环境中，他就学会指责；

如果儿童生活在敌意的环境中，他就学会打架；

如果儿童生活在嘲笑的环境中，他就学会难为情；

如果儿童生活在羞辱的环境中，他就学会内疚；

如果儿童生活在忍受的环境中，他就学会忍耐；

如果儿童生活在鼓励的环境中，他就学会自信；

如果儿童生活在赞扬的环境中，他就学会提高自己的身价；

如果儿童生活在公平的环境中，他就学会正义；

如果儿童生活在安全的环境中，他就学会信任他人；

如果儿童生活在赞许的环境中，他就学会自爱；

如果儿童生活在互相承认和友好的环境中，他就学会在这个世界上寻找爱。

传统的家庭教育模式是父母高高在上，以君主管理臣民的方式管理孩子。管束、制约和教条是家庭教育的主题。父母最关心的是实际效果，而不是对情感的关怀，这只能培养出独断的"小皇帝"或软弱的"奴才"。在今天全球化的形势下，我们要培养自尊自爱、平等博爱的孩子，首先要给孩子一个平等开放的成长的环境。

怎样做呢？

营造一个畅所欲言的家庭氛围

传统型的家庭，流行"大人说话小孩听"的规则，大人或者谈论自己的话题，或者对小孩耳提面命，而小孩很少有机会谈论自己的感受和想法。时间长了，孩子还会有意掩盖自己的感受和想法，于是，"代沟"出现了，父母根本不知道孩子的所思所想。一位在缺乏温情和交流环境中成长的孩子，成年后回思过去的遗憾，如是写道："我们依赖父母，又恐惧父母；我们很想走进父母的心，但是又很难走进父母的心；我们很想和父母成为朋友，但是又很难和父母成为朋友；我们想与父母和睦相处，事实上却总是相互折磨。家庭教育中的硬暴力和软暴力极大地残害着我们的身心。"这不正是许多孩子面临的状况吗？

还有的父母，虽然欢迎孩子参与交谈，但是一旦孩子说了"错话"，做了"错事"，马上就板起面孔，当起"教书先生"。孩子在谈话时有所顾忌，也就不敢随便说话了。有些父母在谈论自己的话题时，为了不给孩子增添压力，

常常选择"报喜不报忧",专谈"好事",而对遇到的烦恼与问题则避而不谈。这样一来,父母与孩子的交流并不充分,孩子感觉自己游离于家庭之外,对家里的情况不太清楚,难以培养对家庭的责任感。

为了营造融洽的亲子关系,应该将孩子看成一个平等的个体,给予充分的知情权和话语权,家庭成员之间可以很开放地谈论自己的想法,父母尤其要鼓励孩子发表意见,说错了也没有关系。只有这样,大家才能真正心意相通,达到一种默契,彼此了解,轻松相处。

家庭中不能缺少快乐

洋洋的爸妈都是"乐天派",虽然工作很忙,但是他们总能制造欢乐,有时哼个歌,有时讲个笑话,有时讲些每天所见的趣闻乐事,家庭气氛相当活跃。洋洋也经常加入到谈话中,跟父母一起笑哈哈。受家庭熏陶,洋洋也是个"乐天派",每当遇到难事时,他总是信心十足地处理,显得很有办法,大家都夸他聪明;即使受了挫折,洋洋也能保持良好的心态,真是难得!

据一项调查发现:常与笑声相伴的家庭,孩子的情商和智商普遍较高。研究人员认为,家庭气氛活跃,会使孩子性格开朗。孩子在轻松、愉悦的环境中学习、生活,能使知识面拓宽,从而促进脑细胞的发育,并且有利于锻炼自己的交际能力。

反之,父母经常带着负面情绪回家,遇到一点小事就乌云密布,雷电交加,在这样的家庭里,孩子往往显得胆怯,压抑,谨小慎微,不敢尝试新事物。这无疑会制约孩子的智商和情商的发展。

将孩子的心情列为重点考虑的内容

李女士经常出差,考虑到老公也要上班,一个人难以带好孩子,只好将孩子送到娘家寄养。孩子的外公、外婆很疼小外孙,离得也不远,按说不会有问题。然而让李女士没想到的是,换个环境后,孩子突然"变坏"了,经常跟小朋友打架,有一次还将小朋友打出了鼻血。李女士大感不解,带孩子去咨询专家，这才明白，原来孩子害怕父母不爱他了，害怕被抛弃，内心焦虑，因此出现了反常的举动。

心理学的多项研究证明：孩子出现行为问题，与家庭关系和环境变化有关。孩子的适应能力相对较弱，迁居、换学校等，都会引起孩子的心理波动。夫妻离异对孩子心理的影响尤其大，若不妥善疏导，可能会给孩子留下难以愈合的心灵创伤。

父母在做出跟孩子有关的决定时，都要充分考虑孩子的心情，最好事前多沟通，讲清情况，让孩子对将要面临的变化有所准备。

此外，保持和谐稳定的夫妻关系，对孩子的意义重大，这会在孩子心里建立一种信念：我们是一家人，任何困难我们都会一起面对。

总之，我们要将对孩子的爱落实到实处，不仅让孩子吃好、喝好、穿好，也要尊重孩子的感情，呵护孩子的心灵，让孩子的心里充满阳光和温暖。这样，孩子才能真正沐浴在父母之爱中。

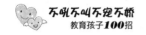

第21招

大人各有一套，
该让孩子听谁的话

孩子成长的过程中，必然会受到不同人的影响。每个人的教育理念都有不同之处，有的甚至截然相反：有人主张严格，有人主张宽容；有人主张以学为主，有人主张以乐为主；有人主张加强约束，有人主张顺从天性……当孩子接触到不同的理念时，不利的一面是，会造成一定的心理冲突，不容易建立信任感；有利的一面是，孩子接触到多元价值观，视野更宽广，思想更具融通性，有利于将来适应不同的环境。

那么，怎样有效地解决教子分歧呢？

父母的分歧，大节要一致，小节可融通

平平跟小朋友玩水，将衣服弄湿了。妈妈询问时，平平怕挨批评，就说是喝水时不小心洒在身上的。妈妈不相信，再三盘问，平平只好承认是玩水弄湿的。妈妈大为恼火，训斥道："没有三尺高，就学会了撒谎！给我站到墙角反省半小时，否则不准吃饭。"

平平站在墙角，又委屈又害怕，抽抽搭搭地哭着。

过了几分钟，爸爸从屋里走出来，假装刚发现平平受罚的样子，笑问：

"哟！被妈妈罚站了，干了什么坏事呢？"

平平说："我弄湿衣服了。"

爸爸说："弄湿衣服？妈妈不会生这么大的气吧，准是犯了别的错吧？"

平平说："我撒谎了！"

爸爸说："撒谎可不好，比弄湿衣服严重多了，难怪妈妈这么生气呢！以后还撒谎不？"

平平羞愧地摇了摇头。

爸爸抚摸着平平的头，跟妈妈商量："平平知道错了，以后不犯了，这次就原谅她吧？"

妈妈正在后悔，该先给平平换下湿衣服，以免着凉，听爸爸一说，趁势就坡下驴，警告了几句，取消了惩罚，帮平平换上了干衣服。

在原则性的问题上，父母的意见应该保持一致，不要发生争议；在枝节问题上，可以商量着办，最好做到宽严有度。古话说"严父慈母"，父亲严格规范孩子的行为，母亲给予适当的温暖，以免伤害孩子幼小的心灵，这是比较合理的教子模式。反过来也一样，严母慈父，效果相当。父母都严，家庭就缺少温暖；父母都宽，教子方式就趋向溺爱了！

跟学校的分歧，寻找平衡点

平平从幼儿园带回一大堆作业，妈妈让平平马上开始写作业，平平不干，想去跟邻居家的小朋友玩一会儿。正闹得不可开交，爸爸插话说："让平平先去玩一会儿吧！"

平平一听，挣开妈妈的手，跑出去了。

妈妈生气地对爸爸说："我快要说服她了，你多什么嘴？"

爸爸说："我看了教育局的通知，禁止幼儿园'小学化'，还要求幼儿园'坚持以游戏为基本活动'。平平想玩一会儿，有什么错？"

妈妈说："你站着说话不嫌腰疼，开家长会你为什么不去？老师说平平的进度已经落后了，再不抓紧一点，就成'差生'了！"

爸爸不做声了。事实上他也弄不清这件事该怎么办才好。

家长和学校在教子理念上的分歧，已成为普遍现象。小孩子送进学校后，几乎成了"学习机"，除了学习还是学习，童年和少年的时光因此变得乏味。这是一个国家教育部都感到头疼的问题，家长很难独立解决。但我们要知道，当我们将孩子送进"小学化"的幼儿园时，等于在用行动支持这种不科学的教育模式，怨不得别人，只好让孩子受些委屈了！

一般来说，家长跟学校的分歧，应该寻找一个平衡点，尽量让孩子多一些符合年龄的活动，又不至于让孩子成为老师眼里的"差生"。具体怎样做，只能根据孩子和学校的情况，多花点心思，设计变通的模式。

跟亲友的分歧，不要看得太严重

姑姑带平平逛了一趟超市，买回一堆零食。妈妈看了心里直哆嗦，因为其中有几样零食，被她定义为"垃圾食品"，怎能让孩子吃呢？等姑姑走后，她马上跟孩子商量，将"垃圾食品"扔掉。孩子不干，嚷道："这是姑姑给我的，你别管！"

妈妈久劝无效，有点来火了。爸爸过来打圆场："姑姑给她买的，让她吃吧！"

妈妈还是不同意，僵持了一阵，爸爸也来火了，说："不过是一点零食，又不是老鼠药，偶尔吃一点，有什么关系？"

妈妈考虑到在孩子面前吵架不好，只好忍住气，不管了。

孩子的爷爷、奶奶、姥姥、姥爷及各方亲友，对孩子的要求跟父母的肯定有不一样的地方，假设是长期相处，那就有必要进行沟通，以保持一致；假设只是偶尔相处，偶尔"放纵"一下孩子，问题不大，不足以改变孩子平日的习惯。反之，偶尔的"放纵"，还能在孩子的心里产生美好的体验，使孩子对亲友的到来持欢迎态度，这对提高孩子的情商有好处。

跟社会与他人的分歧，注意疏导和隔离

平平每天乘校车去幼儿园，有一天，平平对妈妈说："乔乔的爸爸开车送她上学，真好！"

妈妈听了心里一阵难受，一时不知说什么好。

爸爸说："咱们家虽然没有车，但你有爱你的爸爸妈妈，爸爸妈妈有一个聪明又懂事的女儿，也很富有哦！再说，你跟小朋友一起坐校车，有说有笑，多热闹！难道你喜欢一个人坐车吗？"

平平说："我才不要一个人坐车。"

孩子走出家门，必然接触各类信息，因而产生这样那样的疑问，对此父母应及时化解。但最好实事求是，不要讲一些自欺欺人的话。对一些垃圾信息，如媒体的负面新闻，价值观混乱的影视剧或图书，应该注意隔离，不要让孩子过早地接触，以免污染了孩子的心灵。

第3章

不宠不娇，培养高情商的孩子

　　幼儿刚开始建立大小、多少、好坏、美丑等各种概念，没有分辨是非的能力，有赖于父母的灌输和引导，这是培养孩子情商的最佳和最重要的时期，千万别错过哦！

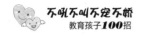

第22招

游戏是孩子的工作，
"不教"是父母的智慧

一位妈妈抱怨"屡教不改"的4岁的孩子："我告诉你多少遍了，你怎么记不住呢？你还要我教你多少遍？"

父母们往往错误地认为，告诉孩子一些规则，就等于教育了孩子，但儿童心理学家告诉我们：幼儿不适合规则学习。因为幼儿还没有内化的思维，很难把外部规则内化为自己的需要。父母告诉孩子不要损坏东西，不要边吃饭边看电视，不要跟小朋友打架，诸如此类，都没有用；孩子听了，连连点头，但别指望他照此办理。怎么办呢？一位著名的教育家说："任何一种教育现象，孩子在其中越少感觉到教育者的意图，教育效果越大。"对幼儿来说，用"不教"的方式引导，不仅必要，而且必须。

以下几种"不教"的方法，是父母们有必要掌握的：

现场指导法

妈妈带孩子去公园玩，买了一支雪糕给孩子。孩子撕开包装纸，随手扔在地上。

妈妈说："垃圾扔在地上，不卫生，不美观。走，咱们扔到垃圾箱里去。"

妈妈捡起包装纸，拉着孩子的手，找到了垃圾箱，将包装纸扔进去；看见附近别人扔的垃圾，也捡起来，扔进垃圾箱。孩子觉得很有趣儿，竟然玩起了捡垃圾的游戏，看见地上的垃圾，就捡起来，跑了老远，扔进垃圾箱。妈妈夸奖了他："好孩子！学会讲文明了。"

孩子是主动的学习者，不是被动的学习者，不习惯让大人强迫威胁。假设妈妈告诉孩子规则：垃圾要扔进垃圾箱，不能乱扔。孩子听了，照扔不误。告诉孩子要说"再见"、"谢谢"，尽管简单，孩子也记不住。带孩子做一遍，远比说一百遍有效。

暗示法

妈妈去市场买菜，小胖哭着闹着想跟去，怎么劝都不听，越劝反倒哭得越来劲。

爸爸叫了一声："小胖！"

小胖抬起头来。爸爸冲小胖眨眨眼，用手指刮刮脸，羞了一个。小胖嘻嘻地笑起来，有点不好意思的样子。爸爸扬扬手中的小皮球，意思是一起玩球，小胖便跟着爸爸走进内室，不吵了。

一般观点认为，青少年时期的孩子才有逆反心理。其实不然，幼儿也有逆反心理，只是不那么强烈。多数孩子把自己想象成大孩子，他们不愿意接受大人们高高在上的管教方式。因此，通过暗示的方式让孩子产生自觉性，效果会更好。例如，希望孩子停止某个行动时，噘噘嘴，摆摆手；提醒孩子注意时，敲敲桌子；诸如此类。为了让孩子看懂，也可辅以简单的语言。采用暗示法，可以让孩子觉得是自己主动去做什么或不做什么，淡化了管教的痕迹。

游戏法

意大利幼儿教育家蒙台梭利说："游戏就是儿童的工作。"对幼儿来说，游戏甚至是生活的全部，因为在他们的眼里，洗澡、吃饭、睡觉、出行等都可以是一个有趣的游戏。父母可以通过陪孩子一起做游戏，帮助孩子认识世

界，建立生活准则，形成道德规范。

为了达到教育效果，游戏时不要傻玩，最好有一定目的性，让孩子有所得。一位著名的心理学家认为，3~6岁儿童的主要任务，不是学会认字、数数和背唐诗宋词，而是通过游戏活动，亲身体验他们将来想成为什么样的人，培养一种目标方向感和自主性、创造性。例如，玩了"警察抓小偷"的游戏，有方向感的孩子会说：我将来要当警察，抓坏蛋。不过，这并不表明立定了志向，仅仅表示他萌生了成为好人的意愿。

其次，游戏内容要健康，有趣，有吸引力。假设是人物游戏，一定要让好人获胜，坏蛋被抓，撒谎者受惩罚，诸如此类。

有必要提醒一下，在一些成人影视剧中，经常有坏蛋得意、好人遭殃的情节，不适合孩子观看，孩子不需要过早接触太复杂的世界。

故事法

幼儿一般都爱听故事，如果有针对性地讲一些故事，将你想教给孩子的理念融入进去，会收到良好的效果。例如，对爱吃糖的孩子，讲"没有牙齿的老虎"，孩子吃糖的欲望就小多了。当孩子吃糖时，只要说："哇！你想做没有牙齿的老虎吗？"孩子可能很快将糖放下。对不爱干净的孩子，讲"小猪变干净了"，以后孩子可能更容易接受勤洗手、勤洗脸的劝说。

第23招

✤ 对孩子的"第一次"行为保持警觉

小明跑到爸爸的面前，一伸手说："爸！给我三毛钱，我要买……"

爸爸正在跟爷爷谈事情，未等孩子把话说完，就掏出三毛钱，递给小明。小明拿着钱，向小卖铺跑去。

爷爷吃惊地说："你不问他要钱做什么，就给了他，怎么能这样教孩子呢？"

爸爸不以为然地说："小孩子嘛，几毛钱算什么！"当时他的生意做得很红火，几毛钱确实不算什么。

爷爷说："这不是钱的问题，养成坏习惯就麻烦了！"

爸爸不高兴地说："一个小孩子，习惯再坏，能坏到哪儿去！"

爷爷还想说什么，见了儿子的脸色，只好咽回去，叹道："儿大爷无用，我说什么，你也听不进去了，将来有你后悔的一天。"

爷爷的话不幸成真。十多年过去，爷爷已经过世，小明真的成了一个"败家子"。在此期间，他最擅长的就是伸手向父母要钱，先是要几毛，然后是几元；到了少年时期，经常跟狐朋狗友在外面吃喝、上网，每天花费都在百元以上。他早就将伸手要钱当成了自己的权利，父母不给，就大发雷霆，还扬言要离家出走；没有办法，父母只好屈服。成年后，小明染上了赌博的恶习，有钱敢上，没钱借高利贷也敢上，欠下了赌债，不用说，都由父母来还。几年时

间，百万家业就被他败掉了，一家人的生活陷入困境，只差没卖房子还债。

从小明第一次伸手要钱，到这个富裕的家庭变成负债累累，一切似乎是自然而然。这不禁令人惊叹，一个家庭的衰败，原来这么容易，只要教坏一个孩子，半生心血就打了水漂。而一个孩子的变坏，也许只是坏在某个习惯上，一旦坏习惯养成，恶果就难以逆转。

怎样防止孩子变坏呢？

必须对孩子的第一次行为保持高度警觉。

孩子从初生时只会吃喝拉撒，到渐渐地会说话，会做一些事情，这个过程中会有无数个第一次，第一次叫"妈妈"，第一说"打"，第一次摔东西，第一次喊"怕、怕"。不同的"种子"都包含在"第一次"中，有善有恶，有非善非恶，做父母的人，应该冷静判断"种子"的属性，不让恶的种子发芽。

当然，所谓善、恶和非善、非恶，只是行为判断，而非道德判断。例如，孩子打父母的脸，撕咬父母，可能丝毫没有伤害的念头，只是觉得好玩，但是，让孩子养成随便动手打人的习惯，就不好玩了！

孩子向父母要钱，并没有不劳而获的观念，也没有权利意识，只因"我想要"，就伸手了。但一旦养成随便伸手的习惯，无论出于什么心态，就都麻烦了！

孩子的行为通常是无心之举，骂人不是骂人，打人不是打人，偷东西也不是偷东西，这是父母们掉以轻心的原因。但是，无心养成的习惯，完全可能变成有意犯的过错。所以，不管孩子有心还是无心，只要是不好的行为，都应该限制乃至完全禁止。

如何判断孩子的哪些行为应该干预、哪些行为应该鼓励而哪些行为可以听之任之呢？有一个简单的方法：假设孩子成年后还有这样的行为，将会如何？

成年后不该有的行为，小时候就不能养成习惯。

当然，矫正孩子的行为，不能急躁，一看孩子犯错，仿佛天塌下来了一样——没必要这样紧张。在孩子的习惯养成之前，还有多次矫正的机会，一次不行两次，两次不行三次……重复多次后，孩子形成了深刻印象，就不会再犯错了。在矫正过程中，也将是非对错观念灌输给了孩子，当孩子真正明了什么是对、什么是错，往往能自我判断和约束，无须父母指导，也不会再犯错了。

第24招

❋ 别让孩子变成"小滑头"

爸妈禁止小芳饭前吃零食，但小芳常常管不住自己的嘴。一天晚饭前，小芳嚷着要吃苹果，妈妈摇摇头说："不行！我们早约好的，饭前不能吃零食，你忘了。"

小芳去向爸爸求援，爸爸也说不行。

小芳闹了一阵，见无人回应，只好作罢。

第二天，妈妈领了工资和一笔不菲的奖金，心情高兴，买了一大袋水果回家，都是小芳爱吃的。小芳馋坏了，想吃，妈妈说："好吧！给你吃个苹果。"边说边挑出一个最大最红的苹果，正要递给小芳，爸爸赶紧提醒："饭前不能吃零食。"

妈妈将手缩回来，说："对！饭前不能吃，等吃饭了再给你吃。"

小芳又失望，又生气，噘着嘴说："妈妈骗人！说话不算数。"

妈妈有点为难了，说话算数和饭前不吃零食，不知该顾哪一头。最后经爸爸调解，采取了一个折中方案：苹果先给小芳拿着，等饭后再吃。

父母经常会不记得自己给孩子订下的规矩，而且有时因情况不同，在执行规矩时要求也不一样。心情好的时候，一切都可通融；心情不好的时候，可能将情绪发泄到孩子身上，使惩罚加倍。忙起来的时候，什么都顾不上；

闲着的时候，点点滴滴提要求，什么都不放松。因标准不一，孩子会无所适从，时间长了，可能形成两大弊端：

孩子变成了"小滑头"

每个人都具有趋利避害的本能。幼儿缺乏自主性和意志力，更容易顺从本能而不问是非，对父母提出的要求，孩子总是选择对自己有利的方案。当孩子发现父母没有一致的标准，凭情绪和状况执行规矩，就会趁机钻漏洞。父母脸色不好时躲得远远的；趁父母高兴时提过分的要求，或者故意趁父母忙于打牌、忙于做事时提要求，达到目的后便自鸣得意，以为自己比父母聪明。如果父母之间宽严不一又缺乏沟通，孩子就趁严的一方不在场，去向宽的一方提要求，并约定"保密"。

孩子耍滑头，在一些父母看来是聪明的表现，因此不以为意；其实这是很危险的习惯。那些犯罪分子跟普通人并没有太大的不同，他们的一个特点是自作聪明，以为自己有本事破坏规矩而又能逃避惩罚。其实，判断利害和破坏规矩，不需要多聪明，幼儿的智商已足够。正常人知道后果，有足够的意志力，因而能克制不恰当的行为。父母对孩子耍滑头的举动，千万不要掉以轻心，以免让孩子养成不守规矩的习惯。

父母的权威遭到削弱

父母执行规矩时标准不一，时间长了，孩子可能会形成一个认识：爸妈订的规矩都不合理，只是权宜之计，用不着放在心上。有的孩子还会利用父母的标准不统一，用"道理"进行攻击，使规矩难以执行。例如，孩子可能会说："上次我是这样做的，你说行。"在许多家庭，父母起初雄心勃勃地订立规矩，打算好好教育一下孩子，到头来却发现，所有的规矩都被破坏掉了。不能有效执行规矩的父母，在孩子的眼里有多大的权威呢？

为了让规矩顺利执行，父母有必要做三件事：

一是采用先少后多、先易后难的原则，先订下几条最紧要、孩子也做得到的规矩，然后严格要求；以后视情况，陆续增加条款。假设一次性将规矩全订下来，超过了孩子的接受能力，到头来规矩就形同虚设了。

二是将规矩写出来，贴在墙上，使家庭成员方便看到。

三是家庭成员之间充分沟通，达成共识，以免你一套、我一套。

孩子找妈妈要糖吃，妈妈说："吃完饭再吃。"孩子去找爸爸，爸爸说："待会儿你把饭吃得饱饱的，妈妈就会给你糖吃。"孩子去找奶奶，奶奶说："奶奶没有糖，向你妈要去。"孩子转了一圈，没有收获，只好打消吃糖的念头。

在这种标准统一的家庭，养成孩子的好习惯，或者防止孩子的坏习惯，都不太困难。

第25招

将孩子领上文明之道

文明的核心是：尊重他人，尊重公共规范。

不文明的后果难以预料，轻则惹人厌烦，重则可能成为社会的害群之马。

一位服刑犯人如是介绍自己的成长经历：我第一次做坏事，大约是四五岁。一次，妈妈带我乘公交车去外婆家，当时我的个子超了"一米线"一点点，本该买票，但妈妈却用手按了一下我的头，我领会了妈妈的意思，很机灵地屈着腿走过去，售票员没有发现。

下车后，妈妈摸着我的头，夸道："你真聪明，下次带你坐车，还像今天这样，知道吗？"

我觉得很有成就感，高兴地点了点头。

从那以后，我就学乖了，每次妈妈带我坐车时，不等妈妈提醒，我就会有意识地曲着腿上车，售票员一次都没有发现。每次下车后，我都能得到妈妈的夸奖。有了一次又一次占小便宜的经历，我便想着占大便宜，渐渐地，我养成了小偷小摸的习惯……

俗话说得好：得便宜处挫便宜，失便宜处是便宜。就教子而言，尤其如此。为了贪图一些小便宜，为了一些小便利，让孩子养成藐视公共规范的习惯，对孩子的危害不小，将来所蒙受的损失难以估量。因此，作为爱孩子的父母，我们的责任之一是将孩子领上文明之道，让孩子养成尊重公共规范的习惯。

让孩子养成"畏法"的意识

一个孩子看见一份被扔在自行车筐里的广告传单，顺手拿了过来。爸爸赶紧说："别乱拿人家的东西，警察叔叔要来抓人的哟！"

孩子吓了一跳，赶紧将广告传单扔回去。

事后，妈妈责备爸爸："一张小广告，有什么了不得，马路上到处都是。你那样吓孩子，会把孩子吓得胆小怕事的。"

爸爸说："孩子知道那是一份不值钱的广告吗？别的可以不怕，法律怎么能不怕？"

需要让孩子敬畏法律。有的人正是因为不怕法律，所以惹出祸来还敢叫嚣"我爸是李刚"；有的人正是因为无视法律，出了车祸还敢连捅受害者多刀，将交通肇事案变成凶杀案……让孩子养成"畏法"的意识，行为就不易偏离正轨了！

点点滴滴教给孩子文明细节

爸爸带孩子去博物馆玩，孩子看见许多新奇的东西，很是兴奋，一会儿嚷嚷着要看这个，一会儿嚷嚷着要看那个。

爸爸低声说："小声点！你看叔叔、阿姨们都轻声细语，谁大声嚷嚷？"

孩子朝四周看了一眼，安静了一会儿，不久就忘了爸爸的告诫，又嚷嚷起来。

爸爸沉下脸，警告说："别嚷！不然就让你出去。"

孩子看了爸爸的脸色，嘴一撇，想哭。

爸爸说："在公共场所要讲文明，大呼小叫是不文明的行为，知道不？"

孩子在幼儿园多次听老师讲过类似的话，马上意识到自己错了，不再感到委屈。在接下来的参观中，孩子安静多了，想说话时都要让爸爸蹲下身子，附在爸爸的耳边说。

幼儿比较容易听从父母的话，一旦意识到自己错了，也容易改正；可惜不太容易记事，可能一错再错，因此父母要有耐心，反复规诫。在公共场所的一些文明举止，如不随地吐痰，不乱扔垃圾，不大声喧哗，过马路走人行道，红灯停绿灯行，以及乘车、乘电梯、看电影、看比赛遵守各种礼仪，等等，都有赖于父母的悉心培训，直到孩子养成习惯。

不厌其烦地教给孩子礼貌用语

从孩子牙牙学语开始，就要教给孩子"请"、"谢谢"、"对不起"等各种礼貌用语，还要教给孩子正确的称呼，如"叔叔"、"阿姨"等。孩子不会一学就会，需要一遍又一遍反复教。此外，还要随时纠正孩子不文明的语言，例如骂人，胡乱称呼他人。礼貌是一个孩子最好的修饰，那比穿上漂亮的时装有意义多了！

第26招

✳ 教孩子做个好客的小主人

静静不喜欢见客人，每次客人来了，她就躲在屋里不出来。一次，她的大姨父来了，她照例一个人在屋子里玩。爸爸觉得这样不行，让她出来见大姨父，先是好言劝说，没有效果，就动手去拉她。她挣扎着，还是不肯出来。爸爸有点儿来火了，扬言要揍她。

妈妈赶紧过来说："大姨父不是外人，孩子不见就算了，勉强她干什么？"

爸爸说："老话讲'在家不会迎宾客，出外方知少主人'。她这么大的人了，一点规矩礼仪都不懂，那怎么行？还不是你惯的！"

妈妈说："她才六岁而已，有多大？教孩子不在一时，以后慢慢教就是了！"

爸爸只好作罢。

像静静一样不愿见客的孩子不少，客人来了，顶多叫一声，然后就远远躲开。从小养成了不愿见客的习惯，没有学会待客的礼仪，长大了一时之间怎么能改善？这对建立和谐的人际关系很不利。

接待客人是一项重要的生活技能，当孩子年幼时，父母就要将这项技能传授给孩子。当然，礼仪是一堂大课，在古代是一门重要课程，需要学习若干年，父母只能根据孩子的接受程度，一点点教。幼年时的孩子，需要学会以下内容：

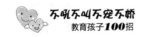
学会区分不同的客人

星期天，妈妈在家做家务，女儿在看图画书。有人敲门，妈妈打开房门，隔着防盗门一看，是位陌生人，就问："您有什么事？"得知对方是位保险推销员，就说："对不起，我们不买保险。"推销员还在卖力地推销，妈妈听了一会儿，说："您说得对，买保险很重要，但我今天很忙，您去别处推销吧！"

推销员走后，妈妈对女儿说："你爸爸不在家，我们不能让陌生人进门。"

女儿懂事地点点头。

过了一会儿，又有人敲门，妈妈开门一看，是爸爸的一位女同事，赶紧热情地让进来，请客人坐下，拿起杯子去倒茶。客人说："您别客气了！我是来找张经理拿一份报表资料，打电话没人接，只好来跑一趟。"

妈妈将茶递给客人，说："他的手机坏了，送去修，一小时之内准能回来。要不您等他一下吧！咱俩说说话，时间很快就过去了。"

客人要加班赶活，心急，坐了一会儿就告辞了。

过不久，邻居老王找上门来，说老张约他去钓鱼，不知啥时去，来问一问。

妈妈说："他出去办点儿事，等他回来，我告诉他您来过了。"

老王点点头，告辞而去。

女儿奇怪地问妈妈："你为什么不倒茶给王伯伯喝，不叫他等爸爸？"

妈妈说："你爸爸不在家，我是女人，一般不单独在家接待男客人。"

女儿问："那为什么呀？"

妈妈说："怕你爸爸吃醋呗！"

女儿嘻嘻地笑了。

一般来说，一个家庭常有客人上门，是兴旺之相。对不同的客人，自然不能一视同仁，需要根据客人的情况确定接待方式。孩子见多了，听了父母的解释，慢慢就学会怎样区分不同的客人了。

对客人热情礼貌

俗话说"来者是客"，无论什么客人上门，无论生客、熟客，无论穷客、富客，在态度上都要热情礼貌。对推销员、乞丐等陌生人，也要有礼貌，不可轻视和欺侮。

笔者还记得奶奶接待乞丐时的情景。一次一个老年乞丐走累了，向我奶奶"讨口水喝"。奶奶请他坐在门口——照规矩乞丐不能进门，倒了一大杯水给他喝；听说他还没有吃饭，又盛了一碗米饭、一点剩菜给他吃。

我见乞丐身上脏得不像样子，心里很不是滋味，等乞丐走后，向奶奶抱怨说："你给他一把米就是了，为什么留他吃饭呢？"

奶奶说："他有米上哪儿做去？你以为他喜欢讨饭？总是没办法了才走到这一步。"

我无言以对。忽然联想到，假如我生活在灾区，弄得衣食无着，被迫逃荒要饭，形象大概跟这个老乞丐差不多吧！

人与人除了在品质上可能有明显差异外，其他方面大同小异，在一定境遇下，表现都差不多。从这个意义上说，尊重他人即等于尊重自己，礼待他人即等于礼待自己。

点点滴滴教规矩

待客的礼仪，一言难尽，只能点点滴滴传授给孩子。例如：笑脸相迎；按称谓主动问好；端茶让座，拿出茶点和客人分享；对客人递送的礼物，要用双手去接并说"谢谢"；在客人面前不撒娇，不发脾气；大方地回答客人的提问；大人之间谈话时，不要打断客人的话和随便插嘴；拿出自己的玩具和小客人分享；进餐时先让客人入席；吃饭时只夹靠自己这边的菜，不用筷子乱翻喜欢吃的菜；客人告辞时，把客人送到门口或电梯门口……

采用怎样的方式向孩子传授礼仪知识呢？一般有三种方法：

预告法：客人未来前，先提醒孩子应该注意的事项，例如笑脸相迎、见了人嘴要甜、不要吵闹等。估计孩子听得懂、记得住的内容，都可以提前预告，记不住的就不必了。

指点法：临机指点孩子当做之事，例如，"叫伯伯，叫阿姨"，"阿姨送礼物给你，快接过来，用双手，记得说'谢谢'哦"。一般来说，孩子已经会了

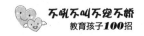

的不要教，否则孩子会不高兴，好像拿他当傻瓜似的，心直口快的孩子还会说："我知道！不要你教。"

补救法：孩子有失礼之处，先不要当着客人的面说，以免伤害孩子的自尊心；等客人离去后，父母可以对孩子的表现作出点评，肯定好的方面，指出不足的地方，并告诉孩子怎样改正。指导孩子学习礼仪，父母既不可放任也不必有急躁情绪。这门功课，可能需要我们从孩子一两岁教到十几岁，急不来的。

但最重要的是，我们自己要懂礼仪，不然拿什么教孩子呢？

第27招

✱✱ 不要逼着孩子撒谎

妈妈问三岁的女儿："你喜欢爸爸还是喜欢妈妈？"

女儿看看爸爸，看看妈妈，说："喜欢爸爸。"

妈妈说："没良心！妈妈每天给你做这么多事，爸爸有时间就陪你玩一会儿，没时间就不搭理你，你还说喜欢爸爸。"

女儿低下头，表情很复杂，有些惭愧，又有些不服气。

过了几天，妈妈又问女儿："你喜欢爸爸还是喜欢妈妈？"

女儿犹豫了一会儿，说："我喜欢爸爸，也喜欢妈妈。"

妈妈问："你最喜欢谁呢？"

女儿转身想走，妈妈却抱住她，说："不让走，必须回答。"

女儿低声说："最喜欢妈妈。"

妈妈笑了："这就对了嘛！"

世上有许多愚蠢的问题，笔者认为，在父母和孩子之间，最愚蠢的问题莫过于——"你喜欢爸爸还是喜欢妈妈？"而在夫妻之间，最愚蠢的问题莫过于——"当我和你妈妈同时掉进水里，你先救谁？"孩子对父母的爱，男人对母亲、妻子的爱，都是必须的，而且各有特点，无可取代；原本不该做非此即彼的选择，却被这种愚蠢的问题逼到非此即彼的十字路口。对被问者

而言，无论怎样回答都不正确；为了取悦提问者，除了撒谎，没有别的办法。

父母一面要求孩子诚实，不撒谎，一面却又用各种方式，逼着孩子撒谎。有一段网络文字，值得每个父母好好读一读：

"为了不惹父母生气，许多真实思想和行为我们隐藏在心里不愿说出来，说出来又会遭到审贼式的厉声盘问。我们不想撒谎，不想讲假话，不想欺骗含辛茹苦生养自己的父母。我们想说真话，也说过真话，可愿望与结果总是相反，好像天下的父母都喜欢欺骗他们，越欺骗他们心里越高兴。讲真话往往得到的是批评、呵斥，甚至是怒骂和殴打。讲假话反而会得到表扬和笑脸，甚至是礼物……其实每次讲假话的时候，我们心里并不舒服，甚至觉得难过和残忍，但是看到父母脸上高兴的样子，自责过后渐渐地变得心安理得……父母习惯看表面，注重的是形式，孩子则更喜欢察言观色，窥探父母的心态，总会揣摩出一套对付家长的办法来。孩子在父母面前是弱者，弱者保护自己最有效的办法就是蒙住强者的眼睛。我们有话喜欢对朋友说，而不愿对父母讲，这是父母没有把孩子当朋友的结果。"

事实上，大部分父母要求孩子诚实，一方面是出于一般的道德要求，一方面是希望随时了解孩子内心的想法，却没有真正认识到诚实的价值和不诚实的危害。而不少父母自身也很难保持诚实的品格，经常用虚言假语应付他人。一对不诚实的父母，怎么可能教出诚实的孩子呢？

做父母的人，有必要知道以下两点：

诚实是心理健康的标志

当一个人处于想撒谎或被迫撒谎的状态时，正是心理扭曲的开始；当一个人经常自欺欺人时，心理已经很不健康了，可以想象，他的内心体验不是美好，而是丛生的烦恼。著名的心理学家罗杰斯认为，心理健康的最高境界是："我的意识与我的内心体验相一致，我对人讲述的又与我的意识相一致。于是，这三个层次相互一致，浑然一体。"他还认为，心理健康的人具备两个核心特征：不欺人和不自欺。这样的人热爱真相，不论真相多么痛苦，都不逃避，不用欺骗别人或欺骗自己的方式扭曲真相，而这种勇气带来的现实觉知能力是心理健康的基石。相反，心理不健康的人缺乏直面真相的勇气，他们用欺骗自己和欺骗别人的方式把自己的人生变成一团难以辨认的迷雾，而他们的心灵最终也在这团迷雾中失去了方向。

所以说，培养孩子诚实的品格，不是为了追求形式，不是为了道德说教，而是为了给我们的孩子一颗强健的心，让我们的孩子有勇气面对一切，从而成为生活的强者。

孩子的假话是被逼出来的

妈妈为了让四岁的儿子顺利吃饭，跟儿子约定："我们俩来比赛，你先吃完饭，就让你玩一会儿电脑。"儿子很高兴，赶紧吃起来。妈妈想让儿子赢，假装吃得快，实际上吃得慢。过了一会儿，电话铃响了，妈妈起身接电话，儿子趁妈妈不注意，将饭倒进垃圾桶里。

等妈妈回来，儿子开心地说："我吃完了，我要玩电脑。"

妈妈一愣，四下一看，很快发现了真相，问："你真的吃完了吗？"

儿子重重地一点头说："吃完了！"

妈妈沉下脸，说："说谎可不好，妈妈会不高兴的。你再说一遍，吃完了吗？"

儿子迟疑了一下，说："吃完了！"

妈妈很生气，大声斥道："再说谎，当心我打你的屁股。说！吃完了吗？"

儿子快吓哭了，说："没吃完。"

"饭呢？"

"吃进肚子里了！"

妈妈气坏了，在儿子的屁股上拍了两巴掌，打得他哇哇大哭。

这个妈妈不知道，当孩子说"吃完了"，他是在说真话；当他说"没吃完"，是被迫撒谎。一般来说，学龄前的孩子不会有意撒谎，除非受到大人的逼迫；学龄后的孩子会有意撒谎，那也是被大人教"乖"的。

孩子说谎，一般有如下几种情形：

幻想性谎言。孩子在头脑中想象某个情景，并将它当成了真实。幻想式谎言主要发生在幼儿身上，大孩子在回忆过去的事情时也可能将想象当成真

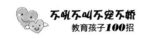
实。这并不是真正意义上的谎言，因为孩子的话跟他的真实认知相符，可以视为真话，父母不必反应过激。

夸大性谎言。为了吸引别人的注意或引起重视，孩子可能"添油加醋"，夸大某些情况，其本意是为了让对方的关注度跟自己的关注度相当。这属于"艺术创作"，还不能算是撒谎，除非孩子的话可能造成不良后果，否则不必干预。例如，当孩子绘声绘色地讲一个人力气如何大、武功如何了得时，批评他"吹牛"，会打击他的创作积极性，不妨回应一下："哇！这么厉害呀！"

补偿性谎言。当孩子没有达到某个目标而又想得到父母或老师的肯定时，或者当孩子不具备某些东西而又想得到同伴的好评时，可能会用谎言来弥补不足。这类谎言情有可原，可以干预，但不要刺伤孩子的自尊心。

防卫性谎言。为了逃避父母的批评和惩罚，孩子常常被逼撒谎。撒谎固然不好，但父母也该反省一下自己的责任；因为我们逼得孩子撒谎，教养方式上肯定有不足之处，在纠正孩子前，首先要纠正自己。

逃避性谎言。孩子为了逃避某个不喜欢的任务，可能会用谎言当借口。例如，不想去幼儿园，就说腿疼；不想做作业，就说头疼。父母一听，身体不舒服是大事，岂敢强求？于是，孩子"阴谋得逞"。对这种情况，父母先要找准原因，再进行疏导。

报复性谎言。孩子心怀不满时，可能通过谎言来进行威胁和挑战。例如，孩子一句"我要离家出走"，足以吓得父母心惊肉跳。实际上，真敢离家出走的孩子极少。遇到这类谎言，一般不要揭破，先当真话听，弄清孩子不满的原因。假设孩子的要求合理，应适当满足。例如，孩子想多跟父母在一起，为缺少父母关爱而感到不满，父母难道不该抽时间多陪陪孩子吗？对孩子的不合理要求，也要耐心解释，让孩子心服口服。

每个孩子都自定义为"好孩子"，都不喜欢讲违心的话，恰恰是大人尤其是父母不问情由的批评、不分青红皂白的责难，使孩子失去了诚实的品格。我们应该想到，孩子只是一株嫩苗，在培育过程中，任何轻率和粗暴的方式都不适宜；谨慎一些，多用一些心，多学一些教养技巧，才能使孩子变得像自己想象的一样好。

第4章

不宠不娇，
培养高智商的孩子

　　3~6岁是儿童大脑发育的黄金时期，无论学习语言还是各类新知识，都能事半功倍。这一时期的良好教育，可以为孩子的智能发展打下坚实的根基。

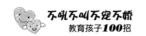

让图书成为孩子最喜欢的"玩具"

　　书对不同年龄段的孩子，意义不一样。在学龄前的孩子眼里，一切都是玩具，书也不例外；正式入学后，感到了一定的学习压力，书变成"工具"了，不是很喜欢但是有必要，可以用它们向老师换夸奖，向父母换笑脸；到了青少年时期，感到了沉重的升学压力，书变成"刑具"了——那是某些聪明的坏蛋设计出来残害青少年的玩意儿，讨厌极了！

　　好学从爱书开始。我们想让孩子养成终生爱书、终生学习的习惯，最好趁孩子拿书当玩具时，让孩子玩出滋味来。

　　有一位高贵的女士——美国前第一夫人芭芭拉·布什，她有一个理念：让孩子迷上读书，比父母的任何教育都有效，因为每本书籍都可以作为一个老师来帮助父母教育孩子。读书习惯，会使孩子一生都受益无穷。

　　芭芭拉还传授了一个"祖传秘诀"——家庭朗读。她小的时候，父亲经常给她读书，使她真正爱上了书并受益终身。她继承了这个好传统，当孩子小的时候，她每天坚持给孩子读书，效果好像还不错，几个孩子都有"出息"，其中有一个总统，一个州长。

　　芭芭拉还总结了六条"家庭朗读"的经验：

读书宜早不宜迟

孩子越早接触书，越早适应听和读，越有利于孩子的智力启蒙。

当孩子知道书中竟有那么多有趣的东西，自然会产生"我自己看"的愿望，这有利于培养孩子主动学习的意识。

养成朗读的习惯

芭芭拉常在孩子们睡前读书给他们听。她说："父母在什么时候给孩子读书无关紧要，但在每天同一时间里，至少要读上十五分钟，这样孩子会收获很大。"

偶尔给孩子读上一段，虽然有益，但不如养成持之以恒的读书习惯更有益。对大部分工作忙碌的父母来说，找一个固定的读书时间似乎不太容易；不过，只要我们真的认为这件事很有价值并决定坚持去做，在孩子睡觉前抽出十来分钟，应该不难办到。

有必要说明一下：孩子对睡觉前接触的内容比其他时间接触的记得牢，原因是较少受到其他信息的干扰。

让书籍伸手可及

芭芭拉家里有一个小型的家庭图书室，大人和孩子总能从中找到自己喜欢的书籍。

心理学研究表明：伴随着图书长大的孩子，更容易成为这些书的热心读者。对此笔者倒是有切身体会：小时候没有玩伴可玩又没有喜欢的书可读时，会随手抓起某本书看一下，看了一小会儿，觉得没意思又丢下；以后还会不时抓起来看一下，有时看出滋味来了就多看一点。到后来发现自己差不多读光了家里所有的书，包括文艺理论、医学、民兵训练教程等原本觉得十分枯燥的书。所以说，让书籍伸手可及，有可能让孩子养成主动看书的习惯，那比逼着孩子去学习效率高多了！但现在可供小孩子玩的"玩具"太多，如网络、电视等，这对孩子养成读书的习惯不利。

选择好书

芭芭拉认为：孩子需要同他们的兴趣、年龄和能力相适应的书籍，同时也需要多种类型的图书。她建议：给孩子读各种各样的文字材料——报纸、杂志、说明书，这样就向孩子展示了各方面的生活文字。孩子还喜欢一遍又一遍地看同一个故事，而反复阅读可以扩大孩子的词汇量，有助于孩子理解故事的写作结构。

怎样为孩子选书？芭芭拉有以下经验，值得参考和借鉴：

3岁以下的婴幼儿，喜欢连环画及他们熟悉的事物的故事书，形状和色彩能够吸引他们的注意力。

3岁到6岁的学龄前儿童喜欢动画图书、幻想故事，有关日常生活和动物的寓言易于儿童记忆。

6岁到9岁的孩子喜欢读他们爱好和感兴趣的书，当孩子开始能自己读书以后，就选一些内容较深的书念给他们听。

10岁到12岁的儿童喜欢幽默小品、民间传说、长诗以及情节曲折的故事，如侦探故事。

笔者想补充一下：作为中国的父母，最好让孩子多读一些童话故事，如《安徒生童话》、《格林童话》等，在孩子成年之前，最好不看或少看当代小说、古装影视剧。因为当前的文艺环境污染比较严重，价值观混乱，一些腐朽、落后乃至邪恶的观念裹带在"看上去很美"的艺术形式中，成人都难辨良莠，何况孩子呢！而童话故事是最干净的文化作品，亦为孩子所喜爱，不仅能增加乐趣，还能促进孩子的抽象思维和创造性思维能力。

念得生动有趣

芭芭拉念故事给孩子听时，尽量不让他们被动地倾听，还会适时提一些有趣而有益的问题，让孩子解答，使阅读变成一个互动的游戏。

孩子自己能读书了，仍继续念书给他们听

芭芭拉建议：父母应一直念书给子女听，直到升入中学为止。因为大部分孩子在12岁以前，聆听能力比阅读能力要高，所以他们听书的收益会很大。给大一点的孩子念书，还可以借机会把他们自己不会拿来看的书介绍给他们。

事实上，人们接受外界信息的方式有差异，有的人用耳朵倾听效率最高，有的人用眼睛去看接受更快，有的人凭感觉器官更容易接收。无论孩子属于哪一类型，阅读都有益无害。给习惯用耳朵的孩子读书，正好对到了点上；给不习惯用耳朵倾听的孩子读书，有利于帮助孩子弥补这方面的不足。

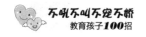

第29招

别用笨法子折腾你家的"小天才"

下面的故事能够给我们一些启迪：以前有个名叫高玉宝的孩子，没有机会读书，后来在部队接受识字训练，好不容易认全了几千个常用字，利用业余时间写作，竟然写成了作家。现在的孩子学习条件这么好，哪个孩子不能培养成才呢？

可惜，这只是理论上的说法，在现实中，不少孩子被父母亲手糟蹋成了当代"小仲永"。古代仲永的不幸是没有机会接受教育，当代"小仲永"的不幸却是教育过度或教育不当。

有一个孩子，是妈妈眼里的天才，两岁就认识不少字，经常受到亲戚朋友的夸赞，大家都说这是一个难得一见的聪明孩子。妈妈又教他数数，3岁时，20以内的加减法他都学会了，还会背不少古诗、童谣，明显比幼儿园其他孩子强。妈妈认为他将近达到了小学一年级的水平，再读幼儿园没有必要，孩子才4岁多，她就将他送进了小学一年级，并对他深具信心。

但让妈妈失望的是，孩子完全跟不上学习进度，学什么都困难，自制力也差。这是什么原因呢？原来，孩子会数数，只是一个假象，因为妈妈教得多，他把20以内的加减法都记住了，并没有掌握运算规则；老师只是按一般程度教孩子，不可能像妈妈那样一百遍、一千遍地反复教导。所以，孩子的成绩一塌糊涂。不仅如此，孩子从当初的备受称道，变成现在的常挨批评、受冷落，心态变了，不仅厌学，对学校和老师也缺乏好感，每天都要妈妈催着逼着才肯进学校。

"天才"变"蠢材"，让妈妈觉得很丢面子，却又无可奈何。

做父母的人，一定要搞清两件事：

第一件事。我们教育孩子，是为了孩子将来更好地面对生活，更好地走过人生路，而不是为了向人炫耀，不是为了争面子。

第二件事。我们教育孩子，不单纯是为了让孩子获得一些知识或技能，最重要的是培养孩子对学习、对做事的兴趣，增进孩子阅读情感、明辨是非的能力，并养成良好的习惯。一些婴幼儿可以学会的知识技能，即使没有学会，到了一定年龄，接受能力强了，一两个月就补上了，耽误不了多少。心态不好，习惯不好，情感受到了伤害，孩子的问题就严重了！

教育孩子，一定要尊重孩子的实际状况。一般来说，3~6岁的孩子，形象思维能力较强，逻辑思维能力很弱，也可以说，阅读感情的能力跟成人接近，思维能力跟成人有很大的差距。这一年龄段的孩子，不适合规则学习，比较适合学习各种符号和体验各种情感。对他们来说，语言是符号，文字是符号，他们可以知道美发店可以理发，却不能联想到发廊也有同样的功能；他们将"2+2=4"当成一个符号记住，却不能理解这个等式之间的关系。所以，教他们计算，多半是白费工夫，不如学点别的。

3~6岁的孩子，思维以自我为中心。例如，当他们玩过家家的游戏时，爸爸、妈妈都是一个符号，他们还不能鉴别游戏、梦幻符号和现实之间的差别。当他们说"我怕"时，脑海里可能浮现出了某个恐怖情景，他们以为这个情景包含在"我怕"这个符号中，并且完整地告诉你了，并不知道你没有看见那个情景。

孩子在不同的年龄段，还会呈现一些不同的特点，并且随着年龄的增长，逐步向成人接近。

2岁左右，孩子基本掌握了语言这种工具，变得很爱"唠叨"，小嘴说个不停。到4岁左右，孩子已经很会说话了，但他们并不能完全理解语言符号的含义。例如，孩子说一句听来的脏话，并没有骂人的意思。假设别人听了都很高兴，他会认为这是一句好话；假设惹怒了别人，他才知道这是一句坏话——但并不知道好在哪里，坏在哪里。不过，根据大人的态度，他们可能会倾向于说好话而不说坏话。

孩子4~5岁时，记忆能力相当不错，假设大人肯教，他们可以背诵很多诗歌，可以认出几十种牌号的汽车，可以复述听来的故事，看上去智力水平跟成人的差不多。实际不然，当你把一个粗矮杯子里的水原封不动地倒进一个高细的杯子里，他们会说水变多了；他们还可能像成语朝三暮四中那些猴子一样，认为早上三个、晚上四个比早上四个、晚上三个少。当你教给他们需要逻辑思维的知识，例如计算，那一定是事倍功半。

孩子5~6岁时，已具备了一定的逻辑思维、复合思维，可以学会简单的算术，可以理解符号的内在含义。例如，他们知道猪马牛羊都是"动物"，知道电视机、电冰箱、洗衣机、电风扇等都是"家用电器"，"朝三暮四"的花招自然也骗不住他们了。

总之，根据孩子的接受能力，教给他们一些有益的东西，孩子的学习效果好，心情也愉快，对孩子顺利进入下一阶段的学习大有好处。许多父母不考虑孩子的状况，过于注重孩子的所谓"智力开发"，热衷于"超前教育"，花很多钱、很多时间、很大精力让孩子学习那些超过他们年龄的知识、技能，使孩子学得苦不堪言，这不过是瞎折腾罢了！

第30招

让孩子边玩边识字的高效方法

文字是孩子学习的一个不可缺少的工具，越早掌握、掌握得越多越好。3~6岁的孩子，适于符号学习。汉字、数字、英文字母都是符号，3岁左右就可以开始学习了。

冬冬从2岁开始学认字，到4岁时已经认识2000多个汉字，数字和26个英文字母他全都认识，可以自己看图画书。他在超市能辨认标签上的商品和价格，在街上能辨认各类指示牌，这样他接触信息比一般孩子多，显得聪明多了，俨然一个“小大人”。难能可贵的是，他性格开朗活泼，对知识充满兴趣，识字对他来说是一个有趣的游戏，他从中享受了许多快乐。

冬冬爸妈的教子理念是：顺其自然。他们花了很多时间训练孩子却不勉为其难。他们用过的几个方法也比较科学，值得借鉴：

对号入座法

冬冬的爸妈制作了一些漂亮的文字卡片，贴在家里的各种物品上，门上贴“门”字，床上贴“床”字，冰箱上贴“冰箱”二字……有时间就对冬冬说：“咱们来玩个认字游戏好不好？”然后将家具上的字指给冬冬看，冬冬认识家具，自然很容易读出上面的字，这样比较有成就感。经过多次重复后，

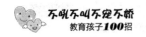

那些字渐渐从"生脸"变成了"熟脸"，换个地方也认识了。爸妈又试着引导他，按照笔顺，用手指在字上写上一两遍。重复多次后，许多字他不仅会认，也会写了。

身临其境法

爸妈带冬冬出门时，看见商店的招牌，路边的路牌，或食品包装上的广告文字，随时指给他看——当然要看他有没有兴趣，没兴趣就算了。有时冬冬自己也会指着招牌上的字问："这是什么字？"爸妈自然很乐意告诉他。此法不仅有助于孩子识字，还培养了孩子爱观察、爱提问的好习惯。所以，他在街上游玩时，脑子比一般孩子的活跃，看见的东西、享受的乐趣相对较多，却又感觉不到用脑的辛苦。

"找朋友"法

当冬冬认识不少字后，爸妈经常跟他玩"找朋友"的游戏，拿出一把卡片，或者指着图画书上的一段文字，让他将认识的"朋友"找出来。爸妈有时给他讲解文字的意思和用法，有时教他认识几个"新朋友"。冬冬很喜欢这个游戏，识字的兴趣更高了。

唱歌学字法

爸妈挑选某首朗朗上口的儿歌，先教冬冬学会唱，再让冬冬指着歌词，一个一个字读出来；或者挑选某首诗歌，先让冬冬背熟，再让他指认。因事先已会唱会背，冬冬很容易一个字一个字地读出来；尽管里面的许多字并不真正认识，看上去障碍很少，但冬冬并不觉得繁难。经过多次认读，许多不认识的字也真正认识了。

亲子共读法

爸爸或妈妈找出图画书上某段精彩的故事，对冬冬说："咱们一起来玩读书游戏吧！"然后，由爸妈或冬冬指着故事中的字，按照顺序慢慢往后读。冬冬遇到不会读的字，就会停一下，听爸妈怎样发音，再继续往下读。一个故事读几遍，冬冬的识字量又会增加一点，但并不是每次都将故事中的字全部认识。

父母在运用此法时要注意，不要追求完美。孩子的识字量是一个慢慢积累的过程，某些字不认识不要紧，可以暂时丢下，以后重复的次数多了，自然就认识了，不必着急。

联想识字法

在识字的过程中，为了帮助冬冬理解文字的意义和用法，同时增加乐趣，爸妈想到了一个联想识字法。其法是：让冬冬从卡片中或故事中找出某个字，比方说"牛"，然后问："牛吃什么？"冬冬说："牛吃草。"爸妈说："找找看，有草没有，你的牛宝宝饿坏了。"冬冬蛮有兴趣地找"草"，却不认识。爸妈就帮他找出来，教他认几遍后，又问："草长在哪里？想想看，花园的草长在什么上面？"冬冬说："长在土地上。"爸妈又让他找土地。用这个方法，识字的意味不明显，更像一个亲子游戏，孩子玩着玩着，就认识字了。

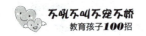

第31招

培养宝宝的语言表达能力

　　小刚的爸爸在外地工作，妈妈每天上班兼带孩子、做家务，忙得团团转，虽然有奶奶帮着，还是很累，心情也不太好。小刚牙牙学语时，追着妈妈想说话，妈妈没情绪，有时搭理一声，有时装没听见，有时还要斥责："小孩儿家家的，哪这么饶舌！"小刚说话的积极性受到打击，渐渐不太爱说话了。上了幼儿园，跟别的小孩比，小刚说话能力明显不足，回答老师的问题时，总是前言不搭后语，半天说不清，常惹同学耻笑。他更不爱说话了。而老师为了不让他当众"出丑"，一般也不要求他回答问题。结果，他成了全班最木讷的一个孩子。

　　心理学研究表明：儿童期是发展口语的最佳期，应该抓紧这个时期开发语言表达能力。孩子学会了说话，等于掌握了一把打开人际关系大门的钥匙，为学习知识、交流感情、建立关系所必需。一个不会说话的孩子，在各方面都会遇到障碍，对自信心也会造成伤害。

　　那么，父母应该怎样帮孩子提高语言表达能力呢？

让孩子敢说话

　　爸爸下班回到家，招呼孩子："小波，过来，跟爸爸说说，今天干了什么，有没有捣乱？"

孩子扭扭捏捏地走过来，被爸爸"审问"了几句，找个机会溜掉了。

父母在孩子的面前，喜欢摆出权威人士的姿态，用居高临下的语气跟孩子说话，这时候，孩子就不太敢说话了。观察生活，就会发现，那些能说会道的孩子，其家庭氛围往往比较宽松、随和，父母比较有亲和力，这就给孩子提供了一个"敢说"的环境。

跟孩子说话时，最好如此：跟孩子处于相同的高度，看着孩子的眼睛说话，让孩子感受到重视和平等；鼓励孩子充分表达自己的意愿，说错了也没有关系；说话多用肯定语气，不要让孩子总是感到被否定；提要求时用商量而不是命令的语气。

让孩子想说话

父母跟孩子有"代沟"，双方感兴趣的东西不同，常有无话可说的尴尬。为了提高孩子的表达能力，要让孩子成为话题的主人，孩子喜欢谈什么就谈什么。当然，父母也可以挑选一些有意义而孩子又感兴趣的话题，但不要脱离孩子的认知范围。

为了丰富孩子说话的素材，还要丰富孩子的生活经验。例如，假日带孩子上公园，逛商场、书店等等，引导孩子观察体会，然后不失时机地引导孩子讲述所见所闻、所想所感。孩子有了亲身体验，就会情不自禁地用语言来表达内心的想法或情感。

让孩子有机会说话

大姨妈笑着跟姗姗打趣："姗姗好乖，给姨妈做女儿，好不好？"

姗姗正在思考，妈妈赶紧替姗姗回答："当然好哦！"

姗姗说："不好！我喜欢住自己家。"

妈妈说："傻孩子，姨妈这么疼你，有什么不好？"

有些父母将亲子关系定义为教育者和被教育者，牢牢掌握着话语权，总是在指教孩子，很少给孩子表达机会；跟他人交往时，担心孩子不会说话丢

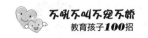

脸，常常出面给孩子当代言人。

为了让孩子会说话，当然要给孩子说话的机会，平时最好多跟孩子说说话，而且要多听少说，鼓励孩子自由表达。孩子在回答他人的问题时，让他照自己的意思回答，说错了也不要紧，童年无忌嘛！不恰当的话，等孩子说了再纠正也不迟。

此外，还要鼓励孩子多跟小朋友交流，以增加训练说话的机会。

让孩子会说话

好口才是训练的结果，没有人天生会说话。为了提高孩子的说话能力，有必要运用适当的方法加以训练。以下几个方法效果不错，值得一试：

循循善诱法。幼童不能理解语言符号跟内心感受的关联，说话时往往比较"零碎"，不能完整表达自己的意思，父母可以假装不懂，诱导孩子将话说完整。例如，孩子一指水杯，说："水。"意思是：我要喝水。父母可以说："是的，水杯里有水。"孩子说："喝水。"父母继续装不懂问："谁要喝水呢？"孩子说："我要喝水。"表达完整了，可以满足孩子的要求，还可以夸几句。慢慢地，孩子能意识到表达完整的必要性，说话时会用句子代替单词。

现场表达法。当孩子遇到一件趣事，或得到某个喜欢的东西，就鼓励他描述一下这件事或这个东西。刚开始孩子可能结结巴巴，描述得不是很好，但不要嘲笑，还是需要鼓励一下。例如：意思大概说清楚了，不过，你多练习一下，一定可以讲得更好。

打电话法。给孩子打电话，问问他在做什么，有什么想法，等等。还可以鼓励孩子给长辈或同伴打电话，相互交流情况。打电话完全是用语言交流，没有情境可以依赖，迫使孩子用心组织语言，对提高表达能力很有帮助。

讲故事法。鼓励孩子讲述听来的故事，也可以给孩子讲故事，然后让孩子复述一遍。只要孩子敢讲，就是进步，应该鼓励。一般来说，当孩子能够比较完整地讲述一个故事时，语言表达能力已经相当不错了。

轻松高效的教子方法：讲故事

爸爸让孩子去扔垃圾，孩子一看天气这么热，有点不乐意，说是要等凉快了再去。

爸爸说："你闲着没事，想不想听故事？"

孩子最喜欢听故事了，马上高兴起来，催着爸爸讲。

爸爸说："讲什么呢？龟兔赛跑，好不好？"

孩子说："不好！我听过了，我要听新的。"

爸爸说："乌龟和兔子又比赛了一回，你听过吗？"

孩子马上来了兴趣："没听过。快讲！快讲！"

爸爸讲道："兔子上回输了比赛，心里可不服气了，要求跟乌龟再赛一场。许多人也想看看乌龟和兔子的真正实力，热心地组织兔子的'复仇战'。于是，乌龟和兔子再次站到了起跑线上。比赛那天的天气真好，没有风，没有雨，没有冰雪，太适合比赛了！可是对兔子来说，天气真糟糕，因为它怕热，它的皮肤太娇嫩了！它的意志太薄弱了！比赛开始了，兔子刚跑了几步，身上就被汗水湿透了。它心里很烦，愤愤不平地想：我太倒霉了，遇上这样一个鬼天气。只有傻瓜才不辞劳苦地去争那个什么冠军，我才不是傻瓜呢！于是，它掉转头，回家去了。乌龟又一次赢得了比赛。"

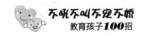

妈妈一听，笑了："哎哟！兔子怎么像我家的孩子一样，也怕热呀！"

爸爸说："我家的孩子才不像兔子。你看，他马上就会去倒垃圾的。"

孩子一脸愧色，提着垃圾袋出了门。

喜欢听故事，似乎是孩子的天性，这倒不是坏事。父母的话，孩子至少有一半不爱听，不妨利用讲故事的形式，将想讲的话夹带在里面，可以起到寓教于乐的良好效果。

怎样给孩子讲故事呢？有几个要点：

事前约定

孩子听故事上瘾，可能缠着父母，讲了一个又一个。一位妈妈说："最近我给孩子讲故事，9点上床，讲到10点他还是不困。我告诉他该休息了，可他却可怜巴巴地望着我，让我再讲一个。就这样，一个接一个，讲到11点多，累得我眼睛都睁不开，忍不住责骂起来，原本愉快的一天居然在孩子的哭泣声中结束了。这样的事发生得多了，我最怕孩子睡觉的时候要我讲故事。"其实，这种情况没必要怕，可以事先约定讲几个，一般不超过三个。讲一个便预告一下：还有两个，还有最后一个。讲完了坚决收场。

故事要有情趣

有的父母讲故事，只是照着书本念，也不注意语气、语调，孩子听了，感觉干巴巴的，没情调。讲故事时，可以突破书面的文字，进行即兴创作；也可以眉飞色舞，加一些感叹语，读得生动有趣。

故事以短小为佳

孩子的注意力不能维持很长时间，讲得短一些，可免于孩子久听生厌。另外，孩子喜欢一遍又一遍听同一个故事，因为孩子喜欢轻松的、重复的、可预测的活动和游戏，讲同一个故事，正好符合孩子的兴趣。但是，如果你下回讲的跟上回的不一样，孩子听出异味来，会感到不满，甚至认为"你骗人"。讲短故事，可避免考验自己的记忆力。

提出问题

在讲故事的过程中，可设定一些问题，鼓励孩子想办法解决问题。例如，讲《狼和小羊》的故事，可以问："狼坏透了，蛮不讲理，你要是小羊，怎么办？"孩子的思维可能出乎意料地活跃，会想出很多办法，例如"打电话报警"、"请老虎帮忙"，诸如此类。因报警、请人帮忙是现实中可用的方法，应予以肯定，不必拘泥于故事中的情景。

轮流讲述

父母先给孩子讲一个故事，再让孩子讲一个故事，比比看谁讲得"好听"。只要孩子将情节叙述得比较完整，就应给予鼓励，这样可提高孩子的自信心和表达能力。

猜结尾

大人先讲一段故事，让孩子接着往下讲。例如，讲《小红帽和大灰狼》的故事，讲到大灰狼化装成外婆，骗小红帽进门，可以停下来，让孩子讲。此法有利于训练孩子的想象力和创作能力。

作出评价

讲完一个故事后，可以让孩子根据故事的内容，对故事人物的行为的对错、品质的好坏等作出评议，此法有助于培养孩子的是非判断能力，培养正确的价值观。

有必要提醒一下，当前一些影视剧有故意模糊好人坏人、是非对错的倾向，这种复杂的思维不适合于孩子，孩子应该接受简单明了的观念。

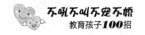

第33招

成为孩子的玩伴

妈妈抱怨："小华这孩子，对小朋友好像比对我还亲些，有什么话，跟小朋友讲，却不跟我讲。"

这并不奇怪，孩子对"玩得来"的人总是更易于交流一些，也更乐意接近一些。有时大人也是如此，何况孩子呢！父母想增进亲子感情，增进对孩子的了解并尽到教养责任，最好的办法莫过于成为孩子的玩伴。

适于儿童玩的游戏很多，从传统的搭积木、拼图、打球、跑步、爬山，到时下流行的逛游乐园、打电子游戏，只要孩子感兴趣又有益于身心健康，无不可玩。玩不仅要技巧，也要智慧。运用智慧，才能达到寓教于乐的效果。

请看一位聪明的父亲是如何让孩子玩出高素质的：

玩出健康心态

爸爸教孩子下围棋，当孩子学会基本技巧后，爸爸常跟孩子下"让子棋"，从让九子开始，讲定孩子连赢三盘便升一级，连输三盘便降一级。下棋时父亲毫不留情，能赢则赢，有时孩子输急了，将棋子一推说："不下了！"

父亲就劝导说："输要输得有风度，输棋不输人。输得起才赢得起，哪个世界冠军不是从输棋开始学会赢棋的？我希望你做个不怕输的好汉。"

孩子听了，果然斗志旺盛，输再多也毫不气馁，棋艺进步也很快，才一年时间，就下到让三子了，自信心和抗挫折能力愈发增强了。

玩出坚强意志

爸爸带孩子去爬香山，爬到半路，他看见一条羊肠小道，就对孩子说："我们从小道上山，怎么样？"

孩子已经有点儿累了，一看小道那么窄小、陡峭，且荆棘横路，不禁产生了畏缩情绪。

爸爸说："走别人都走的路，没意思；走别人不愿走的路，比较有创意，有个性。"

孩子听了，只好硬着头皮答应了。

小路实在难走，孩子手脚并用，累得满头大汗，总算爬到了山顶。

孩子站在山顶上，被山风一吹，浑身有说不出的畅快，不禁高兴地说："爸爸，我知道什么叫先苦后甜了！真是这样啊！"

玩出创造力

孩子照着书上的样式，用纸折出了一架"飞机"，高兴地向爸爸展示自己的成果："爸爸，瞧！我的飞机漂亮不？"

爸爸含笑点头说："漂亮！你的手真巧。"又问："飞机上有降落伞，你能在你的飞机上安上降落伞吗？"

孩子愣了一下，马上对这个问题来了兴趣，认真思考起来。想了很久，终于想到了办法：从塑料袋上剪下一块当伞布，用细线系住四角，然后拴在飞机上。当飞机试飞时，因降落伞的阻力，飞机悬在空中很长时间才缓缓落地。眼看试验成功，孩子兴奋得大叫起来。爸爸也夸他"有创新精神，会想办法"。

玩出生活经验

爸爸跟孩子玩过家家，尽量按照实际情况来玩。例如，玩炒菜，告诉孩子要点火、放油、放葱姜、放菜、放盐……全套流程跟正式炒菜一样；玩消防员救火游戏，油料起火不能用水泼，电源短路起火应先切断电源，应使用干粉或泡沫灭火器……孩子在游戏中，也学到了不少实用的生活技能。

总之，父母陪孩子玩时，要把握"寓教于乐"四字，不能光顾着教，玩得没有一点乐趣；也不要为玩而玩，只有傻乐，没有起到作用。当然，傻乐也比不陪孩子玩好多了，那至少可以让亲子关系变得更和谐。

第34招

❋ 释放孩子的天性

小丹哭丧着脸，趴在桌上写字。奶奶看了很心疼，对妈妈说："这么大点儿的孩子，你成天让她闷在屋里写字，也不带出去玩会儿，小心别闷坏了！"

妈妈说："我同事的孩子都认识一千多字了，小丹一百个字都不认识。我不能叫小丹输在起跑线上。"

奶奶说："她刚学会走路呢，你叫她跑！我虽说读书不多，也见过学问大的人。老张家的两个孩子，从小玩疯了，现在不都是留学博士？"

"妈！你说得轻松，不知道现在的竞争形势。你能对小丹的将来负责吗？"

最近几年，一句"不能让孩子输在起跑线上"的鬼话，扰乱了多少父母的心！牛马尚且不能天天耕地，机器尚且需要维修、保养，而我们的孩子，从幼儿园大班开始，每天只能过着除了学习还是学习的生活；到了小学阶段，每天学习时间八小时以上；中学阶段，更是多达十几个小时，比父母上班还要累。许多孩子因此彻底厌学，甚至迷上网络游戏或染上别的恶习，这实际上是被学校和父母联手逼的。

孩子像花草树木一样，有着自然成长的天性，只要顺其天性，提供充分的养料，孩子自然会茁壮成长，哪用得着天天催着他进步？

一位专家总结了孩子的七种天性：玩耍，模仿，好奇心，追求成功，户

外活动，合群，赞扬。如果违逆孩子的天性，逼着孩子按家长的意愿成长，孩子就会变成"病梅"——"高分低能"或自暴自弃；如果顺从孩子的天性，加以适当引导，孩子的成长潜能被激活，自然会健康成长。

父母需要学会两种本领：

学会化一切为游戏的本领

对孩子来说，一切活动都可以是游戏，那么，何不让孩子边玩边长大呢？

林女士很会教孩子玩，并且将一些希望孩子学会的内容贯穿在玩中。例如，为了让女儿菲菲学会10个自然数，她跟孩子玩锤子、剪刀、布的游戏，谁赢了自己在小黑板上记分，赢第一盘写"1"，赢第二盘写"2"，不知不觉，孩子就学会了10个数字。为了鼓励孩子自己穿衣服，她拿着表说："咱们来看看，菲菲穿上衣服、鞋子需要多少时间。"穿完后将时间记下来，说：这是咱们的菲菲创下的一个纪录。第二天，又鼓励菲菲破自己创的纪录。"没有多久，菲菲就能熟练地穿衣服了。"林女士还把"破纪录"的游戏用到学写字或别的学习中，效果很好。最重要的是，养成了菲菲跟自己竞争的好习惯。菲菲还学会了自己设计"破纪录"的游戏，并从中享受到了成功的乐趣。

对幼儿园给孩子布置作业，林女士不太赞成，却采取积极的解决办法：变枯燥为生动。有时，她将邻居家的孩子请到家里来，让孩子们一起做作业。孩子们边说笑边写作业，并不觉得累。林女士随时给予适当的提醒，例如："菲菲写了三行字，胖胖才写了两行，要加油喔！"胖胖一听，马上加快了速度。哪个孩子先完成作业，不能独自活动，要陪着后写完的，可以给予帮助，但不能抱怨。孩子们都完成作业后，林女士会一一给予赞扬，例如："菲菲完成得最快，胖胖的字比昨天写得漂亮了……"后来，几个常在一起玩"学习游戏"的孩子，成绩都很棒，却又没有感觉到多大的学习压力。

对孩子们来说，学习、玩球、跳绳、搭积木，或别的一切活动，没有太大的区别，只要将"游戏精神"贯穿其中，享受到了乐趣，都是一个好玩的游戏。当孩子们模仿、探索、赞扬等天性得到满足，自然会乐此不疲。

学会评估孩子的状况并适时引导的本领

孩子学会了什么，没有学会什么？孩子学什么比较快，学什么比较慢？孩子喜欢什么，讨厌什么，害怕什么？孩子在一个活动中的注意力能坚持多长时间？孩子的体力情况如何？孩子在哪方面有明显的不足？孩子习惯于如何表达情绪？凡此种种，都需要父母悉心体察。了解孩子的客观状况，我们才知道怎样适当辅导。

但我们要知道，孩子拥有无限潜能，也有"自我枯萎"的本能。无论孩子目前在哪方面有何优势，一旦失去了形成优势的条件，其优势就不复存在；无论孩子目前在哪方面有何不足，只要加以适当引导，"缺什么补什么"，孩子自然能够"自我修复"。

涛涛比较"笨拙"，玩什么都玩不过小朋友，经常受到小朋友们的嘲笑，因此变得比较孤僻、不合群，宁可一个人独自玩。妈妈很担心，决定改变这一情况。她对孩子说："我们的涛涛很聪明，怎么可能比不过小朋友呢？准是出了某个小问题。我们来看看，问题在哪儿。"于是，她耐心地陪孩子一一玩他们平时爱玩的游戏，并适时指点诀窍。当涛涛玩得比较熟练了，她就鼓励涛涛去跟小朋友们"比一比"。涛涛尝到了"甜头"，爱跟小朋友们玩了，不合群的毛病自然消失了。

孩子的一切都没有定型，具有无限可塑性。无数教子失败的案例表明，父母不清楚孩子的状况，无法进行针对性的辅导，是症结之一。只要清楚了孩子的状况，适时补充"营养"，一切都可以改变。残疾人周舟可以成为很棒的指挥，聋哑女孩周婷可以成长为美国著名大学的高才生，我们的孩子条件更优越，成长空间不是更大吗？

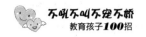

第35招

培养孩子的独立思维

孩子的自立，从观念的自立、思维的自立开始。一个不敢自由思考，甚至有着奴性观念的人，谈不上自立。父母在教育孩子时，不能无限纵容也不能一味要求"听话"；培养孩子的独立思维，却又不能让孩子的思想太"复杂"。如何把握两者的度呢？以下是一些父母成功的教子经验，值得借鉴：

给孩子一面"涂鸦墙"

张女士家刚装修了房子，没过几天，墙上就出现了一些奇形怪状的图案，那是儿子小刚趁父母不注意时画上去的。这把张女士心疼得呀！真恨不得将小刚揪过来，让他的屁股尝尝苦头。但转念一想，涂鸦对开发孩子的想象力有好处，不过有必要降低"学费"。她让孩子的爸爸想办法，制作了一块黑板、一块白板，固定在一面墙上，并且跟小刚规定：不能在别处乱涂乱画，但可以在黑板和白板上任意"创作"。黑板用粉笔写字，白板用油性笔写字，都可以擦掉。

从此，小刚有了一面属于自己的"涂鸦墙"，每天兴致来了，就在上面涂画一番。有时画个人像，有时画些谁都看不懂的图案，问他画的是什么，他却能讲得有声有色，原来他并不是信手涂鸦，很有些想法。对画得漂亮的图案，爸妈就用照相机照下来，作为纪念，这让小刚觉得很有成就感，兴致也更大了。

涂鸦是孩子表达思想、表达心情、传递情绪的一种手段，在涂鸦的过程中，孩子能体验到乐趣，获得成就感，对宣泄情绪很有好处。鼓励孩子涂鸦，不仅可以让孩子展开想象的翅膀，开发思维潜能，也有益于孩子的心理健康。

将垃圾变废为宝

妈妈拿来一些纸盒，有食品包装盒，有烟盒，问孩子："你愿不愿帮妈妈做一个收藏盒，专门放小物品。你看，妈妈的针线呀，指甲剪呀，不知放哪儿才好呢！"

孩子很乐意给妈妈帮忙，却有些担心不会做。妈妈说："不要紧，我们一起来做。"

在妈妈的指点下，孩子先用塑胶带将一个大盒子加固，再将较小的盒子用剪刀剪齐整，放在大盒子里，作为分格，分别放不同的东西。最后有个空隙，没有合适的盒子可以放进去。孩子想了好一会儿，忽然想到了牙膏盒，但家里没有。妈妈为了帮助孩子完成工作，就去超市买来一条大小合适的牙膏，用盒子做成了一个笔盒。孩子还找来一些自己喜欢的图画纸，贴在收藏盒上，作为装饰。

整个过程花了好几个小时，孩子却表现得非常专注，兴致勃勃。最后，一个漂亮的收藏盒完成了，孩子意犹未尽，在妈妈的帮助下，在盒子上写了几个字：送给妈妈的收藏盒。

孩子天生喜欢玩具，但让大人苦恼的是，孩子并不懂得爱惜玩具，花不菲的价钱买来的玩具，几天就被弄成了"垃圾"，孩子也失去了玩的兴趣。不如将垃圾变成孩子的玩具，孩子就永远不缺少玩具了。

有人说：垃圾是放错了地方的宝贝。在孩子的世界里，没有"垃圾"这个概念，垃圾和玩具一样，好玩就是好东西。让孩子将家里的垃圾玩出花样了，有益于开发孩子的创造性思维。

鼓励孩子自由发表观点、意见

一位高才生回忆自己的成长经历时说："小时候我对大自然中的事物充满了好奇心。我经常趴在地上和蚂蚁对话，坐在鱼缸旁边观察鱼儿是怎样游动的，

经常和小朋友在屋前屋后躲猫猫。当我心情不好时，我偶尔会大发脾气，这时候爸爸妈妈从来不会打骂我，而是让我回到房间里发泄。每次我发泄了一会儿就累了，然后就静下来思考自己的行为，从而认识到自己的错。

"我的爸爸妈妈非常民主，从我记事起，我就有了发言权，每次家里有什么事情，他们都会鼓励我大胆发表意见。比如，小时候我写作文从来不打草稿，做数学题目也不把每个步骤都写下来。我觉得只要把重要的步骤写出来就可以了。爸爸妈妈都尊重我的做法，他们的态度使我的个性在宽松的环境中得到了充分的发展……"

孩子充满了好奇心，总是嘴不停歇地提出各种问题，发表各种意见。这是好现象，说明孩子有自己的想法，家长应该鼓励孩子大胆地发表自己的意见和观点，同时通过提问，引导孩子去思考，去探索，去寻找答案。家里的事情，也可以征求孩子的意见，鼓励孩子的参与意识，给孩子动脑筋的机会。但同时也要告诉孩子交谈的礼仪：不能随便打断别人的话，不该插嘴时不要随便插嘴。

鼓励孩子开动脑筋想办法

父母可以给孩子提一些联系实际的问题，鼓励孩子想办法解决。例如：

你在场地上玩皮球，一不小心，球滚进了一个洞里，你的手不够长，怎样将球取出来？

你和妈妈一起去逛商店，商店里的人很多，你和妈妈走散了，怎样才能找到妈妈呢？

你想吃苹果，可是苹果放在高柜子上，你够不着，怎么办？

下雨天走路，地上有许多水，你怎样才能不弄湿鞋？

每个问题都有不止一个答案，要鼓励孩子尽可能多想办法。只要是可行的办法，都应该给予鼓励；不可行的办法，有必要指点一下不可行之处。有条件的话，还可以让孩子尝试一下自己想出的办法。思、行结合，对开发孩子的潜能效果更大。

第5章

不宠不娇，
打造孩子的快乐性格

世上没有快乐的事，只有快乐的人。当你帮助孩子获得了乐观的心态和积极解读信息的能力，你就将一个快乐的人生交给了他。

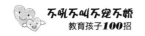

第36招

提升孩子优良品质的"含金量"

有一句名言：性格决定命运。孩子在未来的人生中，将面临一个个十字路口，如何选择？除外界强迫的因素外，主要取决于自身的性格。我们的孩子是否会走弯路、偏路乃至邪路，早就由性格决定了。

专家们总结了构成"黄金性格"的八种优良品质，可能没有一个人100%具备，但"含金量"越高，孩子的未来之路可能走得越好。哪八种优良品质呢？

乐观

乐观的孩子有如下特点：

爱笑不爱哭，无忧无虑；表情丰富生动，"眼睛会说话"，情绪写在脸上；看得出微笑、高兴、着急等情绪，可跟大人开玩笑；嘴巴伶俐，爱开玩笑，喜欢讲故事和自己见到的趣闻逸事，喜欢朗读和绕口令等"动口"的活儿；精力充沛，爱唱爱跳，爱做游戏，喜爱各种运动；喜欢尝试和运用自己的手，对做手工、饲养小动物等各种活动很感兴趣；思想活跃，有很强的求知欲，爱提问，对读书求知也很感兴趣。

专注

楚楚什么东西都喜欢动一下，但玩不了一会儿就失去了兴趣，很难将一件事做到底，有时做一个小游戏，做到一半就不玩了。他缺少什么？专注力。

缺少专注力的孩子，很容易被周边的信息刺激所打扰，"半途而废"是他们的习惯，无论学什么都很难学好。而一个专注力强的孩子，做什么事都会全身心投入其中，不达成目标便不肯罢休，无论学什么都可能学好，即使玩也会玩得比一般的孩子棒。所以，对人生成长来说，这是一项极其重要的素质。

勇敢

娇娇胆小，看见陌生人就直往大人身边躲，一个人不敢走出家门；见别的小孩子在玩，会露出羡慕的眼神，却畏畏缩缩地不敢上前。很显然，她需要补充一点勇敢精神。

勇敢的孩子往往比较自信，不怕黑暗、孤独、小动物、陌生人和陌生环境等，因此他们敢于去尝试新事物。在尝试的过程中，孩子们的成长自然比较快。

每个孩子都有勇敢的潜质，因为他们没有死亡、伤残等概念，不顾及自身安危。但这种勇敢是鲁莽的勇敢，父母为了给孩子灌输安全意识，可能把孩子的胆量吓小，变得什么都怕。如何培养孩子理性的勇敢，是父母的一道难题。一般来说，对孩子长大一点儿后可以应付的事，例如爬高、玩水、识别陌生人等，可以进行行为限制，但不要吓唬和严厉禁止，这样可以保护孩子的勇敢精神。

坚强

成成跟爸爸去公园玩，不小心摔了一跤，他就趁机赖在地上，说"脚疼"，要爸爸抱。爸爸抱了一会儿，让他下来自己走，并且假装独自离开。成成坐在地上大哭，爸爸无奈，只好再次将他抱起来。

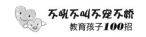

好逸恶劳、怕苦怕累是人的天性之一。因为"怕"，人便变得脆弱了，尝到一点点苦头便叫苦不迭，遇到一点点挫折便逃之夭夭。对孩子的这种先天习性，越纵容越不可收拾；只能狠下心肠，让孩子多吃点"苦头"，吃到不苦了，就坚强了。一般来说，这要从孩子刚学步时就开始训练，自己跌倒自己爬，摔痛了说"小意思，没事"，受挫了鼓励"再来"。此时孩子还无法阅读大人的态度，以为一切都是天经地义的；等习惯养成了，已经变得坚强了。

勤劳

培培是个"小懒虫"，不仅一应生活琐事全由父母代劳，从幼儿园开始，作业都是父母帮忙做，进了小学也是一样，她的任务似乎只是玩。可以想象，一顶"差生"的帽子，她一直戴在头上，摘都摘不掉。

劳动是创造价值的必经途径。一个不热爱劳动的人，不过是"低值易耗品"，很可能成为家庭和社会的累赘，乃至成为害群之马。所以，培养孩子勤劳的品质，是父母的天赋责任。

善良

亮亮很懂事，爸妈回家了，他便拿来拖鞋，送到爸妈面前；有时还给爸妈端茶，递水果。一次姑姑看见这情形，就说："亮亮，你真乖，知道孝敬爸爸妈妈，为什么呢？"亮亮说："爸爸妈妈很辛苦，我要让他们多休息。"姑姑一听，感动得掉了眼泪。

善良的孩子有同情心，善于站在他人的角度，体察他人的疾苦，从而唤起帮助的意愿。孩子的特性是以自我为中心思考问题，这就有必要引导他们学会站在他人的角度，体察他人的苦乐情感，从而培养善良的品质。

独立

小欣很会照顾自己，从5岁开始，她就能自己起床，自己上床睡觉，自己安排自己的事。一般的孩子早上叫好几遍才肯起床，小欣的床前放着一个小闹钟，早上闹钟一响，她就爬起来了；晚上小闹钟一响，不用爸妈吩咐，她就停下一切活动，上床睡觉。大家都说她习惯好。

一个独立的孩子，责任心强，自我管理能力强，在父母的字典里几乎没有"催"字，他们自然会安排好自己的事儿，不用父母多操心。不用说，当孩子具备了独立的品质，当父母的人就省心了！

创新

有创新精神的孩子好奇心强，爱看、爱听、爱摸、爱做、爱问、爱记，喜欢自己动手，想办法玩耍，搞小发明等。一般来说，每个孩子天性中都有创新的潜质，关键在于，孩子的有些创新活动看上去像是捣乱，而且确实会带来一定的麻烦，逼得父母不得不加以限制和禁止。如何保护孩子的创新精神又不至于养成坏习惯？一个简单的方法是：假设孩子长大后还干这种事，结果如何？长大后不能干的事，一般以限制为好；长大后可以干的事，一般问题不大，只要注意安全就行了。这样，既可防止孩子乱来，又不会扼杀孩子的天性。

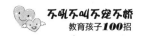

第37招

掌握一点矫正孩子性格的技术

孩子的性格不是天生的，而大凡后天形成的东西，都可以进行后天矫正。假设我们觉得孩子的性格有明显缺陷，可以进行针对性的训练，将孩子的性格矫正过来。不过这是一项技术活儿，用对方法才有效果。

一个观念：不贴"标签"

孩子的性格由多种品质构成，性格好的孩子也不是一切都完美无缺，很可能有某个方面的缺陷，只是暂时没有显示出来。

小强聪明活泼又懂事，无论学习或劳动，各方面都很优秀，从小就受到大家的夸赞。但是，当他考上某著名大学后，情况却急转直下，变得很颓废，成天不爱学习，泡在网吧里；好几门主课不及格，补考也没有通过；又有小偷小摸的劣迹，遭到学校勒令退学的处分。究其原因，小强缺乏坚强的品质，抗挫折能力不强，从小做惯了"赢家"，到了大学，"尖子生"成堆，他一点优势都没有，成了落伍者。他受不了，转而在网络游戏中寻找赢的感觉，但因为花销太大，又克制不住上网的冲动，意志一松懈，大错就铸成了。

性格不好的孩子也不是一切都有缺陷。有一个孩子，专注力不强，上课不用心听讲，好搞小动作，经常挨批评，成绩也不好，他干脆辍学了。后来为生活所迫，他去南方打工，当推销员，为任务所迫，不得不将心思用到工作上。他脑子活，会想办法，敢想敢干，情商也很高，招人喜欢，业绩相当好，没几年时间，就当上了营销总监，跨入高薪阶层。

两个孩子起初看上去一优一劣，后来却反过来了。其实他们的情况都一样，有某些优良品质，也有某个方面的缺陷，当缺陷暴露出来，就出现了严重的问题；当缺陷被掩盖或被弥补，就表现优秀。

每个孩子都一样，有优良品质也可能有某方面的不足，做父母的人，千万不要用绝对化的眼光看孩子，不要给孩子贴上优、劣的标签，应该将孩子的优点和缺陷区分出来，好的继续发扬，不好的加以矫正。

不要害怕问题而简单处理孩子的事情

小琦的玩具被邻居家的超超抢走了，她回来哭哭啼啼地告诉妈妈。妈妈说："你去要回来，怕什么！"边说边推着小琦往外走。小琦胆小，怕挨小朋友打，吓得哭起来。妈妈叹道："拿你这个'小胆儿'没办法。算了，别哭了，我再给你买一个吧！"

爸爸听了，赶紧说："谁说我家小琦是'小胆儿'，她是讲道理，不爱跟人吵架。走！我带你讲道理去。"

爸爸带小琦来到超超家，对超超爸说："小琦和超超闹了点儿小别扭，我来给他们谈和。"

超超爸听说超超抢了小琦的玩具，揪过超超就想揍屁股。小琦爸急忙拦住，将两个小朋友叫到一起，讲了一番道理：谁的玩具，谁就有支配权，别人想玩，只能借，不能抢。有玩具的人，要大方一点，跟小朋友一起分享。

最后，小琦爸问小琦："你愿意将玩具借给超超玩一个晚上吗？"

小琦摇摇头说："不！"

小琦爸稍感意外，超超爸赶紧让超超将玩具还给小琦，还要对小琦说"对不起"。

小琦接过玩具，忽然又递给超超说："我借你玩一晚上，明天要还我哦！"

超超高兴地答应了。第二天，超超果然主动将玩具还给了小琦。

当孩子遇到问题时，大人往往嫌麻烦，希望用最简单的办法尽快解决，因为大人做事有"成本意识"，为这么点儿鸡毛蒜皮的小事操心太多，不值得！但我们要想到，将"成本"花在孩子身上，总是值得的。遇到问题，我们要想到，这正是一个教育孩子的好机会。小琦的玩具被抢了，小琦的爸爸通过这件事，给两个孩子灌输了权利意识和正确的交往方式，效果可能比直接的教育好多了。

针对性的训练："缺什么补什么"

小华很怕黑，晚上一定要亮着灯睡觉。爸爸决定改变他这个毛病。在一个无星无月的晚上，小华看完一集《新白娘子传奇》，爸爸问他："白蛇娘子修炼了一千年，在哪儿修炼的呢？"

小华想了想，说："山洞。"

爸爸说："对！一个很黑很黑的山洞，一丝光都没有，那样可以不受打扰，修炼的效果很好。"

小华奇怪地问："为什么？"

爸爸说："我们在黑暗的地方待一会儿，可能就知道为什么。走吧，我带你去。"

爸爸将小华抱在手上，走到外面没有灯光的地方，边走边给小华讲有趣的益智故事。小华听得津津有味，自然不感到害怕。等小华适应了黑暗，爸爸将他放下来，牵着他的手走。过了很久，该回家了，爸爸又让小华走在前面，自己跟在后面。小华一点也不害怕。

到了家，爸爸笑问："你在黑暗中走了那么久，感觉变聪明一点没有？"

小华高兴地说："变聪明了！"因为他刚才听故事比较专注，感觉跟平时确实不一样。

爸爸又教了小华一个"修炼"方法：做深呼吸。

当天晚上小华没有开灯睡觉，躺在床上做深呼吸，没多久就睡着了，以后也不太怕黑了。

　　对孩子性格或习惯上的弱点，只要发现了，想解决自然会有办法。前面所讲的构成"黄金性格"的八种品质，无论缺少什么，只要父母多花点心思，对孩子进行针对性训练，并且有足够的耐心和信心，一次次打磨，孩子一定会向你期待的方向发生改变。

第38招

培养高情商的孩子

　　一个孩子不小心被绊了一跤，摔哭了。一位妈妈在地上拍了几下，说："打地板！谁叫地板摔疼我家的宝宝。"孩子忍住哭，学着妈妈的样子，在地上拍了几下，也许是身上还有些疼，脸上显出气愤的样子，又在地上拍了好几下。

　　另一位妈妈观察了一下，孩子并无大碍，就用读儿歌的声音，打趣说："乖宝宝，宝宝乖，摔了跤，爬起来，不哭不闹真可爱！"孩子听了，觉得很有趣，骨碌一下爬起来，跑到妈妈面前，说："唱！唱！"意思是叫妈妈再唱一遍。妈妈又一连说了几遍。

　　一件小事，折射了两位妈妈不同的教子理念：

　　一位妈妈教育孩子以自我为中心，将自身遭遇的困扰、问题都归结于外部因素——"你让我摔了跤。"当孩子养成这样的观念后，往往缺乏自省能力，凡事喜欢找借口，怨天尤人，还可能理直气壮地将情绪发泄到他人身上。很显然，这是低情商的孩子。

　　另一位妈妈教育孩子以事件为中心，强调的是自己对事件的态度和行为——"我摔了跤，怎么办？"当孩子养成这样的观念后，往往尊重事实，心态良好，行动积极，不会随便归过于人，而且善于调适自己的情绪。这样的孩子往往是高情商的孩子。

情商即"情绪智商"或"情绪智慧"，主要包括了解自我、自我管理、自我激励、识别他人的情绪、处理人际关系等五个方面。心理专家和社会学专家普遍认为，对人生成功和人生幸福来说，情商远比智商重要。而情商训练恰恰是我们中国父母的一个短板，我们过于重视孩子智商的开发，过于重视孩子知识、技能的学习，而忽视孩子接受自己、被别人接受以及友爱、正确的人生观、价值观的培养。因此，孩子不会感到快乐和幸福，相反，会渐渐变得冷漠、自私、焦虑、任性……怎样改变这种状况呢？我们不能寄望于学校和老师，只有我们父母自己加强孩子的情商训练。

对我们中国的父母来说，提高孩子的情商，可从以下几个方面着手：

降低对孩子的关注度

有人提出了一个惊人的观点：家庭里的"小皇帝"实质上是受父母禁锢的"小奴隶"。

想想也是，孩子被父母和爷爷奶奶们照顾得无微不至，热了怕捂着，冷了怕冻着；孩子摔上一跤，自己不疼，大人倒要心疼半天。为了怕孩子受到伤害，为了帮助孩子快速成长，这不准，那不让，一切都要按父母的设计去做，孩子没有一点自主的空间，这不是"小奴隶"是什么？"小皇帝"有做得这么窝囊的吗？

为了让孩子真正健康成长，一定要改变包办的教育方式，不要将目光聚焦在孩子身上，像监视犯人似的。多给孩子自由活动的空间和时间，让孩子经风雨、见世面，多摔几跤，孩子认识、管理和激励自己的能力反倒更强一些。

多用"正牵引"，少用"负推动"

爸爸说："学习是你的任务，你不能对自己不负责任。"

妈妈说："你瞧人家某某，放学了就做作业，多爱学习。"

这些话有什么问题吗？

对第一句话，孩子的解读是：你做得不够好。

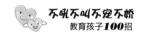

对第二句话，孩子的解读是：你做得不如别人好。

我们的传统文化历来强调"批评教育"——否定孩子的缺点。父母可能希望孩子"知耻而后勇"，但孩子却可能产生不良的情绪，如自卑、嫉妒、自暴自弃等。

父母与其当个"推手"，不如做个"领路人"——理解孩子的行为，肯定孩子的优点，并适当引导。

智慧地满足孩子的需求

孩子的需求可以概括为：生理需求、心理需求。还可以细分为：生理、安全、爱、尊重、自我实现。父母将孩子当宝贝，只要可能，通常都愿意满足孩子的需求。问题是，我们这样做对孩子真的有好处吗？例如，给孩子吃饭、喝水、吃零食，对孩子的身体、心理有益还是有害？孩子不爱学习，其心理症结在哪里？孩子认为学习对他意味着什么？我们只有了解孩子的需求，才能真正给予满足。

但我们通常会根据自己的理解强迫孩子接受我们的"免费馈赠"：吃"脑白金"可补脑，买给孩子吃；读书有用，让孩子读；学才艺好，让孩子学……凡事不考虑孩子的需求和接受能力，一切自作主张，孩子只能感受到父母的"霸道"，很难感受到尊重和爱，对孩子身体和心理的发育事实上也未必有好处。

为孩子营造与人融洽相处的环境

宁宁生活的社区，邻里之间互不来往，孩子也是如此。宁宁每天从幼儿园回家后，就被大人环绕着，缺乏共同语言，感到很孤独；偶尔跟小朋友相聚，因不善于交往，到一起就吵得哭哭啼啼。

像宁宁这样的情况，在城市家庭并不鲜见。情商主要在人际交流中形成，也主要作用于人际交流。孩子缺乏交流，提高情商就困难了。父母应设法给孩子创造交流机会。例如，邀请其他小朋友来家里做客，带孩子到游乐场等孩子多的地方去跟不相识的孩子玩。

教给孩子管理自我和他人情绪的方法

当孩子遇到困难、遭受挫折时，很可能产生种种不良情绪；当孩子遇到情绪不好的人时，因交流不畅，很可能受到感染而引起矛盾。所以有必要学会一些管理情绪的办法：怎样让自己恢复平静？怎样让他人高兴起来？在后面的章节中，将专门谈论这些问题，暂不赘述。

培养孩子广泛的兴趣爱好

孩子从3岁到10岁，求知欲旺盛，学习任务较轻，可以鼓励孩子多学一些书本外的知识、技能。例如，阅读、体育、音乐、下棋等等，只要孩子感兴趣，无不可学。不一定要学成专业水平，学到"半吊子"水平，好处也很多，不仅可以增加乐趣、陶冶性情，还有多方面的好处。例如，跟什么人都玩得来，容易找到朋友；学会了"高雅娱乐"后，不容易迷上网络游戏等低俗娱乐；孤独时自娱自乐，容易排遣情绪……一般来说，爱好广泛的孩子情商往往比较高，智商也不低，因为广泛的爱好可以促进孩子全面的提升。

第39招

千百次教诲，不如一次"快感体验"

古人喜欢说一个词：悟道。

这个词对普通人尤其是孩子来说，似乎过于高深，其实不然。"悟道"不过是通过努力获得一次"快感体验"，每个人都可能办到。每一个"快感体验"都可能产生最深刻的智慧，观念也会随之发生改变。例如，厌学的可能变得爱学，冷漠的人可能从此有了爱心，绝望的人可能充满希望，诸如此类，其效果远比听父母、老师天天讲、月月讲、年年讲强多了。

父母帮助孩子获得"快感体验"，可尝试以下三法：

一道难题

孩子在学习上遇到难题，往往产生畏难情绪，有时向人请教，简单解决，这当然也可以；有时丢下不管，这就不好了。最关键的是，被一道道难题难住，自然会产生厌学情绪；而厌学情绪还会发生连锁反应，导致缺乏自信心、紧张不安、压力大等多种心理问题。设想，解决了厌学的问题，则其他问题也不复存在了。怎样解决呢？有一个简单的法子：

交给孩子一道需要付出大量思考的难题，并约定奖励条件：不拘时间，什么时候解出来了，什么时候给予奖励，前提是不得向他人请教，必须自己解决。

只要孩子解出了这道难题，心态即会发生奇妙的变化。

对此笔者有过切身体验。我从小宁可去干粗活、累活也不愿学习，到初二时，对功课尤其是数理化厌恶得无以复加；想退学却不敢，因为家里不允许。一次遇到一道可做可不做的数学参考题，极难，去向老师请教，心里其实有点想考考老师的意思。老师说："你又不傻，自己想，不要来问我。"

我不知出于什么心态，赌气？尝试？或别的什么，果真用心思考，想了几小时，没用，只好暂且放下。第二天有点儿空闲就想这道题，第三天也是如此。第四天，脑子里突然灵光一闪，找到了解题的窍门，当下欣喜若狂，全身像充满了电流一样，恨不得狂呼大喊一番，却感觉不适宜，于是在路上狂奔起来。那种快感，胜过一切乐事带来的快感。

于是，我突然明白别人为什么那么好学，因为学习中确有无穷乐趣，厌学的毛病一下子治愈了。毕业时我已经从"差生"变成年级前三名了。

给孩子讲学习多么重要，没有多大用，换了孩子给我们讲，没准讲得比我们还好。让孩子尝到学习的真味，胜过千言万语。

一次难忘的经历

娇娇被爷爷奶奶惯得很娇气，妈妈做的菜稍稍有点不合口味，就赌气不吃，非得去下馆子才能哄出她的笑脸；遇到一点点不合心意的事，就大发脾气；身上有一点点不舒服，就赖在床上。总之，比小公主还像小公主，爸妈简直不知拿她如何是好。

一次，爸爸想到一个主意：带娇娇去孤儿院做义工，去帮助那些失去父母的孩子以及有残疾的孩子，给他们洗衣服、扫地。爸爸怕娇娇不肯去，还说："你不想干活可以不干，看我干就行了。"

到了孤儿院，听阿姨介绍每个孩子的经历，他们有的是弃儿，有的是灾区的孤儿，每个人都有一段悲惨的经历。娇娇搂着一个个孩子，边听边哭，眼泪流了一大盆。到干活时，从没干过家务的她，竟然抢着干，不怕苦、不怕累，忙得满头大汗还不肯歇一下。

从此，娇娇仿佛一下子长大了，尽管还是有一些女孩的娇气，却比以前

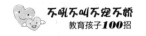
好多了。她还经常主动要求去孤儿院做义工，并且认识了不少孤儿朋友。

孩子们往往"身在福中不知福"，给他们"忆苦思甜"，没有用，不如让他们亲身去经历，切身去感受。一次难忘的经历，可能让孩子的观念发生巨大的改变。

一个特殊的愿望

涛涛的爸爸妈妈都在外地打工，难得回来一趟。涛涛由爷爷奶奶照管。

涛涛每天思念父母，思久成怨，认为父母只顾工作，不想要他了。他的情绪变得很糟，不爱学习，经常打架滋事。

一次，爸妈回来探亲，闲聊时，涛涛说他最崇拜刘德华，最爱看他演的《赌王》，话语间，有点儿向爸妈挑衅的意思。

又一个暑假到了，爸爸专程回来，将涛涛接到广州，说是要给他一个惊喜。涛涛问："什么惊喜？"爸爸笑而不答，让他等。第三天，爸爸带涛涛去大剧院，竟然是看刘德华的专场演唱会。涛涛高兴得差点儿跳起来。不仅如此，爸爸还找到剧院一位工作人员，说明了自家的情况，请求帮忙，索要到了一份刘德华的签名。

爸爸将签名交给涛涛，说："记得春节时听你说过，最崇拜刘德华。我也喜欢刘德华，因为他是一个特别刻苦的人，敬业精神很强，凡事都追求优秀。爸爸妈妈永远是爱你的，只是为了生活，不能在家陪你和爷爷奶奶。请你一定帮助爸爸妈妈尽孝敬爷爷奶奶的义务，在搞好学习的同时，多帮一下爷爷奶奶。"

涛涛听了，感动得热泪盈眶。以后，他仿佛换了个人似的，不仅遵守纪律，热爱学习，放学回来，还主动帮爷爷奶奶做家务，成了一个人人称道的孝顺孩子。

满足孩子一个特殊的愿望，可以产生强烈的震撼力，使某些观念深深地印进孩子的灵魂深处，其效果是日常的零敲细打所不能达到的。

第40招

✺ "一分钟教育"，播撒爱的种子

刘女士工作很忙，加班是日常"功课"；老公更忙，还常出差。儿子除了上幼儿园，大部分时间跟保姆待在一起，时间长了，对保姆很亲，跟父母反倒有些生分了。刘女士想多给儿子一点时间，却有心无力。一天，她看见一篇《家庭教育十个"一分钟"》的文章，心里一动，认为可以尝试，毕竟无论多忙，每天抽出十分钟给儿子，还是可以办到的。尝试之后，她发现效果真的很好。

她是怎样做的呢？

一分钟接触

刘女士回到家，洗了把脸，坐在沙发上，招呼儿子说："儿子，过来，让妈妈抱一个。"

儿子扭扭捏捏地走过来，想让妈妈抱，又有点难为情的样子。

刘女士将儿子抱在怀里，爱怜地摸摸他的脸，摸摸他的手。儿子越发难为情，试图挣脱。妈妈想起他小时候，多么依赖自己啊！没想到现在已经不习惯让自己抱了，心里一酸，眼泪不禁流出来，淌在脸上。

儿子讶异地看着妈妈，关心地问："妈妈，你跟爸爸吵架了？"

妈妈说:"没有!我想到平时关心你的时间太少了,心里难过。"

儿子听了,很感动的样子,低着头,浅浅地笑着,倚在妈妈的怀里,不再挣扎了。

拥抱和触摸可以让孩子感到安全和温暖,每天花点时间跟孩子亲密接触,可以在很大程度上弥补亲子时间的不足。

一分钟倾听

刘女士继续搂着儿子,柔声问:"好儿子,今天有什么好玩的事没有,给妈妈讲讲。不开心的事也可以讲哦。"

儿子说:"我今天跟小兰打架了。"

刘女士问:"哟!你们为什么打起来呢?"

儿子说:"小兰抢嘟嘟的玩具,我不让,小兰打了我,我也打了她。她哭了。老师批评了她,也批评了我。"

刘女士笑了,说:"嘀嘀!原来你像我小时候一样,也挨过老师的批评呀!"

儿子也笑了。

父母愿意听孩子倾诉,孩子才会跟父母讲心里话。要积极倾听,听清孩子的意思,听懂孩子的心情,不要听到半截就急忙发表自己的"高见"。

一分钟游戏

吃过晚饭,刘女士决定跟儿子玩个游戏,却不知玩什么,这才意识到,自己真的很不会玩,都是叫"应试教育"给闹的。一想还是讲个故事吧!想了半天,想不出一个好故事,心想明天得赶紧买几本故事书回来。她说:"我给你出个脑筋急转弯,考考你这个聪明的小脑瓜儿,怎么样?"

儿子高兴地说:"好!"

刘女士说:"有一片草地,来了一群羊,又来了一群狼,打两种水果。好好想一想吧!"

儿子说:"草莓,杨梅。"

刘女士诧道:"这么快?我想半天都没想出来。"

儿子嘻嘻笑道："我早猜过了！"

刘女士也乐了。

有些父母不太会玩，想跟孩子玩，才发现没这技能，那自然只能学着点儿。

一分钟矫正

刘女士发现，儿子还真有不少值得矫正的地方。例如，坐姿不好，边吃饭边看电视，爱耍小性子，诸如此类。一想到今天刚开始改变自己，别扫了儿子的兴，免得起坏了头，还是来点安全的吧！于是她说："儿子，我帮你打扮打扮。"她将儿子拉到穿衣镜前，说："这是你现在的形象。"然后，她给儿子梳梳头，整整衣服，又让儿子照镜子，说："怎么样？小帅哥，漂亮多了吧？"

儿子咧开嘴巴，笑了。

给孩子矫正缺点，不一定非得板起面孔教训一番，让孩子意识到什么是好，什么是不好，孩子自然会向好的方面靠拢。

一分钟赞美

刘女士从事管理工作多年，赞美是她的管理方式之一。她觉得平时给孩子的赞美不算少了，今天用不着特别"加餐"。

赞美以适时为好，说到点子上，千万别为赞美而赞美，否则会使赞美贬值。

一分钟激励

刘女士说："儿子，上回开家长会，老师告诉我，你学东西比较快，是这样吗？"

儿子得意地说："没错！"

刘女士说："乌龟和兔子赛跑，兔子跑得快，是为了到前面去睡一觉。你学得快，是为了什么呀？"

儿子愣住了。忽然，他嘻嘻笑了，说："我也是。不过我才不像兔子，做乌龟的手下败将。"

刘女士点头说："你学得真快，一下子就明白了这个道理。"

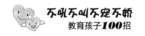

给孩子激励时，最好以正面激励为主，像那句报告中常说的，"在总结成绩的基础上找差距"，保护好孩子的自信心，才能真正起到激励作用。

一分钟参与

刘女士说："儿子，妈妈很忙，没有太多时间照顾你，你希望妈妈做什么呢？你说出来，妈妈一定尽力。"

儿子说："我希望妈妈'常回家看看'，多给爷爷、奶奶、姥爷、姥姥打电话。"

刘女士愣住了。没想到这件事还要孩子提醒！她百感交集，哽咽着说："儿子！你说得对，谢谢你的提醒！这是妈妈做得很不够的地方。"

她当即拿起电话，给婆家和娘家的父母打了电话，然后向儿子保证，以后一定会多给四位长辈打电话。

父母和孩子之间不能老是一教一学的模式。孩子在阅读情感、阅读关系方面的能力不比大人差多少，有时感觉更敏锐。让孩子参与到家庭管理中来，多听听孩子的意见，对维护亲子关系，提高孩子的情商与智商都有好处。

一分钟惩戒

刘女士觉得孩子今天的表现太出色了，没有什么需要惩戒的地方，那就不必了。再说，她在管理工作中，强调多沟通，多激励，很少行使惩戒权力，何况对孩子呢！

除非孩子出现严重的过失行为，否则不宜惩戒，以免挫伤孩子的自尊心，产生对立情绪。一般来说，惩戒是教育失败的一种表现，父母理应将失败制止在发生之前。

一分钟示爱

刘女士问："儿子，爸爸今天打电话给你没有？"

儿子说："打了。讲了好久呢！"

刘女士说："别看他远在千里，可想你呢！也想妈妈。无论爸爸妈妈有没有陪在你身边，你始终都是爸爸妈妈的宝贝。"

儿子的脸上露出幸福的笑容。

很多父母不习惯向孩子表达爱，"爱"字很难说出口。这是一个很大的缺憾。当"爱"字可以温暖、自然地从嘴里说出来时，亲子关系才算进入了自然状态。

一分钟期盼

儿子睡觉的时间到了，刘女士在他的头上吻了一下，轻声说："儿子，祝你做个好梦！明天你会变得更高，更聪明，更可爱。"说完，她轻轻替儿子拉灭了灯。

此时，她心里充满了幸福。她发现，一点点改变，让她更懂也更爱儿子了！

是的！一点改变并不难，效果却可能出人意料的好。当我们对孩子、对自己不太满意时，应该意识到，到了改变的时候了！

第41招

让孩子丢开"心理拐杖"

今天许多孩子处于"圈养"状态，心理比较脆弱，对环境、事件的适应能力不强，很容易出现三种消极行为：退缩、依赖、焦虑。

怎样改善呢?

退缩行为的治疗方法

齐齐从小就受到大人的呵护。大人担心她受到伤害，不让她干这个，不让她干那个，因此她的潜意识中早就将自己定位为一个容易受伤的弱者，平时离了大人，从不敢单独跟小朋友玩耍。上了幼儿园，她也不合群，经常独自待在角落里。老师鼓励她去做游戏，她不肯；催急了，她就哭起来，弄得老师都没有办法。

一般来说，孩子的退缩行为，除先天适应能力差和遭遇重大心理创伤外，是因为大人保护过度造成的。治疗方法是设法让孩子变得坚强，但不能操之过急，千万不要为了给孩子"练胆"，突然让孩子处于感到恐惧的环境中，以免将孩子的胆子吓得更小。可用两个渐进的方法：一是培养孩子的生活自理能力，学会做各种力所能及的事情。当孩子发现自己能独立处理许多事情，自信心增强了，胆量自然大了。一是鼓励孩子多跟小朋友交往，先挑选态度和善的小朋友给孩子做玩伴。当孩子尝到了交往的乐趣，退缩行为自然会渐渐消失。

依赖行为的治疗方法

亮亮从小就特别依赖妈妈，成天跟在妈妈身边，离开片刻就会感到不安，大家都说他不像个男孩，比小姑娘还娇气。送到幼儿园，他终日啼哭，无论怎样都哄不好，只好不去了。但现在不少小学需要幼儿园的学习经历才准许上学，这让爸妈很烦恼。

亮亮的依赖行为算是比较严重的，轻度的依赖现象更多，许多人成年后还对父母有依赖，难以独自作决定，没有勇气独自面对困难。很显然，这会给生活造成严重的困扰。

依赖可能是过度保护造成的，也可能是过于缺乏保护造成的，如何治疗呢？有的人主张改"圈养"为"放养"，像老鹰对待小鹰一样——狠狠心，推下山崖，让小鹰学会飞翔。这是理论上的方法，未必适用。动物园的老虎改圈养为放养，尚且不能过急，否则难以存活；假设是一只绵羊，骤然推出去，更成问题。只能慢慢来，从简单的事情开始，培养孩子的自立能力。例如，让孩子去隔壁房里取一双鞋子，总可以做好吧？慢慢再加大事情的难度。对孩子的每一个小小的成功，都要鼓励。当孩子的自立能力增强了，依赖行为自然减少了，最后会完全消失。

焦虑行为的治疗方法

扬扬的爸妈去南方打工，将他留给爷爷奶奶照管。从此扬扬变得闷闷不乐，做什么都提不起劲头，晚上睡得也不安稳，经常从噩梦中惊醒，抱着爷爷直哭："爸爸妈妈不要我了！"爷爷奶奶常常劝他："爸爸妈妈去了外面打工赚钱给你花呢！"扬扬说："我不要钱！我要爸爸妈妈！"过了很长时间，他的精神状态都没有恢复过来，反倒更糟了。

扬扬的症状，在心理学上叫"分离性焦虑"，主要是良好的亲子关系突然中断造成的。目前，外出务工人员数以亿计，将孩子寄养在老家的孩子也不少，相当多的孩子有分离性焦虑的问题。如何治疗呢？一般可从以下三个方面着手：

一是提高孩子的自立能力。假设孩子相信凭自己的力量也能生活，对被"抛弃"的惊恐会小多了。

二是扩大交流，融洽人际关系。当孩子从其他人际关系中感受到亲情、友情时，可以在很大程度上补偿缺乏母爱、父爱的缺憾。

三是加强亲子联系。父母常给孩子打电话、写信，表达对孩子的关心和思念，可以慰藉孩子的心灵；如有可能，让孩子参观一下父母工作、生活的场所，让孩子知道父母"在这里"，更可让孩子感到安心。

第42招

❋ **帮孩子练练胆**

　　孩子的活动范围和活动能力，跟胆量大小成正比关系，这会直接影响到孩子智商和情商的发育。一个见多识广、经常与人交往的孩子，比一般孩子更聪明，心态更乐观积极，亲和力也较强。事实上，他们也更有可能成为领导者。

　　国外有一个家庭，有4个女儿，其中小女儿胆子特别大。每当夜晚有雷雨时，她是这些女孩中唯一不害怕的人。于是，她成了姐姐们的精神支柱，每当她们在黑暗中感到害怕时，她们就赶快聚集到妹妹身边，以获得安全感。

　　事实上，在任何一个群体中，领导者带给群众的主要是安全感和精神力量。他们的本领未必最强，但他们最有果敢决策的胆量。

　　所以说，给孩子练胆相当重要。

　　练胆最好在孩子一岁之前就开始，不过，什么时候开始都不算太迟。

　　练胆的要诀是克服恐惧。人们感到恐惧的主要因素不是事物本身，而是对事物的想象。孩子从一出生便面对许多陌生的事物，不得不靠想象解读，这是他们比成人更容易感到恐惧的原因。怎样帮助孩子消除恐惧感呢？

让孩子亲身接触感到恐惧的事物

妈妈使用吸尘器时，孩子不知是什么怪物，吓得哇哇大哭。妈妈赶紧关掉吸尘器，说："宝贝，这是一个好玩的东西，不要怕！"又问："你想不想玩一会儿？"孩子迟疑了一会儿，神色紧张地走过来，盯着吸尘器看了一会儿，用手摸了一下。慢慢地孩子不怕了，开始摆弄起来。妈妈指着开关告诉他："按一按它，它就会玩吸垃圾的游戏。"孩子来了兴趣，推推妈妈的手，意思是叫妈妈打开。妈妈打开吸尘器，问："好不好玩？"孩子初时有点紧张，不过，才一会儿，紧张感就消失了，一点都不怕了。

让孩子亲身接触感到恐惧的事物，是消除恐惧的最简单快捷的方式，那可以帮助孩子停止不着边际的想象，认清事物的真实情况。

让孩子多观察感到恐惧的事物

假设孩子不敢接触害怕的东西，不要勉强，先让孩子远远地观看，等孩子不怕了，再走近一点观看，看惯了自然就不怕了。对不宜让孩子接触的事物，如火、开水之类，也可用此法。笔者以前常用此法训练孩子，效果好像不错。有一次，邻居家的小狗汪汪大叫，吓得孩子大哭，从此见了狗就害怕。我抱着他，指着小狗，告诉他："那只小狗，它饿了，想妈妈，叫得多可怜。"看了几次，孩子就不怕了，敢追着小狗玩了。

打"预防针"

妈妈想去外地打工，担心儿子壮壮不习惯离开妈妈的日子，便事先进行训练。她去娘家住了一天，临行前告诉壮壮："妈妈去姥姥家做客，你在家陪爷爷奶奶，乖乖的，要听话喔！回来妈妈给你买糖吃。"第二天，妈妈果然买了糖回来。此后，妈妈又离家两天、三天，壮壮渐渐习惯了妈妈离家的日子，并且知道，妈妈回来后，就有好东西吃。当妈妈去外地后，壮壮的情绪波动比较小。

事先给孩子打"预防针"，可以增强孩子的"情绪免疫力"。带孩子去陌生的环境或见陌生人时，预先告知会有什么情况发生，也能起到"免疫"的效果。

笑：消除孩子恐惧的灵药

笔者发现，孩子的情绪在很大程度上受大人的影响。孩子可能因很多陌生的人或事感到害怕，并因此畏缩不前。如果大人凡事以笑应对，孩子从成人的笑声中，可解读到积极信息，并获得安全感。对此，笔者有切身体会，并一直用此法训练孩子，效果不错。例如有一次，我打开液化气灶时，可能是气门开得太大，点火太迟，火突然蹿得老高。孩子才一岁，竟然也感到了危险，吓得大哭起来。我赶紧关掉液化气，回过身，笑着问他："好玩吗？"孩子马上破涕为笑。还有一次，天下雨，一个炸雷，吓得孩子一哆嗦，撇着嘴，直想哭。我装出好玩的样子，笑着模仿雷声："嘣！"孩子马上露出愉快的笑容。当下一个雷声响起时，他也模仿："嘣！"经过笑的训练后，孩子没有"认生期"，不怕陌生人和陌生的环境，自信满满，而且爱笑，一副乐天派的样子。

孩子暂时还没有能力正确解读事物，但有能力解读大人的态度。所以，孩子对事物的认知，很大程度上依赖于大人。孩子摔一跤，大人表现出关心、着急的样子，孩子就会认为自己遇到了很大的问题；如果大人微笑着就把问题处理了，孩子就会认为自己没有问题。而且，在孩子的眼里，每件事都可以是游戏，也可以是问题，大人当问题解决，孩子就会害怕问题；大人笑对问题，孩子就会表现出喜欢游戏的天性。

所以说，孩子的小胆，是大人吓小的；孩子的大胆，是大人撑大的。

第6章

不宠不娇，帮孩子完成
从幼儿到学童的转变

对孩子来说，步入学堂，接受正规化教育，是人生的第一个重大转变，能否顺利完成，与孩子未来的心性和能力发展关系极大。你和你的孩子准备好了吗？

第43招

孩子入园前必须学会的三项生活技能

萌萌聪明可爱，能说会唱，大家都说她是个聪明的孩子。不料送进幼儿园后，萌萌无法适应，因"达不到入园条件"而被要求退园。说起来不是什么大事，问题出在三件日常琐事上：吃饭、如厕、睡觉。萌萌的习惯跟幼儿园的规矩全不合拍，给自己、给老师都造成很大的困扰。

对大人来说，吃饭、如厕、睡觉看上去只是琐事，对孩子来说，却是大事中的大事。孩子入园前，父母最好进行针对性训练，让孩子在这三方面学会自理，以免造成不必要的障碍。

让孩子像在幼儿园一样吃饭

萌萌平时吃饭，没有固定时间，饿了就吃，不饿就不吃；有时自己吃，有时爷爷奶奶端着碗，追着她满屋子跑，瞅准机会就喂一口。在幼儿园，上午10点加餐，中午12点吃饭，萌萌有时吃得很多，有时一点不吃，饥一顿饱一顿，一个多月了还无法适应，经常饿得哇哇叫，老师不得不特别处理她的问题。

很多孩子平时吃饭的习惯跟幼儿园的规矩不合拍，入园后便难以适应。因此，孩子入园前，家长应根据幼儿园的饮食习惯，对孩子慢慢训练；等入了园，跟在家里一样，孩子在这方面的障碍就没有了。

让孩子像在幼儿园一样如厕

萌萌在家里大小便，用的是一个特制的小马桶；到了幼儿园，卫生间用的都是蹲便器，萌萌很不习惯，经老师训练后，总算学会了。不幸的是，一次下蹲时间过长，腿麻了，一屁股坐在便池里，老师费了不少劲才给她弄干净。从此萌萌很怕这个玩意儿，想大便又不敢往便池上蹲，弄得老师很为难。

现在大多数城市家庭用的是坐便器，而幼儿园一般用的是蹲便器。别小看这小小的不同，对幼儿来说，是一个生活习惯的重大改变。为了帮助孩子容易适应，父母不妨时不时地带孩子去公厕练习一下，等孩子习惯了，进了幼儿园就少了一项麻烦。

另外，还要教孩子学会说"老师，我要尿尿"、"老师，我要大便"。学会了向老师正确表达要求，也可以减少不必要的麻烦。

像在幼儿园一样睡觉

萌萌家离妈妈上班的单位远，妈妈必须早点起床，给萌萌准备早餐后，早点出门赶车。所以，萌萌养成了早睡早起的习惯。这倒是个好习惯，不料又跟幼儿园的作息时间"撞车"了。因为起得早，萌萌到了上午11点钟左右就犯困，要睡一小时左右。进了幼儿园，她的生物钟很长时间调不过来，临近中午时，不知不觉就睡着了，老师怎么弄都弄不醒她；到了午休时间，她又睡不着了，老给小朋友捣乱，想找伴儿玩。老师要求她，睡不着也要躺在床上，不做声。但是，躺在床上安静两小时，对她来说很难，她一会儿叫"老师，我要喝水"，一会叫"老师，我要尿尿"，支得老师团团转，进了厕所又尿不出来，老师能不烦吗？

为了让孩子在入园后尽快适应集体午睡，最好提前将孩子的生物钟调整过来。例如，有午前小睡习惯的孩子，每天多撑一会儿，将睡觉时间后延一点，要不了多久就调过来了。还有的孩子没有白天睡觉的习惯，晚上睡眠时间却很长，可以让孩子起得比平时早一点，减少睡眠时间，中午摁在床上，也可以养成午睡的习惯。

总之，孩子入园前生理上三件大事的习惯和幼儿园的规矩一致了，孩子遇到的困难和不愉快体验就少多了，对幼儿园的生活就比较容易适应了！

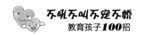

第44招

教孩子学点自我保护的常识

傍晚，5岁的蒙蒙正在路边挖沙子玩，一个陌生男子自称是蒙蒙爸爸的朋友，热情地凑过来，要和蒙蒙一起"建城堡"。几分钟后，蒙蒙就和"叔叔"混熟了，"叔叔"夸蒙蒙又乖又聪明，要带蒙蒙去吃肯德基。蒙蒙很高兴，跟着"叔叔"就走。幸好邻居阿姨看见了，叫道："蒙蒙，你去哪里？快回来！"陌生男子以为她是蒙蒙的妈妈，急忙走掉了。

6岁以前的孩子，一般不宜出离大人的监护范围。但孩子迟早要放飞，有必要学点自我保护的常识，如果像绵羊一样，岂不是很容易受到伤害？

以下几条安全自保常识，有必要教给孩子：

出离监护范围，需先向大人请示

孩子离开大人的视线，去找小朋友玩耍，或去邻近的商店买东西，一定要先向大人请示，不可擅自行动。大人根据孩子去的地方，可以判断是否安全和是否需要随行保护。

有时候，孩子想去大人不允许玩的地方，可能撒谎说去某个安全地方，因此，大人不妨确认一下，孩子所说的是否每次都确如其实。

假设孩子擅自行动或撒谎，有必要严厉批评或施予一定惩罚，让孩子知道这绝对是不允许的行为。

让孩子养成遵守交通规则的习惯

父母带孩子出行时，一定要随时给孩子讲解交通规则。例如：

步行一定走人行道；

过马路一定要走斑马线或天桥；

告诉孩子红灯、绿灯、黄灯的意义，并保证绝对不闯红灯；

不要在有车辆和行人的路上乱跑，走路一定要注意周围是否安全；

不仅要提防汽车，尤其要提防自行车、电摩托等小型代步工具，因为它们经常在人行道上抢行。

教给孩子防走丢的技巧

爸爸带孩子去商场，趁孩子不注意，故意藏在柜台后，想检验一下孩子的应变能力。孩子一看爸爸不见了，吓得快哭了，急忙向门口跑去。爸爸赶紧追上他，问："爸爸告诉过你，在人多的地方跟大人走散了，该怎么办？"

孩子想了一下，说："站在原地等。"

爸爸问："那你刚才为什么不站在原地等，要乱跑呢？"

孩子说："我忘了。"

爸爸说："我们来试验一下，看你记不记得。"

爸爸让孩子背过身去，自己再次藏到柜台后。

孩子果然老实地站在原地等。爸爸藏了好一会儿，见孩子有些不安的样子，这才出来。按这种方法试验了好几次，孩子习惯了，等很长时间也没有不安的感觉了。

带孩子去人多的场所时，有时稍不注意，孩子就脱离了视线。假设孩子没有安全常识，乱跑乱找，麻烦就大了。为防孩子走丢，父母有必要提升孩子的应变能力。以下方法比较有效，不妨一试：

平时通过讲故事，或看动画、视频，加强孩子的安全教育。

去公共场所时，一定要牵住孩子的手，并叮嘱孩子紧跟着大人，不可由着性子乱跑。

对孩子进行"安全演习"，像故事中的爸爸一样，实地告诉孩子：一旦与大人走散了，必须站在原地等，不能乱走乱窜。

教孩子识别可信的人，例如，警察、保安、商场的工作人员等等。并告诉孩子，必要时可以向他们求助。还可以现场指导孩子如何求助，例如问路。

教孩子记住爸爸妈妈的手机号码、工作单位和姓名。还可以在孩子身上放一张"安全信息卡"，万一孩子遇到什么意外情况，好心人可以据此迅速找到父母。

教孩子如何应付陌生人

在对待陌生人的问题上，许多父母感到很纠结。一方面，要教给孩子热情友善的态度，另一方面，要保证孩子的安全，两者可能会有冲突。但不管怎样，保护孩子的安全最重要。在对待陌生人的问题上，可以告诉孩子：

当大人不在身边时，不要跟陌生人走得太近。陌生人给的东西不能要，给的食物不能吃，一定不能跟陌生人走。

当陌生人问路时，可以回答；当陌生人询问自家的情况时，不可以回答。

当感觉到陌生人带来的危险时，迅速跑向路边的警察或人多的地方，嘴里大声喊"警察叔叔"或"叔叔，帮我"。

当感觉到陌生人不怀好意时，可以撒谎，例如，"我爸就要出来了"；并且告诉孩子，这样的撒谎是必要的自保措施，不可耻。

第45招

✳ 让任性的孩子不任性

妈妈带女儿去超市，女儿想买一个芭比娃娃，妈妈说："你的洋娃娃多得没地方摆了，不要再买了吧？"

女儿坚定地说："我要！"

妈妈跟她讲了好一会儿道理，却没有用，她反倒趴在地上，大哭起来，越哭声音越大。妈妈知道，女儿一旦哭开了，半天都哄不好，谁劝都没用，无奈之下，只好满足了女儿的心愿，再次让她赢得了胜利。

幼儿的自制能力差，易冲动，思维带有片面性及刻板性，容易为所欲为。假设父母过于溺爱、纵容，或教养方式过于简单粗暴，激起了孩子的逆反心理，则孩子容易养成任性的毛病，变得"蛮不讲理"。怎样帮助孩子克服这一毛病呢？需要从理念和方法上同时着手。

哭闹是孩子"谈判"的一种方式

大人为了达到某个目的，经常跟人协商、谈判。孩子的沟通能力有限，往往用哭闹表达意见和要求。在谈判中，经常是谁有耐心谁胜利。孩子在婴儿时期，要求很低，一哭闹，大人往往不论孩子的要求是否合理，往往给予满足；到了幼儿时期，孩子的要求高多了，有时觉得不应满足孩子的要求，

153

却缺乏耐心，被孩子一哭闹，往往表示屈服。孩子找到了窍门，自然倾向于以哭闹解决问题。有些孩子还比较聪明，故意挑客人在场或不宜哭闹的场所哭闹，使父母易于屈服，百试百灵。

怎样破解孩子的哭闹招数呢？最好在孩子的婴儿时期，区别孩子的要求是否合理，对不合理的要求，不予理会。婴儿并不固执，兴趣容易转移，只要父母不屈服于哭闹，孩子就不会养成以哭闹满足要求的习惯。

当孩子养成了以哭闹作为"谈判"资本的习惯后，怎样矫正呢？对着干可能不太好，不妨先退后进：满足孩子的要求后，等孩子的情绪平复下来，严肃地告诉孩子，他刚才做得不对，错在什么地方，以后再这样，将实施何种惩罚。

此时孩子一般能自省自愧，有过几次警告并实施过约定的惩罚后，毛病一般能纠正过来。

拒绝孩子的要求时，最好不用商量语气

李女士每天下班后，经常带孩子去外面的花园散一会儿步。一天，她加班回来，有点儿晚了，也很疲劳，不打算带孩子去散步，孩子却嚷着要去。

妈妈说："宝贝，今天太晚了，明天再去好不好？"

孩子说："不好！我要去嘛！"说着，往地上一坐，耍起赖来。

孩子的是非观不强，不知道自己的要求是否合理，如果父母使用商量的语气，孩子就感觉到这件事还在可行不可行之间，自然会努力争取。如果明确地说：今天太晚，不去了。孩子更容易接受意见。如果提供一个交换条件，例如：我给你讲个好听的故事吧！孩子更容易接受了。

以明确的语气拒绝孩子的要求，不仅有助于解决眼前的问题，还有利于提高孩子的是非辨别能力，减少任性行为的发生。

学会转移孩子的注意力

当孩子吵着闹着要出去吃麦当劳时，爸爸假装突然想起什么，说："哎呀！我忘了给你妈打个电话，报告你的情况。麻烦你一下，帮我把手机拿来。"

孩子止住哭声，有些犹豫，待着没动。

爸爸从里屋取来手机，对孩子说："你不肯帮爸爸的忙，不够意思喔！"说完给妻子打了个电话，最后说："早点回来吧，我们等你吃饭。拜拜！"

孩子的眼泪早就干了，不好意思接着开哭，只好不提去麦当劳的要求了。

幼儿的注意力一般比较分散，对同一事物的兴趣持续的时间不长，很快会被其他的新鲜事物所吸引。因此，当孩子任性时，以新的问题干扰孩子的思绪，或以新的事物吸引孩子的兴趣，可以迅速摆脱"困境"。

孩子赌气时，最好"顺毛摸"

当孩子为某事赌气时，讲道理往往没有用，因为此时孩子在乎的不是道理，不是是非对错，在乎的是自己的心情——"我心情不爽，别讲那没用的！"

不妨顺着孩子的意思，先抚平其情绪再说。例如，孩子嫌菜不好吃，扔下碗筷，赌气不吃。给他忆苦思甜，讲过去如何艰苦，以及非洲儿童如何挨饿，那没用！即使孩子为你的道理所折服，或者被你的指责和打骂所屈服，心气儿也不顺。因为孩子善于从大人的神态和语态中检测大人是否喜欢他，是否重视他。当他被迫屈服后，得到的感觉是：父母不太关心我的感受。不如温和地说："今天的菜确实没做好。你喜欢吃什么？我给你做去。青椒肉丝好不好？"孩子要的正是这种态度！平时给孩子忆苦思甜，讲过去和非洲儿童，还是有益的。

无论大人或孩子，来了情绪，都需要宣泄。随时替孩子疏导情绪，不让孩子将怨气积在心里，对改变孩子任性的毛病大有好处。

第46招

如何让孩子喜欢上幼儿园

进入幼儿园，是孩子面临的第一个重大改变，从一个熟悉的环境突然进入一个陌生的环境，从几个人围着一个转变成一群孩子围着一个老师转，从自由散漫的生活变成有规律的集体生活，对每个孩子来说，都难免有一个不适的过程。有的孩子顺利完成了转变，爱上了幼儿园；有的孩子无法克服不适感，厌恶甚至害怕幼儿园。

怎样让孩子喜欢上幼儿园呢？以下是一些父母的经验，可以参考一下：

给孩子介绍幼儿园时，别讲得太好也别讲得太坏

一位妈妈经常这样吓唬孩子："再哭，把你送到幼儿园去。"

等到真要送孩子上幼儿园时，孩子死活不去，吓得哇哇大哭。他实在不明白，自己没吵没闹，为什么妈妈要送他去那个可怕的地方。

像这样的妈妈极少。大部分妈妈为了鼓励孩子上幼儿园，故意往好里讲。一位妈妈在孩子入园前，常对他说："幼儿园里面有很多像你一样可爱的小朋友，有很多好玩的玩具，老师还会带你做很多有趣的游戏，幼儿园可好玩了，小朋友都喜欢去……"孩子第一天去幼儿园时，充满期待，谁知回来就哭丧着脸说："妈妈骗人，幼儿园一点也不好玩。"第二天想让他去幼儿

园，可费老劲了！

孩子入园前，给孩子讲幼儿园的情况，很有必要。不过我们要知道，孩子最喜欢看见预期的事情出现，如果发现真实情况跟预期的相差太大，自然会心生反感。所以，不妨实地了解一下幼儿园的情况，了解一下孩子们的活动情况，还可以拍些照片，再给孩子讲，就可以讲得比较具体。例如："教室的墙上贴着画儿，都是小朋友自己画的呢！你也可以将自己的画贴上去，让大家都欣赏你的作品，可有意思了！"讲述时正面评价，那可以给孩子传递积极的信息。

给孩子讲幼儿园的故事

有一位妈妈，在幼儿园给儿子报名后，每晚睡觉前，都要给他讲自编的幼儿园故事。例如有一个故事是：

小白兔和小老虎在一座独木桥上相遇，小白兔礼貌地说："小朋友，我要上幼儿园去，请你先让我过桥，好不好？"

小老虎骄傲地说："不行！上幼儿园有什么了不起？谁本领大就让谁先过。敢不敢跟我比比？"

小白兔问："比什么？"

小老虎说："你说！比什么我都不怕。"

小白兔问："比唱歌，好不好？"

小老虎说："我不会。"

小白兔问："比跳舞，好不好？"

小老虎说："我不会。"

小白兔又问了好多，画画，猜谜语，绕口令，背诗歌，算数……小老虎没上过幼儿园，没学过呀，都不会。

小白兔说："你都不会，跟我比什么？"

小老虎害臊得脸红了，马上转回身，跑回家，哭着对妈妈说："妈妈，我要上幼儿园！"

儿子听了这个故事，第二天就吵着妈妈说："我要上幼儿园！"

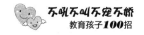

到了正式入园那天，孩子高兴极了，说是要去幼儿园学本领，并且以后在幼儿园过得也比较顺利。

孩子喜欢听故事，父母可根据幼儿园的情况，以及孩子可能面临的一些问题，自编一些故事讲给孩子听。孩子有了心理准备，有了正确的预期，更容易喜欢上幼儿园。

提前入园，进行预热

有一位妈妈的方法很聪明：儿子刚上幼儿园时，她每天提前半小时带孩子到幼儿园的游乐场玩耍。儿子在妈妈的身边感到安心，等他对陌生的环境熟悉了，比较自在了，再把他交给老师，他的情绪很稳定，不吵不闹。

这个法子简单有效，孩子入园有困难的父母，都可以试试这个方法。

第47招

为孩子选一家最合适的幼儿园

最合适的幼儿园不一定是最好的幼儿园。选择最合适的比选择最好的更明智。

怎样为孩子选择一家最合适的幼儿园呢？

择园的三个"适配"

一是学校与家庭的路途远近适配。孩子一般从三岁入园，到六岁结束。三年时间，可不短了，如果路程过远，接送不便，将给家庭生活和父母的工作造成很大的负面影响；为了赶时间，孩子不得不早起，可能对健康、情绪有负面影响。因此，幼儿园离家越近越好；有私车接送的家庭，稍远一点关系不大，总之以接送方便为宜。

二是收费与家庭收入适配。许多父母爱子心切，为了让孩子得到更好的教育，咬咬牙，选一家收费昂贵的幼儿园，使家庭的经济压力陡然增大，可能影响生活的质量；假设父母因经济原因闹意见，还会进一步影响孩子的心态。实际上，收费高的学校往往强在硬件上，教学质量却取决于人，或者说，取决于老师的爱心。择校不如择人，那要靠眼力和智慧来判断，不是用钱能简单解决的。

三是孩子的年龄与班级适配。有的家长觉得自家的孩子比别人家的孩子聪明，有意让孩子提前入学，这不是科学的方法。幼儿的年龄相差半岁、一岁，体力、智力、学习能力差距明显，让孩子跟素质明显优于自己的孩子一起学习，好比让轻量级拳手跟重量级拳手同台竞技，岂不是白挨打？这对培养孩子的自信心相当不利。学校设计入学年龄，经过了科学的考量和长期实践，不如将自家的孩子当作"正常"的孩子，正常入学。

择园的三个"不要"

一不要攀比幼儿园的等级。

二不要追捧"特色幼儿园"。孩子需要在知识、心理、身体、情感等各方面全面发展，暂时还不宜在某项技能上求专、精。

三不要选"全托幼儿园"。幼儿的记忆力较差，对亲情的认知能力较弱，跟谁处得久就跟谁亲，让孩子上"全托"，难以感受到父母亲情，可能会变得生分。所以，除非情非得已，一般不宜选"全托"。

择园的"七观"

一观园长。有一句话说得好：领导风格决定团队风格。幼儿园有个精明强干、积极热情、乐观向上的园长，这家幼儿园差不到哪儿去。

二观老师。有爱心、负责任的老师，最值得信赖。爱孩子的老师，即使不教孩子什么，也让孩子受益良多；负责任的老师，可以让孩子成长得更快。一位专家介绍了一个观察老师的简易方法：当老师带孩子们在外面玩时，老师对孩子说话的语气亲切柔和，孩子和老师的亲昵程度高，孩子们的精神状态好；孩子们自由玩耍时，老师不是站在一边聊天，而是关注每一个孩子，并适时提供帮助，这个老师多半有爱心，负责任。

三观厨房和厕所。厨房干净整洁，卫生情况很好，孩子在这里吃饭就放心了。厕所干净整洁，便于孩子使用，可见该园工作细致。

四观大型玩具和活动场地。看看玩具是否生锈和蒙上灰尘，即可知该幼儿园的工作是否规范严谨。看看场地的氛围是生硬、清冷还是温馨、热闹，即可知该园对孩子是否有亲和力和吸引力。

五观楼道及室内。楼道是否安全、整洁，适于孩子活动？教室的装饰是否充满童趣？室内的玩具是否摆放有序？墙上及桌上是否有老师和小朋友们一起制作的手工作品？从中可看出孩子能否在这里得到有益的训练和乐趣。

六观课程。看孩子学些什么课程、做些什么游戏、户外活动时间多长，对幼儿安全与保健工作安排如何，等等，可知孩子每日在这里的活动情况。

七观家园联系。幼儿园是如何与家长联系的？有没有规范的流程？一般来说，幼儿园对孩子教育的重视程度越高，跟家长的联系越紧密。

通过以上"七观"，对幼儿园的整体情况就心中有数了，它是否符合我们心中的预期，也比较容易判断了！

第48招

让孩子轻松适应幼儿园生活

幼儿园是一个适于幼儿生活的地方，比在家独处更符合幼儿的天性。许多孩子长时间难以适应的原因，一是日常习惯与培养新习惯的冲突；二是负面情绪的干扰，包括孩子自身的负面情绪和被父母的负面情绪感染。只要进行正面引导，孩子很快就能适应幼儿园的生活。

送园态度要坚决

不要用商量的语气跟宝宝说："幼儿园可好了，妈妈送你去幼儿园好不好？"这不是一个可以商量的问题，而是必须。入园前一两个月甚至一年前就要孩子得到明确信息：到时候必须去幼儿园，因为这是每个孩子必须去的。无论父母还是家庭其他成员，对送孩子入园的态度都不能动摇。因为孩子的心态十分敏感，大人动摇的态度，会强化他不愿上幼儿园的想法。

爸爸妈妈还可以给孩子讲自己小时候在幼儿园的经历，一些有趣的事，以及一些糗事，但记得要将糗事当趣事讲——对成人来说，小时候的糗事原本就是趣事。

例如一位妈妈对孩子说："上幼儿园第一天，妈妈不知道厕所在哪儿，憋得呀，可难受了！要是你，会怎么办呢？"孩子说："找老师。"妈妈说："你太聪明了！妈妈不知道呀，最后拉在裤裆里了。"孩子大笑。

给孩子讲自己上幼儿园的经历，可以给出一个明确暗示：谁都要上幼儿园。还可以顺便让孩子学到应付陌生问题的经验。

父母的心情好一点

每天送孩子入园时，父母的心情要好一点，不要吵闹和露出不快的情绪，那会感染孩子。即使小吵几句，也要很快调整情绪，变得高兴起来。对送孩子入园，要看成是一件美好的事，还可以用语言直接表达出自己的心情："宝宝要去幼儿园了，好羡慕啊！"

孩子对事情的好坏没有明确的判断标准，父母用愉快的心情看待这件事，孩子也会用积极正面的眼光解读这件事。

路上少叮嘱，少问不开心的事

一位妈妈很关心孩子，送园的路上，反复叮嘱：一定要听老师的话，不要跟小朋友打架，一定要守纪律、懂礼貌，不要捣乱，等等。接孩子回家时，她又迫不及待地问："宝宝今天遇到什么不开心的事没有？没跟小朋友打架吧？"

这种消极暗示的方式对孩子的心态很不利。叮嘱过多，孩子记不住，会感到自己将要面对一件难以应付的事，心里平添焦虑和不安的情绪。其实守纪律、听话之类，老师随时会教，用不着特别交代。

问孩子有什么不开心的事，孩子回忆的全是不开心的事。不如问孩子遇到了什么开心的事，孩子的心情会好多了！

送园时不要偷偷地离开

一位妈妈送孩子上幼儿园时，孩子赖着不肯放妈妈走。妈妈将他交给老师，趁他被一个孩子的说笑吸引，一转身溜走了。孩子回头一看，妈妈不见了，吓得大哭起来。

偷偷走掉虽然省事，但很不好，会让孩子感到极大的心理恐慌，而且心

理阴影不会很快消除，可能在记忆中储存很久。

送园时，一方面态度要坚决，一方面要设法让孩子感到安心。将孩子送到班级交给老师后，不要和孩子纠缠太长时间，也不要担心自己走后孩子会哭。可以明确地告诉孩子："你在幼儿园玩，玩开心一点，妈妈下班回来接你。"假设孩子不依，就说："来，跟妈妈拜拜！"然后跟孩子挥手告别，果断离开，中途也不要去探看，以免孩子看见了产生"逃离"的想法。

此外，如果孩子对父母一方依赖心理过重，可换另一方去送。送习惯了再换过来。

跟老师积极沟通

在适应期内，老师一般会通过电话或接送孩子时和家长沟通，家长也可以在中午时间打电话询问孩子的情况。针对孩子的情况，用温和的方式，给予一定指导。例如，针对孩子喜欢独自玩，不愿跟小朋友一起做游戏的情况，可以跟孩子一起唱《拔萝卜》的歌或别的歌，告诉孩子团结起来力量大的道理，还可以讲些倡导合作精神的故事，鼓励孩子主动跟小朋友合作。孩子不愿跟小朋友玩，主要是平时习惯了独自玩，一旦有了合群的观念，这种情况就可能慢慢改善。

教给孩子跟老师、小朋友交往的方法

平时孩子是家庭的中心，大人会主动跟孩子交往，到了幼儿园，一群孩子围着老师转，许多自己的事，需要主动向老师表述，孩子可能会不习惯。因此要告诉孩子，有什么事，主动告诉老师，还可以给出积极的暗示："老师可喜欢你了，你回家了还打电话给妈妈，谈你的情况，你看她多关心你。你有什么事，只管告诉老师，她会帮你的。"

还可以说："小朋友们可喜欢你了，愿意跟你一起玩，你对小朋友也要好一点哦。'握握手，大家都是好朋友'，朋友多才好呢！"

孩子难免挨老师批评、跟同学闹矛盾，谈论时也要进行正面解读，挨批评是因为"你很棒，老师希望你变得更棒"，闹矛盾是因为"当时没有想到好的办法。你多想想办法，怎么办更好？你动脑筋了，办法多了，矛盾就少了，还长本领了呢！"

遇到问题大惊小怪，孩子的心情也会变糟，影响自信心和对幼儿园以及老师、小朋友的好感；进行正面引导，孩子也会变得乐观起来。

第49招

当"受气包"遇到"小霸王"

袁女士带女儿小静在场地上玩耍，一个小男孩跑过来，给了小静一耳光，打得虽不重，却把小静吓得不轻，直往妈妈怀里扑。袁女士又惊又气，问小男孩为什么无故打人，小男孩说："好玩！"这时，小男孩的妈妈赶过来，一面道歉，一面责备孩子，脸上却有得意之色，好像很欣赏孩子的勇敢似的。袁女士见小静一脸委屈，心里也很憋屈，可一件小事，又不好小题大做。回家后，老公见孩子的情绪不好，问清怎么回事，说："你怎么不叫小静还手呢？无故挨打，还往后躲，那不成'受气包'了？"

今天不少父母教子方法不当，使孩子变得很具"侵略性"。当讲文明、讲礼貌的孩子遇到这种"小霸王"，该怎么办？这是一个让父母很纠结的问题。有的主张反击，有的主张忍让，有的主张找家长，有的主张找老师，莫衷一是，至今没有一个标准答案。下面提供两个参考答案：

专家的意见：别掺和孩子的游戏规则

有专家认为：不同年龄阶段的孩子，有他们世界的游戏规则，成人不要用自己的规则去掺和孩子的世界。孩子们很聪明，懂得凭借自己的能力去制止别人的暴力。例如，告诉家长或老师，借助外界力量解决问题。

　　笔者认为，这一说法，有一定道理。当孩子在一起相处时，难免发生冲突，通过一定时间的磨合，他们确实能形成一定的游戏规则，找到安然相处的办法。但是，大人只能看到和谐的表面现象，一些微妙的心理因素是看不到的。例如，在孩子的规则中，动不动就向老师、家长告状是丢脸的行为，将受到排斥；大部分孩子受欺负后，选择沉默，没有谁知道他的心灵受到了伤害。在磨合过程中，强横的孩子往往占得全部主动权，胆怯的孩子处于完全被动地位。当孩子渐渐长大，软弱的性格可能在很多方面制约孩子的发展。

　　此外，有些"小霸王"的行为在合理的"规则"之外。例如，无故打人、骂人、抢东西，看上去是小事一桩，实则是可能决定人生走向的大事。有的"小霸王"一直在被纵容的环境中成长，将来很可能成为蛮横不法的人；而"受气包"们在得不到老师、家长有力支持的情况下，为了自保，可能收买、依附"小霸王"而养成奴性，也可能凡事退缩而委曲求全，这都难以养成健全的人格。

　　当"小霸王"明显违反正确的规则而为所欲为时，大人就该看成大事中的大事而积极干预；听之任之，不仅伤害了"受气包"，实际上也伤害了"小霸王"。

笔者的经验：教给孩子"人不犯我，我不犯人"

　　笔者小时候，妈妈用半句"毛主席语录"教给我一条规则：人不犯我，我不犯人。假设先动手，一定会受罚。当时"语录"满天飞，我正好知道另外半句：人若犯我，我必犯人。一面听妈妈的话，一面听毛主席的话，好像都没错！

　　当时许多家长将这条语录作为孩子的"游戏规则"，老师也是如此。看上去大家都不是老实人，一定会经常发生冲突吧？实则不然，正因为大家都不老实，欺负人的风险很高，没人有这胆量；再说没有先动手的人，怎么能打起来？所以，那时的学生之间，打架事件很难看到，因一时情绪而发生肢体冲动的行为偶或有之，但双方一般都比较有节制，很快就"罢战休兵"。因为双方都有让的意识，"让人非我弱"，没人感觉到谁怕了谁，也就没有"小霸王"和"受气包"的分别。

我经常跟同学打闹着玩，偶尔会玩出脾气来，却没有认真打过架——有时先动手了，立即意识到理亏，赶紧逃之夭夭。直到读初中，才有了第一次打架的经历。一天上学途中，一个男生竟然喊着我的名字，大声骂我——也许是精力过剩，想找架打。我回头估量了一下，这小子虽然非常壮实，却比我稍矮一点，属于"小朋友"。"不得欺负小朋友"，是我接受的第二条规则。没办法，只好不理他。他更来劲儿了，一路跟在我身后骂。走了一段路，我感觉再不回应的话，就显得软弱了，于是警告说："你再骂一句，我就揍你！"

男生一连骂了十几句。于是，我停下来等他，只要他敢过来，我就揍他。那小子真"勇敢"，竟然迎着我就上来了。不过，随着距离接近，他胆量就一点点挥发了，脸上露出慌乱的表情，嘴里不停地唠叨着："我不怕你！你打不过我！我要告诉老师！……"

我懒得搭理他。等他接近了，我一伸手揪住他的头发，摁在地上，揍了一顿，将他一只鞋子脱下来，扔进水稻田里，然后扬长而去。

不知谁将这事报告了老师，老师问了一下，没有表态，这事就不了了之。以后那孩子看见我，至少保持二十米的距离，都不敢走近了。

"人不犯我，我不犯人；人若犯我，我必犯人"，是一句包含兵法原理、有着神秘力量的话，笔者认为，可以将它作为孩子的"自卫原则"。但要告诉孩子，必须有节制，不可得理不饶人，不可动家伙，还要告诉孩子一条智慧：打得赢就打，打不赢的时候，打了就跑。

另外，当家长的人，不要怕孩子把事情"闹大"。一个幼小的孩子，闹不出多大的动静来，小时调教好了，大了可以减少许多真正的大事。"小霸王"无故欺负人，本是大事，却被习惯性地当成小事处理，许多大人甚至将"文明"、"和谐"理解成了"和稀泥"，不讲道理。这不对！鼓励孩子执行"自卫原则"，等事情闹大了，惊动了家长和老师，可以让双方都得到一次有益的教育，那比让双方互吃"暗亏"强多了！

第50招

❋ 提前一年准备上小学

孩子从上幼儿园到上小学，是人生中又一个重大的转变，一个最明显的变化是游戏少了，学习任务重了；另一个明显变化是对自立的要求高了，受照顾的待遇降低了。

变化会带来心理的不适感，如果不适感持续时间过长，可能导致孩子产生厌学情绪。大部分父母没有意识到这个问题，将问题留给孩子自己解决。心态积极、适应能力强的孩子可能很快适应了新的小学生活，适应能力弱的孩子就要吃亏了！

怎样帮助孩子适应变化呢？一位聪明妈妈的做法值得借鉴。

一年前，强化自立能力

儿子五岁时，张女士开始帮助他从"幼儿园化"向"小学化"过渡。对孩子的生活起居，如洗澡、穿衣服、打扫自己的房间、收拾自己的物品，能放手的尽量放手，让孩子自己去做；孩子不会的就手把手地教，直到孩子完全学会；鼓励儿子主动跟邻家的小朋友交往。儿子去找小朋友玩时，妈妈一开始在后面暗中跟踪保护，多次之后，发现没有问题，就放心了。但孩子在未经允许的情况下随便去什么地方玩，则是被严格禁止的。

张女士还常跟他聊小学的话题，让他明白，他很快就要从幼儿园"毕业"了，就要从"小朋友"升级为"大朋友"了，还会从小学学到更多的本领。

当孩子有了心理和能力上的准备后，会感觉小学生活带来的变化不大，适应起来就容易多了！

六个月前，培养"高级技能"

张女士发现，儿子生活在幼儿园的环境中，说话、办事、人际交往，都带着明显的"幼儿化"的特点，进了小学，有必要掌握"成人化"或接近"成人化"的技能。离小学入学还有半年多时间，她开始训练儿子三项技能：

一是流畅的语言表达能力。指导儿子学会完整地表达自己的意思，而不是像以前一样，说一半，留一半给大人去猜。

二是探索和寻找答案的能力。幼儿以玩为主，不一定需要寻找答案；小学以学为主，需要学到知识，体现学习成果。张女士以半游戏化的方式教给儿子识字和简单的算术。例如，教孩子认识"公共厕所"、"地铁站"后，在街上让他找"公共厕所"、"地铁站"。让儿子去买零食时，先让他算出需要多少钱，按他说的数给钱。有时儿子算错了，到了食品店，钱不够或有余，马上就知道算错了。这样儿子觉得学知识非常有用，学习兴趣很高。

三是跟大孩子交往的能力。小学不同年级的学生之间相差比较大，一年级生很难跟六年级生玩得来。张女士有意组织孩子的活动，让儿子跟大哥哥、大姐姐交往，熟悉他们的"游戏规则"，将来进了小学，就不会被这些高出一头的校友吓着了。

三个月前，熟悉小学的生活环境

双休日，张女士带儿子到将要入学的学校参观。教室、操场、厕所、办公室，各处转了一圈，并告诉他各处设施的用途。去过几次，儿子对这个环境已经不陌生了。

现在许多学校实行"封闭式管理"，有封闭过度之嫌，可能不欢迎家长随便参观。不过，跟学校领导或老师打个招呼，说明情况，应该可以满足这个小小的要求。

两个月前，调节孩子的生物钟

小学开学前两个月，正是暑假，张女士开始按小学的作息时间调整儿子的生物钟，包括两个方面：

一是吃饭、睡觉的时间，按小学生活的要求调整，上午不再吃加餐，早餐、中餐多吃一点。中午趴在桌子上睡午觉，时间缩短一半。

二是学习时间，按小学的情况模拟训练，学习主要在桌面上进行，或写字，或算术，有时玩些难度较大的桌面游戏，使孩子适应课桌生活并提高专注力。

两周前，训练日常行为习惯

张女士一直注重对孩子进行行为习惯训练，在开学前两周，再次对孩子进行强化训练。每天带孩子去学校，告诉他正确的行走路线和行走方式，例如，过马路，看红绿灯，等等。她故意不告诉孩子该怎么做，看他能不能做对，有偏差的就及时纠正。她还用"考考你"的方式，告诉孩子如何处理沿途可能遇到的意外情况，例如，怎样应付陌生人？街上人群拥堵或发生骚乱时怎么办？遇到问题向谁救助、怎样求助？等等。半个月下来，孩子对行走路线和行走方式相当熟悉了。正式入学那天，他坚持不让妈妈送，跟着本社区的大孩子，背着书包去了学校。

妈妈不放心，偷偷跟在后面，见他走得很好，进校门时毫无陌生感，仿佛像个"老学生"，不禁舒心地笑了！

一般来说，老师是按中等程度教育学生，幼儿阶段准备不足的学生，第一天就显得落伍了，这种"心理劣势"需要很长时间、下大力气才能扳回来；反之，准备充分的学生，超过老师的标准，一开始就显得比较优秀，这种"心理优势"对孩子的成长很有好处。

不吼不叫，
陪着孩子长本领

从七岁左右开始，孩子正式获得了"学生"的身份，许多父母长长地松了一口气：教子任务终于告一段落，以后的"活儿"可以请老师代劳了！

但是，指望老师帮你把孩子培养成人是不现实的。且不说中国现行的教育模式还存在严重缺陷，老师最擅长的工作似乎只是给"好孩子"锦上添花，将"坏孩子"踩得更差；即使在优秀的教育模式下，一个老师管理几十个学生，只能采用一种或少数几种方式给学生传授知识、技能和方法，不可能对每个孩子因材施教，更不可能替每个孩子规划人生。培养孩子的核心工作仍需父母承担。学校教育和家庭教育的合作，可以用一句简单的话表述：老师教孩子用对方法，父母教孩子走对路。

7~10岁的孩子，自我意识刚开始萌芽，一些概念刚开始建立，心智却远未成熟，正是人生观念、行为习惯、学习能力、综合素质形成的最重要时期。3~6岁是培养"良种"的阶段，但种子好未必出好苗；7~10岁是培根固本的阶段，父母的责任是用心培护，帮助孩子健康成长，并纠正幼儿教育阶段的失误。把孩子"扶直了"，把路走顺了，以后就真正轻松了，不用费心太多，孩子自然会带给你一串串惊喜。

第7章

不吼不叫，给孩子指明方向

教育的最大意义在于指明方向。以孩子的智能、阅历，很难对未来有明晰的预期，父母需要做的是：诱发孩子的梦想，陪孩子一起上路，分享孩子的体验，防止孩子偏离正道。

第51招

陪孩子一起"做梦"

假设没有梦想，人类会怎样？在我们来到人世之前，人类早就灭亡了。

假设个人没有梦想，人生会怎样？"每个人都有梦想，如果我们对自己没有了梦想，那就好像精神死去了一样。"这是大科学家霍金的一句名言。

做父母的人，最重要的工作可能不是教给孩子知识、技能，而是引导孩子"做梦"，陪孩子一起"做梦"。因为，孩子会遇到很多老师，可以通过相关的途径学习知识、技能，而陪着孩子一起"做梦"，在孩子的成长阶段，最好的人选莫过于父母。

梦想不是因为真实才有价值

一位爸爸问儿子："你将来最希望成为什么人？"

儿子正在为一部战争片激动不已，自信地说："我将来要成为元帅。"

爸爸说："你好有志向！"

爸爸设法收集了一百多个中外元帅的故事，一有时间就讲一两个给儿子听。儿子感觉自己离"元帅梦"近了许多。

后来，儿子的梦想又变了，想成为一个会造航天飞机的科学家。爸爸又找来一些科学家的故事，讲给他听，或者让他自己读。

到小学毕业时，儿子已经将各种一流人才都想了一遍，也看过很多人物传记，一个明显的好处是，他对未来总是那么乐观，自我管理能力和管理他人的能力明显优于一般孩子，所以一直担任班长。

梦想只是一些模糊的、不成熟的想法，例如故事中的儿子，想当元帅，喜欢的可能只是胜利、光荣或权力，对牺牲、奋斗以及某些实务工作未必感兴趣。那没有关系，只要有梦想，就有向上的愿望，有向上的动力。一个积极向上的孩子，会用较高的标准要求自己，有利于整体素质的提高，不太可能放任自流、自暴自弃。

梦想不同于目标

一位主持人问著名劳动模范徐虎："你在幼儿园的时候想过长大了要干什么吗？"

徐虎说："我在幼儿园时想当科学家、工程师、解放军等等。"

主持人又问："你想到过修马桶、当水电工吗？"

徐虎诚实地摇摇头。

主持人激动地说："你不愧是劳动模范！你之所以被大家敬佩，除了你为人民服务之外，更重要的是你可能什么梦都没有实现，可你还在做梦！还在奋斗！人有100个梦，可以说99个是不能实现的。很多人是99个梦实现不了，就开始天天在家打麻将，可你徐虎不打麻将，还在做梦。所以你成为了徐虎！"

梦想不是人生的目标。目标是清晰的，梦想是虚幻的；目标是一条可视的道路，可以开始行动，梦想却可能只是一条虚拟的道路。但是，正如林语堂所言："梦想无论怎样模糊，总潜伏在我们心底，使我们的心境永远得不到宁静，直到这些梦想成为事实才止；像种子在地下一样，一定要萌芽滋长，伸出地面来，寻找阳光。"对孩子来说，起初的梦想只是一颗颗无名的种子，只要用美德、知识、智慧、勤劳培护着，日后可能清晰化，展现出美好的人生景观。

梦想也可以是人生目标

一个孩子有一个梦想：将计算机变成一种人人可以使用的工具。

他是比尔·盖茨。那时候，他离他的梦想太遥远了，但他愿意用努力去接近梦想。他学会了编写应用程序，他不断尝试用程序驱动计算机做更多的工作。十多年后，他实现了梦想，使软件和硬件完美结合，将计算机变成了一种人人可以使用的工具。

在少年时就有清晰的人生目标，这样的孩子非常难得。假设我们能让孩子将梦想变成人生目标，教子已经相当成功了！

但是，这有点难度，值得一试却不能勉强。就像我们无法帮孩子吃饭一样，也无法帮助孩子"做梦"。孩子内心的动力，只能从孩子自己的心底萌生。

跟孩子一起分享梦想

一个孩子问当医生的爸爸："你的梦想是什么？"

爸爸说："我小时候的梦想是成为将军或警察，现在的梦想是总结十多年行医经验，写一部有影响力的医学著作。"

孩子问："你以前想的跟你现在做的不一样，难道梦想没有用吗？"

爸爸说："我虽然没有成为抗击外敌入侵的将军，但做的也是抗击病魔入侵的工作；我虽然没有成为警察，却也没有成为坏蛋。我认为梦想还是有用的。"

孩子若有所思。

因为梦想比较虚幻，似乎是瞎想，所以人们一般不好意思跟别人谈论自己的梦想。我们想分享孩子的梦想，也要慷慨地跟孩子分享梦想，这样，亲子之间就可以一起享受"做梦"的美妙心境了！

第52招

❋ 成为孩子最忠实的"粉丝"

老师对孩子的妈妈说："你的孩子可能有多动症，在板凳上连3分钟也坐不住，你最好带他上医院去看看。"

回家的路上，妈妈告诉儿子说："老师表扬了你，说你原来在板凳上坐不住1分钟，现在能坐3分钟了。其他的妈妈都非常羡慕妈妈，因为全班只有你进步了。"

那天晚上，儿子非常开心，破天荒地吃了两碗米饭。

几年后，在一次家长会上，老师对妈妈说："全班50名同学，这次数学考试，你儿子排第49名，我们怀疑他的智力有障碍，你最好带他去医院查查。"

回到家，难过的妈妈强打精神，对儿子说："老师对你充满信心。老师说了，你并不是一个坏孩子，只要能细心些，会赶上你的同桌。这次你的同桌考了第21名。"

儿子听了，黯淡的眼神一下子充满了光亮。

又是几年过去，儿子要中考了，老师对他的妈妈说："按你儿子现在的成绩，考重点高中有点危险。"

妈妈告诉儿子："班主任对你非常满意，她说了，只要你努力，很有希望考上重点高中。"

几年又过去了，儿子一举考上清华大学，接到录取通知书时，母子俩都激动得哭了……

美国心理学家詹姆斯说："人性最深刻的原则就是希望别人对自己赏识。"

然而，在一个竞争的社会里，人们的目光总是被那些杰出者所吸引，一个看上去不太优秀的孩子，很难得到别人的赏识。只有我们做父母的人，才可能成为孩子的"终生粉丝"，永远给予赏识。

这并不是偏爱，因为每个孩子确实都值得我们赏识。

人生竞争，比的是谁燃烧得更充分

海伦·凯勒曾经被命运剥夺得非常"贫乏"。幼年时的一场大病使她成了盲人，失去了大部分听力，可想而知，学习对她来说是一件多么困难的事。但她凭借顽强的意志和沙利文老师的全力帮助，成长为著名女作家、教育家、慈善家、社会活动家，并被美国《时代周刊》评选为美国"十大英雄偶像"之一。

每个人都有巨大的潜能，取之不尽，用之不竭。据有关专家研究，即使那些被誉为天才的人物，也仅仅发挥出其潜能的7%左右。这就是说，一个人的成就，不是由谁拥有多少决定，而是取决于谁"燃烧"得更充分。

每个孩子都是"天才"，哪怕看上去资质平平，一旦将潜能多发挥出几个百分比，他就可能取得惊人的成就。

既然我们的孩子是"天才"，难道不值得我们赏识吗？难道不值得我们期待吗？

帮孩子跨过"短板效应"的障碍

木桶能盛多少水，取决于最短的那块木板的长度。这就是著名的"短板效应"。

每个孩子都有短板，可能体现在思想情感方面，那使他不会做人；可能体现在智力技能方面，那使他不会做事；可能体现在意志力方面，那使他做事难以持久。

有些孩子的短板不明显，但看上去不太优秀，不知道问题究竟出在哪里；有些孩子的短板十分明显，一定会产生后果。

儿子放学回家晚了，他告诉爸爸，因为班上选班干部耽误了时间。儿子还得意地说："我们班有个女生，成绩第一，老师想让她当学习委员，嘿！我们偏不选她，我猜老师会很失望。"

爸爸奇怪地问："她成绩好，你们为什么不选她？"

儿子不屑地说："她特小心眼儿，在学习上从不肯帮人，生怕别人超过她；一点小事就斤斤计较，我们看着她就烦，选她，想得美！"

可以想象，这个被大家"看着她就烦"的女生，将来可能凭优异的成绩考上名牌大学。但是，如果她的短板一直没有补上的话，将来在工作上、生活上必将遇到人际关系障碍，才干的杰出和境遇的不顺产生强烈反差，进而会导致她心态失常，离成功与幸福越来越远。

孩子从天才渐渐变为庸才，乃至变为蠢材、废才，不是所有方面都出了问题，很可能是某方面或某些方面有短板。做父母的人，与其花大量时间、精力强化孩子的特长和优点，不如多花点时间，发现孩子的短板，并跟孩子一起努力，修复短板。

"差生"是有待开发的天才

世上原本没有"差生"，因为孩子在德、智、体某个方面落后于人，老师、父母不肯加大成本对其开发，孩子受到感染，进而放弃了"自我开发"，于是，"差生"就出现了。

所以说，"差生"是被作践出来的。

从另一面说，"差生"是有待开发的天才。

有一位学者曾大声呼吁："哪怕天下所有的人都看不起您的孩子，做父母的都应眼含热泪地欣赏他、拥抱他、赞美他。"

这话说得太对了！无论别人如何看待我们的孩子，我们自己一定要把孩子当成天才，在赏识的基础上，将孩子引上天才之路。

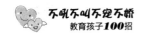

第53招

教孩子寻找三个"关键人物"

从孩子懂事起，父母就勤快地向他灌输一些大道理，还会指导一些具体的方法。但孩子一般听不进去，听进去了也似懂非懂，因为理解这种抽象理论，需要以实践体验为基础。其实大道理不用多教，"好好学习，天天向上"八个字就能代表对一个孩子的全部要求，而让孩子真正理解学习的重要性却很难。

有一个简单的方法，可以有效解决上述难题，就是：教孩子寻找三个"关键人物"。

哪三个关键人物呢？

第一个关键人物：榜样

小龙看了周恩来"为中华之崛起而读书"的故事，很受感动，他问爸爸："别人都为找好工作、多赚钱读书，周总理为什么要'为中华之崛起而读书'呢？"

爸爸想了一下，感觉不好回答。他买来一本《周恩来传》，让小龙自己找答案。

小龙看完《周恩来传》，从此成了周恩来的"铁杆粉丝"。他对爸爸说："原来读书还可以救国。我也要向周总理一样，去欧洲留学。"

爸爸对他的志向大加赞赏。

从此，小龙比以前好学多了，成绩进步也很快。

"榜样的力量"确实是"无穷的"，但这个榜样不能是别人强加给自己的，应该是自己真正心悦诚服的人物。有了一个榜样，人生就有了一个比梦想更真实的愿景，有了一个前进的方向，有了一颗黑暗中的启明星。

孩子很难理解大人为什么为了赚钱、升职付出那么大的努力，反倒容易理解大人物的高尚情操，因为他们还没有面对生活压力。让他们为了将来的工作而学习，学习就成了一个苦差事；让他们为某个高尚的目标而努力，更容易激活他们的内在动力。

有的孩子自信地宣称"我最崇拜自己"，看上去很有志气，其实不过是虚骄之气。崇拜别人并不可耻，许多伟大人物都有自己崇拜的偶像。还有不少孩子，崇拜的对象竟然是"黑社会老大"，志向可不怎么样！

父母可以引导孩子找到一个值得学习的榜样，可以是历史人物，也可以是现实人物；对孩子的偶像，应该表现出足够的关注度。例如，了解偶像的经历和趣味逸事，经常跟孩子谈一谈，但不要说教，这不仅可以增进亲子关系，还可以强化孩子心中的愿景。

第二个关键人物：对手

小强跟小明是同班同学，住在同一个社区，学习经历、家庭条件、智力水平等各方面都差不多。但小强的学习成绩却比小明差多了，因为他没有小明好学。

一次，爸爸跟小强闲聊，很纳闷地说："我觉得你跟小强比，各方面只强不差，为什么成绩会落后于他呢？我想一定是没有找到合适的学习方法。"

小强争辩说："他只知道傻学。"

爸爸说："傻学也好，巧学也好，最终还是要用成绩体现。好比我做饭给你吃，用巧办法、笨办法都不重要，做得好吃才是真的，对不对？"

小强不做声。

爸爸问："你敢不敢跟小明做对手，在学习上比一比？"

小强说："有什么不敢？"

爸爸说："竞争像打仗一样，研究对手、知己知彼才能赢。你可以研究一下小明，好的方面比他做得更好，不好的方面比他做得好，你一定能赢。"

从此，小强有了竞争意识，果然很关注小明，学习比以前努力多了。第一个学期结束，他成绩跟小明的差不多了；第二个学期结束，已经超过了小明。

爸爸又对小强说："小明已经不是你的对手了，我看你跟娇娇倒是同一个级别的选手。"

小强笑了，从此又有了追赶的目标。

父母给孩子讲学习的重要性，讲一万遍，孩子都不一定觉得学习很重要，反倒厌烦得想骂爸爸妈妈"唐僧"，一张唠叨嘴，可以气死妖精。不如给孩子找个对手，重要性一下子就显现出来。但要告诫孩子：要凭真本事竞争，不要有嫉妒心理。

第三个关键人物：朋友

李先生对邻居家的小华很欣赏，他稳重，勤快，懂礼貌，识大体，学习成绩也很好，一直担任班长，正是李先生希望儿子成为的人物。李先生想让儿子跟小华交往，但小华比儿子大两岁，高两个年级，两人不太容易成为朋友。

李先生想了个主意，周末常以和妻子出门办事为借口，将儿子委托给小华家照看。小华的父母都是热心人，有求必应。李先生还特别请小华帮忙指导一下"小弟弟"。一来二去，两个孩子成了好朋友，李先生欣喜地发现，儿子身上慢慢有了小华的特点。

朋友之间必然相互影响，关系密切的朋友，素质一般处于相同层面。俗话说，"柱棍要柱长的，交人要交强的"，但很多孩子不懂这个道理，倾向于结交跟自己相当或更弱的，这样比较有心理上的优越感。父母不妨帮孩子寻找一个或一些较强的朋友，孩子有了模仿和学习的对象，进步就快多了。

第54招

✽ 给孩子一双智慧的眼睛

有一句话说得好：智慧首先教人们辨别是非。

但我们今天处在一个多元文化冲撞、价值观混乱的时代，人们对是非善恶渐渐失去了清晰的判断。孩子进入小学后，活动能力强了，交往广泛了，难免受到"酱缸文化"的影响，从而失去正确的是非观，也就失去了一双智慧的眼睛。孩子失去了辨别是非的能力，未必会走上邪路，但最大的损失是：失去了对他人的信任，失去了对未来美好生活的信念，从而也就失去了追求幸福的能力。

怎样帮助孩子恢复"视力"呢？

尊重公共规范和传统美德

父母在孩子面前，要对法律、纪律、交通规则等公共行为准则保持足够的尊重，并自觉遵守；对传统美德如礼貌、友爱、孝敬、诚信等，也是如此。许多"酱缸先生"喜欢卖弄聪明，施展颠倒是非、混淆黑白的本领，对公共规范和传统美德提出质疑。但我们至少要知道，孩子目前还没有判断公共规范和传统美德是否合理的能力，那就不用进行判断，只需遵守就可以了。

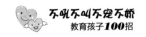

不要用肯定的态度谈论社会恶习

一次，一位先生在我的孩子面前谈论公务员考试的"暗箱操作"，我立即制止说："不要说了！"又补充说："绝大多数公务员是凭实力考上的，你说的只是个别现象，不能以偏概全。"

孩子出去后，那位先生说："我猜你是不愿让孩子听到这个话题，但现在的孩子天天上网，什么不知道？让孩子学点'潜规则'，不是什么坏事。"

我说："现在空气污染严重，尘沙天气多，早上穿白衣服出门，晚上回来，可能变成'黑衣服'了。那么，穿白衣服的人，会不会索性将衣服弄黑呢？孩子的思想比成年人的干净得多，应该教他们爱干净，怎么能故意将他们弄脏呢？"

那位先生不说话了。

社会上的腐败现象，以及其他社会恶习，的确是客观存在的，但我们应该知道，它们并不是好现象，而是应该根治的现象。孩子将来会不会被污染，谁都难以预料，但我们至少可以让孩子干净的心灵保持更长的时间。如果以肯定的态度谈论社会恶习，等于将孩子往污水坑里推，不是太可笑、太不负责了吗？

孩子上网时盯着点

当前，网络是文化脏乱差的重灾区，各种流言蜚语、邪恶观念甚嚣尘上，对缺乏是非判断力的孩子来说，很容易受到负面影响；事实上，即使成年人，看了太多垃圾信息，也会影响情绪。在网络化时代，完全禁止孩子上网，不太现实，但应该限定时间和限制内容，帮助孩子避开污染源。当孩子上网时，最好盯着点，以防越轨，还能针对孩子提出的疑问，即时予以解答。

在回答孩子的问题时，有必要掌握一个原则：正面引导。例如，在评价"小悦悦事件"时，不妨告诉孩子，路人们不一定都像媒体批评得那样冷漠，有的人担心发生误会，使事故责任落到自己头上；有的人比较穷，掏不起为悦悦治疗的医药费，不敢帮忙；也有人舍不得为了帮助别人掏钱；更多的人以为，即使自己不帮悦悦，别人也会帮忙，这是"责任分散原理"造成的心理误区，中国、外国都经常发生类似的现象……这样，可避免孩子得到一个"社会冷漠"的错误印象。

假设感到讲不好，可以暂时搁置，告诉他：这个问题很复杂，我还要想一想才能告诉你。

对国产影视剧，为孩子设定限制

不少国产影视剧是垃圾文化的又一发源地。今天的不少影视人，是非观淡薄，对艺术缺乏足够的尊重，加之生活底蕴、创新能力不足，拿出的作品，纯属胡编乱造。最常见的弊端，一是违反了一条基本准则：艺术源于生活而高于生活。二是跟审美规律唱对台戏，正面人物往往丑陋，坏蛋反倒英俊漂亮。这两条，对缺乏判断力的孩子来说，负面影响极大，影视剧看得越多，人会变得越蠢，思想越混乱。

事实上，美是人类的终极追求之一。而许多孩子可能宁可做个漂亮的坏蛋，也不愿做个丑陋的好人。我曾遇到一件趣事：一次，我带朋友的孩子参观清华大学，正赶上一班清华老校友开校友会，他们年纪都很老了，形象自然不咋的。那孩子忽然冒出一句话："叔叔！我以前对考清华很向往，现在不想了！"她的意思是：她将来宁可当个平庸的漂亮老太太，也不愿当个丑丑的成功人士。她成年后观念也许会变，但这却是她此时的真心话。

作为家长，我们应该帮助孩子远离假丑恶的影视剧。国产影视剧自然也有一些好作品，但不能以名气和票房来判断。我们可以拿出判断力，为孩子挑选一些干净的影视剧，至于其他的，还是不看也罢！

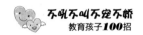

第55招

给孩子一对聪明的耳朵

小凡好学,成绩也很好。一天,她去同学兰兰家玩,谈到学习,兰兰不屑地说:"学习有个屁用!你看我们老师,名牌大学毕业,每月拿一千多元;你看某某,一个半文盲,都成千万富翁了!还有某某最好笑,高分低能,都读完硕士了,到现在还没找到工作。"

小凡听了,很受震动,从此提不起学习劲头,做作业也不像以前那么认真了。

妈妈敏锐地感觉到了小凡的变化,通过耐心的询问,终于问明了原因,一时不知该如何劝解,就告诉了爸爸。

爸爸对小凡说:"我想告诉你四件事:第一,看问题要全面,不能只见树木,不见森林。有的大学生收入低,有的半文盲发了财,但从整体看,大学生的平均收入比半文盲的高多了,你看看你认识的人就知道了。第二,人活着不能只讲赚钱,还要活出点精神来。你们的老师名校毕业,完全可以找到高薪工作,但他热爱教育,热爱学生,拿那么少的工资,还尽心尽力培养你们,这种精神很值得敬佩呀!第三,有人高分低能,有的高分高能,你难道不能向高分高能的目标前进吗?第四,对别人的话,不能一听就信,要学会分析判断。对落后分子的话,更要审慎。一般来说,别人鼓励你积极上进,这是好话;别人劝你放弃努力，这是坏话。你该知道怎样对待好话和坏话吧？"

小凡听了，很受震动，重新恢复了好学的劲头。

孩子不仅受父母的影响，也受周边人的影响。对同一件事，不同的人有不同的看法，孩子采信哪种看法，取决于自身的价值观。所以，培养一对聪明的耳朵，要从端正观念入手。

告诉孩子一条交往规则：不跟落后分子成为贴心朋友

有一个奇怪现象：很多时候，孩子对鼓励他、督促他上进的好话听不进去，对诱惑他、劝说他放弃努力的坏话反倒一听就信。

这是什么原因呢？

这是好逸恶劳的天性在作怪。努力上进很辛苦，而且需要较长的时间才能看到努力的效果；放弃努力很简单，很轻松，操作起来容易多了！

一般来说，不爱学习、不守规矩的落后分子，都有一些落后观念。假设我们的孩子信任他，跟他要好，很容易受到落后观念的影响。因此，应该限制孩子的交往，不能跟落后分子成为贴心朋友；点头之交、礼貌上的应酬，关系倒不大。

告诉孩子，什么是好话

人们一般以态度来判断什么是好话。礼貌的话，赞美的话，肯定的话，一般认为是好话。这种判断方式有一定道理，但并不全面。

应该透过现象看本质，从行为结果来判断什么是好话。例如：

有利于学业进步的话，是好话；

有利于增长智慧的话，是好话；

有利于增进道德品质的话，是好话；

有利纠正错误的话，是好话；

有利于解决问题的话，是好话；

有利于改善人际关系的话，是好话；

有利于调适负面情绪的话，是好话；

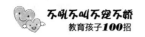

有利于了解真相的话，一般是好话。

告诉孩子，什么是坏话

判断坏话也要从行为结果来判断。将以上八个"有利于"改成"不利于"，就是判断坏话的标准。

人们讲坏话，有时出于不怀好意，想给对方施加一点不良影响。

有时出于无意，带着好心讲坏话。例如父母无休无止地唠叨，原本是"为孩子好"，因为说教过度，让孩子"烦死了"，那就变质成"坏话"了。对这类"坏话"，在接受好意的同时，不妨将耳朵堵起来，好像一阵风从耳边吹过一样，不让情绪受到影响。

第56招

当孩子“偏航”时，及时提醒

孩子都会犯错。不犯错的孩子不是好孩子——除非是天使转世，否则怎么可能表现得完美无缺呢？希特勒的青少年时代倒是接近完美，后来的表现就很令人恐怖了！

“不犯错的孩子不是好孩子”的说法虽然是一个玩笑，但是其中包含着微妙的逻辑：大凡一个表现相当完美的人，自律极严，对他人也苛刻，而且习惯性地认为“我是对的”、“一切以我为原则”，敢于理直气壮地把别人打入另册。这种心态就很可怕了！

所以，孩子犯点错不要紧，说明他是个正常人。但是，对孩子的过错却不能听之任之，否则孩子可能会错得越来越远。给孩子纠正一个错误，孩子就会长大不少。

第一步，先制止孩子的不当行为

发现孩子的行为不当时，先让他停下来再说。例如，孩子去摘公园的花，明显违反了公德；孩子闯红灯，明显违反了交通规则——不需要思考他做得对不对，可以立即制止：“回来！你知道你在做什么吗？”至于如何处理，要不要给予批评、处罚，除非你早有准则，否则不妨先想清楚再说。

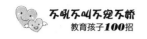

98%留给赞赏，也要给批评留2%的位置

我们提倡"赞赏教育"，这是从宏观理念立论，不等于对孩子的一切都要赞赏。有人提出一个有趣的观点：哪怕98%是表扬与鼓励，也要给批评留2%的位置。这句话很有道理。俗话说："教子光说好，后患少不了。"该批评时要批评；一味赞赏，孩子难以养成正确的价值观，不知什么是对、什么是错，日后难免横冲直撞，后患就大了。

站在理上

一位妈妈告诉爱生气的孩子："好好说话不生气。"孩子记住了这句话。后来，孩子犯错时，妈妈气急败坏，大声训斥他。

孩子说："不是说'好好说话不生气'吗？你怎么生气了？"

妈妈顿时哑口无言。

结果，犯错的人好像是妈妈，孩子倒是躲在一边偷偷地笑了。

孩子很会找借口、抓理由，有的孩子还爱狡辩，而父母的心态是教给孩子正确的道理，不便用辩论的方式"掰理"，结果常常被孩子拿住了。

所以，说话时心态一定要平静，争取将话说得滴水不漏。一般来说，说得越少越不容易留漏洞。假设孩子狡辩，要马上禁止："别狡辩！"如果孩子不服，可指出其话语中的逻辑错误，然后说："你错了反倒狡辩，等于错上加错。以后再狡辩，我罚你抄课文一百遍。"

惩罚原则：先教后罚

有时候，孩子的错误比较严重，或屡教不改，和风细雨的批评可能不起作用，有必要进行一定的惩罚。如果事前没有约定惩罚规则，则不宜惩罚，只能约定：初犯可免，下次再犯，将如何如何惩罚。

但是，"先教后罚"的原则仅限于一般行为，如不做家庭作业，私下溜出去玩耍，等等。对明显的违规违纪行为，可以不待约定而进行惩罚。因为公共规则本身就是一个约定，孩子也早就清楚这个约定，无须另行约定。

召开家庭会议

对孩子比较重要的过错，该如何处罚，不妨召开家庭会议，进行民主讨论，孩子当然也可以发表意见。为了给孩子制定规则，也可以召开家庭会议。将问题讨论透彻了，达成了共识，孩子更容易认识到自己的错误并心悦诚服地接受处罚或接受约定的规则，也有利于大家共同进行监督，避免彼此意见分歧，还能增进家庭成员之间的感情，让大家知道这是一个团结的集体，真可谓一举数得。

开家庭会议，要注意四个要点：

一是气氛轻松一点，不要开成"批斗会"；

二是好的、不好的方面都讲，不要专挑毛病；

三是将重要的内容记录下来，以备日后查验、参照；

四是父母拥有最终决定权，以免形成"泛民主"、大家各持己见的局面。

第57招

别让孩子学会投机取巧

一个孩子不爱学习，为了应付作业和考试，他经常巴结成绩好的同学，让他们借作业给自己抄，在考试时照顾自己。老师发现了这个情况，找家长谈了话。

孩子的妈妈气得要命，回来想让孩子"吃点苦头"，爸爸却不以为然地说："这件事要从两面来看。从不好的一面看，投机取巧是不对；从好的一面看，说明他会搞人脉关系。现在当官的谁不会这一套？没准他将来比那些成绩好的学生更有出息。"

几年过去了，孩子好不容易混到初中，混不下去了，在家玩了两年，爸爸送他去学理发。他倒是跟师傅的关系搞得不错，却不好好学，学了两年，学个半吊子水平；爸爸又送他去学修车，他怕苦怕累怕脏，学不下去。后来他去南方打工，虽然会搞人脉关系，但人家讲的是业绩，耍奸使滑可不行。他多次被老板"踢"出去，混不饱自己的肚子，不得不经常向父母求援。妈妈很头疼也很生气，埋怨爸爸说："'两面看'先生，都怪你当初从两面看，现在你怎么从两面看？"

以赏识的眼光看孩子，从不利的情况中看到有利的一面，倒是没错，但归根结底，必须改善不利的情况，而不是放任自流。这个爸爸看问题，只看见现象，没看见本质。官场上拉关系、走后门的都是些什么人？差得太远的人，埋头苦干也好，投机取巧也好，都跟机会无缘。商场上也是这样，没点实力，拿到一项工程，做得下来吗？实力从哪里来？从苦学苦干中来。孩子从小投机取巧，逃避学习，将来准会吃大亏。

怎样防治孩子投机取巧的毛病呢？

孩子投机取巧的原因

治病要找病根，找到病根才能对症下药。孩子不是天生喜欢投机取巧，他们这样做，必然有某个内在的心理动因。

贪图安逸：少操一份心，少出一份力，让自己轻松一点，该做的事也不做，俗谓之"偷懒"。这是孩子投机取巧的一个原因。

逃避责任：企图推卸自己应该承担的责任，例如，学习任务、犯错责任等。这是孩子投机取巧的又一个原因。其他毛病都由懒惰、不负责任派生。谁都有懒惰和逃避责任的心理倾向，但多数人能有效抑制自己。一个孩子如果顺从懒惰、不负责任的天性，无论将来多没出息，都不奇怪；无论做出多么荒唐可怕的事来，都不必惊讶。

逃避惩罚：孩子做了错事时，可能用投机取巧的方式来掩盖，以免受到惩罚。

面子意识：为了避免在人前丢面子，自然会设法遮掩缺点和错误。

寻求肯定：担心自己喜欢、重视的人对自己失望，因此一些错事、糗事不想让对方知道，企图蒙混过关。

紧张害怕：犯了错，或者该做的事不想做，该负的责任不想负，难免产生不良情绪。为了尽快忘掉这些事，自然想将此事掩盖，以免别人提起时再度产生不良情绪。

能力不足：由于缺乏技巧或经验，无力完成作业或其他任务，只好采取投机取巧的方式完成，或者干脆逃避。

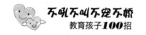
孩子投机取巧的常用方法

孩子为了逃避学习任务或其他责任，常用以下招数对付父母，一招比一招凶险，假设父母应对无方，十有八九会败下阵来：

找借口："反正做了作业老师也不看，有什么好做的！""好多同学不做家庭作业，不也没事？""中央提倡给学生'减负'，你没看报吗？"父母要判断孩子这些话说得对不对，只怕得花上不少时间。等想清楚了，孩子已经偷懒成功了。

装可怜："我不会做。好多同学都是爸妈帮忙做作业，您帮我做了吧！""我头好疼啊！""我的脚摔了一下，到现在还疼！"父母能不关心孩子吗？能比别人家的父母表现差吗？心一软，就中计了！

感情贿赂："对不起！我忘了，我亲您一下好不好？"父母一听，半边身子都麻了，中了孩子的计，还夸孩子聪明懂事。

感情勒索："我是您儿子吗？捡来的吧？哪捡的？"面对孩子的疑问，总不能去做一个DNA鉴定吧？为了证明亲子关系，只好对孩子马虎一点，免得伤了孩子的心。

反戈一击："别人家的爸爸妈妈谁不关心孩子的学习？你们关心过我没有？"父母一听，如雷轰顶，早忘了学习本是孩子自己的责任，哪敢追究孩子的责任？有的人还会痛心疾首地说："我感到最对不起的人是我儿子（女儿）！"

找替罪羊："爸爸说应该这样""妈妈说应该那样"，用爸爸的话反击妈妈，用妈妈的话反击爸爸，或者将责任推到老师、同学或别的人身上。

撒谎："老师就布置这么多作业，我都做完了。""老师没布置作业。"父母很容易查证孩子是否撒谎，例如打电话问同学、老师，但一般不会这么做，孩子就能侥幸过关。

发脾气："一句话唠叨了几百遍，烦死了！""吃饭的时候说什么说！不吃了！"

耍赖：关在屋里，蒙上被子生闷气，乃至哭哭啼啼。父母怎么办？只好哄着点。

破罐破摔："不做就不做，看你怎么办！"

恐吓："你们这么讨厌我，我死了算了！""我不在你家待了，自己闯天下去！"父母一听，只好彻底傻掉。

离家出走：不打招呼，去同学家住一晚，害得父母到处打电话，只差没报警。见孩子安然回来，千恩万谢，半个月都不敢找他麻烦了！

治疗的方法

如何克服孩子投机取巧的毛病？最好的办法当然是一开始就培养孩子勤奋好学、勇于承担责任的好习惯。假设习惯坏了，矫正起来比较难，但也不是没有办法。

弄清真相，不被孩子的花招迷惑。孩子究竟在害怕什么？究竟想逃避什么？促使他这样做的原因是什么？主观原因还是客观原因？弄清了才能处理得当。

维护孩子的面子。谎言可以不必揭破就不要揭破，隐私可以不必探究就不要探究。俗话说："人无廉耻，百事可为。"当孩子爱面子时，至少还有管住自己的意识；一旦失去了廉耻心，连面子都不要了，麻烦就大了！

讲道理，让孩子心悦诚服。例如，媒体一再倡导"减负"，学校却置若罔闻，不断给学生堆作业，收上作业却连看都不看一眼，明显是不负责任。父母要求孩子完全听命于老师，等于鼓励老师不负责任。但学校的行为一时难以改变，如何找到一个平衡点？家长要负主要责任，例如联合家长向学校提意见，向教委反映，等等。一味将责任推到孩子身上，孩子怎么负担得起呢？

务实不务虚。例如，孩子成绩好跟多做作业没有必然关系，有的孩子方法得当，学习效率高，即使不做作业，成绩也很棒。应该将重点放在如何找到合适的方法上，不要为学习而学习。只要成绩好，偷点懒，老师也会睁一只眼闭一只眼。

协助孩子解决问题，但不是帮办。对孩子的学习、生活上的一些事，应该明确告诉孩子，"这是你的事，不是我的事"，可以帮助，但不是帮办。

对管不了的事适度纵容。与其让孩子逃避任务，不如降低任务标准。例

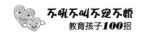
如，孩子每天认真做作业，到晚上11点才完成，这显然过度了。长此以往，孩子必然厌学。不妨挑出一些有特色的题目让孩子做，其他的题目，或者帮孩子做了，或者不做，但要跟老师解释。

对管得了的事严格要求。例如，迟到早退、打架滋事之类，一般是主观原因造成的，该管，那就订立规则，严格管理。培养孩子的责任意识，重点应该放在管得了的地方。

建立长远影响。最重要的是让孩子真正认清自己的错误，并产生主动改正的意愿。父母在纠正孩子的毛病时，一定要舍得花时间，不厌其烦，除了讲道理外，不妨多"折腾"一下，但要折腾得有用又有道理。例如，开家长会、写检讨书、面壁思过之类，看上去蛮规范、蛮合理，这比简单骂几句、打几下有用多了。每个人都有风险与成本意识。假设孩子发现做了某事，将要面对一整套流程，麻烦多多，可能就会讨厌再做这件事，那么，教育的目的就达到了！

第8章

不吼不叫，跟孩子完美沟通

孩子大了，不听话了，父母的权威急剧下降。听之任之显然不行，但说的话孩子左耳进，右耳出，怎么办？有一句话说得好：只有把自己的姿态放低，孩子才能站起来。不妨拿出跟邻居沟通、跟客户谈判的本领，将孩子重新纳入管教系统。

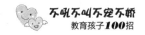

第58招

留一只"耳朵"给孩子

孩子去上学,妈妈说:"路上别贪玩,别迟到,上课认真听讲,别跟同学打架。"

孩子说:"好!"

孩子放学回来,爸爸说:"今天表现怎样?没惹事吧?"

孩子说:"没有!"

于是,父母便觉得尽到了教育责任。

很多父母没有意识到缺少了一个教育环节:倾听孩子的心声。父母对孩子的了解,主要是从孩子的老师、同学那儿听来的一些情况,很少直接从孩子那儿听到什么。一开始,孩子愿意说,父母却没有心情听;到后来,父母想听了,孩子却不愿说了。于是,代沟产生了!

我们想融洽亲子关系,保持良性的亲子沟通,从孩子刚入学,就要留一只"耳朵"给孩子,养成倾听的习惯。

鼓励孩子大胆地说

一位爸爸很善于逗孩子说话,很快就能打开孩子的话匣子。例如:

"小明,今天在学校好玩吗?"

小明说："不好玩！"

爸爸打趣道："老师不好玩，还是同学不好玩？"

小明想了一会儿，说："同学还可以，老师不好玩。"

爸爸笑道："好玩的老师很少，我读书时，老师也不好玩。你们老师是怎么不好玩的？"

小明说："刘老师说话像打机关枪，啪啪啪……不知道她在说什么；徐老师说话像'老牛拉破车'，半天等不到一句，我都要睡着了；李老师还可以，下课还冲我们笑呢！"

讲着讲着，爸爸对儿子一天的情况全清楚了，顺便指点了几招：听刘老师的课，最好课前预习一下；听徐老师的课，偷偷搞点小动作倒没关系，千万别过分，否则当心老师打电话找家长。

许多爸爸妈妈想跟孩子聊天，却找不到话题，不知从哪儿开始。其实，无论从哪儿开始都可以，只要父母鼓励孩子大胆表达，孩子的小嘴，关都关不住。

别摆高姿态

别以为自己是家长，一定比孩子强。想想自己当年读小学，表现还不一定赶得上现在的孩子。拿过去的自己跟现在的孩子谈，比较谈得来，也容易理解孩子面临的困扰。

认真倾听，简单回应

孩子说话时，不要心不在焉，不要老觉得孩子讲的话很幼稚或者说得不对。幼稚和不明事理正是孩子的真实状况，我们不就是想了解孩子的真实状况吗？以我们自己的标准要求孩子，就像以大树的标准要求幼苗一样。对孩子的话，不要轻易否定和发表意见，可以简单回应——"哦。""是这样啊。"孩子在陈述的过程中，可能理清思路，发现事情的真相，找到解决问题的办法，那比我们指指点点强多了。

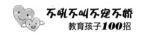

如果发现孩子一直带着迷茫或错误观念，我们再视情况，适时给予指点。

听懂孩子的心情

孩子说话时，必然带着某种心情：高兴？生气？喜欢？厌烦？期待？担心？如果只是听懂了孩子的意思，没有听懂孩子的心情，那根本没有真正听懂。

女儿对爸爸说："我的小龟龟死了！"

爸爸说："是嘛？没关系！我再给你买一只。"

女儿一撅嘴，掉头走了，弄得爸爸莫名其妙。

此时，女儿为自己的宠物之死，心情难过极了，而且隐隐感觉到生命的无常，心里有种说不出的滋味，想跟爸爸好好聊一聊，谁知爸爸说什么"再买一只"。那能一样吗？她感到跟这个"硬汉"无法交流，干脆懒得说了。

我们读懂了孩子的心情，跟孩子产生了共鸣，孩子才会拿我们当知音，并变成无话不谈的朋友。

第59招

✿ 坦然回应孩子的尴尬问题

父母对孩子提出的一些尴尬问题，常常讳莫如深，避而不谈，有些父母甚至如临大敌，禁止谈论。其实，这完全没有必要。将事情弄得太神秘，反倒会激起孩子的好奇心，使他们从别处获取相关知识，或者得到错误的知识，不如由父母告诉孩子，"干净"多了！

父母可能在两类问题上面临孩子盘问和质疑的尴尬：

一类是爱与性的问题

孩子看了一部古装剧，产生了一个疑问，问爸爸："你们古时候，是不是要父母和媒婆给你们找老婆？"

在孩子眼里，一二十年前已经相当遥远、相当古老了！

爸爸笑道："你说的'父母之命，媒妁之言'，是你太爷爷时候的规矩，到你爸爸那会儿，早就改成'自由恋爱'了。"

孩子问："你是怎么自由恋爱的？"

爸爸说："我上大学的时候，一天，在校园里看见一个女生，越看越有眼缘。向人一打听，原来还是我的同乡，同一年考上大学的，读经济系。我回去拿镜子照照自己，感觉自己还配得上她，就主动去套近乎、献殷勤，送个

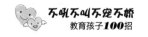
花，看个电影什么的，交往多了，真正产生感情了。于是，我们成了恋人。"

孩子好奇地问："那个女人现在怎么样了呢？"电影里的恋人总会闹出点什么意外，孩子形成了思维定势，不知想到哪儿去了。

爸爸说："那个女人现在成了你的妈妈。"

孩子一琢磨，大笑。爸爸也笑了。

只要我们不把问题看得太严肃，以轻松的态度谈论爱，乃至谈论性，未尝不是一个有趣的话题。但我们要知道，孩子毕竟是孩子，谈论时可以生活化、艺术化、知识化、科学化，不宜过于成人化。

一类是道德问题

现在社会上"道德滑坡"现象比较严重，我们做父母的人，经常会遇到道德的考问；孩子也会遇到一些道德困扰。谁最适合为孩子答疑解惑呢？不是老师，而是父母。当父母跟孩子谈论道德问题时，也将某种价值观传导给了孩子。

怎样跟孩子谈论道德问题呢？美国前总统克林顿跟女儿切尔西的"政治对话"，值得我们借鉴：

当克林顿准备竞选阿肯色州州长时，女儿6岁。克林顿夫妇担心：在选战中，双方互相攻讦，当女儿听见关于父亲的恶言恶语时，会不会受到惊吓和打击呢？

夫妇俩决定先给女儿打"预防针"，并将它当成一件大事来办。

一天晚上吃饭时，妈妈告诉女儿："你知道，爸爸又要参加州长竞选了。如果他成功了，我们可以继续住在这座房子里，他会继续努力帮助别人。但是，首先我们必须进行一个选举。那就意味着别人会尽力说服人们去投他们的票，而不是投票给你爸爸。他们为了达到目的，可能会说一些关于你父亲的可怕的事情。"

女儿睁大了眼睛，问："那是什么意思呢？"

妈妈解释说，在竞选宣传中，对手们为了赢得选举，可能会说一些关于她爸爸的谎言，所以要对此做好思想准备。

一直以来，女儿得到的教育是：撒谎是错误的。因此她无法理解那些人为什么要当众撒谎而又受到纵容。她一遍又一遍地说："他们为什么那样做呢？"

爸爸妈妈感到难以回答这个问题，或者说，难以让女儿理解如此深奥的问题，于是决定做一个游戏，让女儿切身感受一下选战时的情景。

他们决定，由女儿扮演克林顿，由克林顿扮演克林顿的对手，双方都要努力说服大家投自己的票。

女儿首先发表演讲："我是克林顿。我做得很不错，帮助过很多人，请为我投票。"她还诚实地说了许多拉选票的话。

爸爸妈妈表扬了她，夸她讲得很精彩，很诚实。

接着，克林顿扮演对手发表演讲，说了许多"克林顿如何如何不好"的话。例如，他实际上对人们很坏，他没有尽力帮助大家，等等。

切尔西流着眼泪问："为什么有人会说那样的话呢？"

尽管小小年纪的她无法理解那些人的做法，由于有了思想准备，当她听见选战中关于爸爸的一些坏话时，所受的伤害很小。

我们跟孩子谈论道德问题时，要注意两点：

一是坚持正确的道德观，不能将错说成对，将黑说成白；

二是实事求是，不能强词夺理，为错误找借口。

打个比方，为了给孩子找学校而给领导送礼，不能狡辩说这样做有多么正确，还是必须认为：这是不正之风。同时老实承认：送礼不对，不送礼又找不到好学校。我不知该怎么办才好，但我想，你的学习是大事，不能让你蒙受损失。有错我来承担，跟你没有关系。

究竟该坚持正气让孩子吃亏，还是迫于无奈做违心的事，让孩子清楚事情的原委，自行判断，比遮遮掩掩好多了。

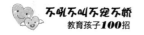

第60招

怎样让孩子听话

父母经常遇到孩子不受教的尴尬情况。

爸爸让小冬关掉电视去做作业，小冬答应了一声："好！马上。"

过了十几分钟，小冬还在看电视，爸爸提高了声音，再次叫他："小冬！叫你关了电视去做作业，没听见吗？"

小冬挪了挪身子，好像要起身的样子，应道："听见了！马上就去。"

爸爸就没再催，转身出去了。

过了半个多小时，妈妈问爸爸："你怎么还不叫小冬做作业？"

爸爸一看，小冬还赖在电视机前，顿时气急败坏，冲过去，将电视"啪"地关掉了，怒道："你怎么这样拖拖拉拉？真是扶不直的猪大肠！"

小冬嘟囔道："你这么冲动干吗？一点修养都没有。粗人！"

爸爸气得目瞪口呆，恨不得在他头上敲两下。

当孩子身临一件感兴趣的事，或者面对一件讨厌的事时，对父母的指令常常阳奉阴违，能躲过去最好，实在躲不过去，能拖几时算几时。这是一个让很多父母头疼的问题，怎样解决呢？专家们提出了以下办法：

跟孩子一起定规则

父母让孩子做事，如果没有建立标准，就会出现乱发指令的情况，在同一件事情上，有时让孩子这样做，有时又让孩子那样做；爸爸让孩子这样做，妈妈又让孩子那样做。给孩子留下的印象是：一件事这样也行，那样也行，没有一定；那么，爸妈的指令，听也可以，不听可以，最靠得住的是听自己的。

所以，对一些经常性的重要事务，如学习、孩子应该承担的家务、孩子的娱乐时间等等，不妨规定下来，写在纸上，作为约束孩子和父母的依据。规则最好跟孩子一起订，充分征询孩子的意见，跟孩子达成共识。这样，就能给孩子发出正确的指令了。

跟孩子订立规则后，孩子也未必能绝对遵守，遇到特殊情况，也可以变通一下，只要大体能执行，不让规则形同虚设就可以了。我们应该想到，单位的纪律、公共道德、交通法规，我们自己也难以保证绝对遵守，要求孩子保证绝对遵守规则，也有点勉为其难。

此外，规则还应该根据情况的变化适时调整，使之变得愈加合理。

发出指令后只等5秒钟

某专家介绍了一条经验：给孩子发出指令，静候5秒钟，如果孩子没有反应，父母就要采取行动了。最简便的办法是轻轻拉一拉孩子的衣服，给出提醒的信号；如果还不行，就加大力气，再拉一拉。总之一定要让孩子行动起来。

一般来说，孩子听到指令后，会观察父母的反应，以确定是否必须立即听命行事。如果父母发出指令后去忙活别的事，孩子得出的结论是：这件事可以等一会儿再说，直到父母再来催促。父母只等5秒钟就开始催促，甚至动手去拉，孩子于是明白，这事躲不过去，必须立即去办。

如果父母坚持用这种方法，孩子就会形成一个认识：父母说一不二。这样，父母每次发出指令，除非孩子有特别的理由，否则就会马上响应，不会再拖拖拉拉了。

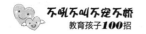

常常表达对孩子的信赖

爸妈出门办事，吩咐小明在家做作业。妈妈担心小明贪玩，有点不放心，想多叮嘱几句，爸爸拉拉妈妈说："你放心！小明已经懂事了，他会圆满完成任务的。"

爸妈回来后，发现小明果然完成了作业，做得比平时有大人监督时还要好。

还有一次，妈妈搁在桌上的五十元钱不见了，想来想去，没有外人进来，除了小明，谁会拿呢？问小明，小明说没拿。妈妈正要表示疑问，爸爸忙说："小明不会撒谎，他说没拿，一定是没拿。"

第二天早上，妈妈睡了一觉醒来，头脑清醒多了，忽然想起，那五十元钱夹在笔记本里。拿起笔记本一看，钱果然在，不禁暗自庆幸没有多说什么，否则准得挫伤小明的自尊心。

由于爸妈的信赖，小明变得越来越自觉，拿自己当大人，许多该办的事，不用爸妈吩咐也会主动去干。

孩子受父母管理，如同员工受老板管理一样，理解为"被控制"，假如可能的话，会对此设法加以抗拒；而父母的信赖，强调的是孩子的自我领导。一个"领导者"和一个"被管理者"的心态是不一样的，有主动承担责任的意识和自我考评的能力，行为会更积极主动，因此更乐意听父母的话，也更能约束自己，表现得比被管理的孩子好多了！

第61招

✿ 向孩子提要求的技巧之一：
"登门槛效应"

一个男孩特别讨厌英语，英语成绩一团糟。爸爸妈妈多次要求他"加强英语学习"，却没有用。后来爸爸偶尔在杂志上看见了关于"登门槛效应"的一篇文章，决定在儿子身上试一试。从哪儿开始呢？爸爸发现，儿子最大的问题是"不识字"，学了一年多，五十个单词都没有学会。于是，爸爸跟儿子商量：每天学会一个单词，包括会认、会读、会写。儿子一听，一个单词算什么！当即满口答应。爸爸又跟他规定了惩罚制度：完不成任务不准睡觉。

从这以后，儿子每天认一个单词，一年下来，认识了三百多个，赶上了其他同学。不仅如此，他尝到了成功的甜头，从此对英语产生了兴趣。

所谓"登门槛效应"，是美国的两位社会心理学家弗里德曼和弗雷瑟根据"无压力屈从"的现场实验提出来的。实验过程是：实验者让助手到两个社区分别劝人在房前竖立一块写有"小心驾驶"的大标语牌。在第一个社区，直接向人们提出这个要求，结果只有17%的人表示同意。在第二个社区，先请居民们在一份赞成安全行驶的请愿书上签字，大家感觉费力不多，都乐于照办，几乎所有的被要求者都签了字。几周后，再向他们提出竖牌的要求，结果有55%的人表示同意。原因是：当人们对于某种小请求找不到拒绝的理由，就会增加同

意的倾向。一旦同意了小的要求，对相关的更大的要求便变得容易接受了。

"登门槛效应"在生活中很多方面都有显现。例如，推销员最难对付的是拒绝开门的客户，一旦将门劝开了，推销成功的可能性将大为增加。父母给孩子提要求也是如此，假设一开始就向孩子提出一个较大的要求，孩子就会像守碉堡一样坚决抗拒；即使接受也是言不由衷，随时想找机会反悔。以一个小小的、无法拒绝的要求打开"碉堡"的门，瓦解孩子的抵抗就容易多了。

运用"登门槛效应"时的操作方法是：

选准时机，降低孩子抗拒的可能性

一个孩子对学习毫无兴趣，成绩很差。当孩子将成绩单交到爸爸手上时，爸爸仔细看了各科的成绩，盯着儿子说："不用我说，你自己也明白该认真读书了吧？"

儿子一脸愧色，不做声。

爸爸说："我给你提个小小的要求：从今天晚上开始，每晚临睡前看20分钟书，你的课本，我书架上的书，都行。"

儿子满以为会遇到一场风暴，没想到父亲的要求如此简单，立即答应，当晚就执行。

从那天起，儿子每天坚持读20分钟书，渐渐养成了爱看书的习惯，每天不读一会儿书，简直睡不着觉。而他的知识水平、学习成绩不知不觉就提高了。

平时无缘无故给孩子提要求，孩子可能认为我们没事在给他找麻烦，当他犯了错，受了挫，士气低落，抵抗意志不强时，再提要求，只要不过分，往往百灵百验。所以说，孩子犯错未必全是坏事，正是一个加强教育的好时机。

先提小要求，再提大要求

一个学生上课爱睡觉，老师打电话告诉了学生的妈妈。妈妈知道，这是儿子体质较差、睡眠习惯不好造成的。她跟老师商量后，定下了一个计策，对儿子说："主课太重要了，落下可不好。我跟老师说了，你主课一定不会打瞌睡，副课倒没关系。"

儿子听了，果真将打瞌睡的时间移到副课。与此同时，妈妈每天晚上陪他散一会步，以增强体质。

过了一段时间，妈妈对儿子说："主课老师都夸你进步不小。副课老师见你上课睡觉，以为是自己的课讲得不好，很没面子。你能不能给老师一个面子？"

儿子听了，从此上课再也不打瞌睡了。

孩子的最大问题是：拒绝改变。只要孩子产生了改进的意愿，行动起来，走出了第一步，以后一步接一步，也就顺理成章了。所以，无论要求多小，只要将孩子推动了，就成功了。

不要超出孩子的承受能力

一位妈妈扯着儿子的耳朵，厉声斥责了一番，又提出了一系列要求：每个错别字重写20遍，把语文书上的成语抄15遍，双休日待在家里背唐诗，每天还要练一个小时的毛笔字……儿子一听，傻掉了。他回头给妈妈提了一个要求："你老说带我去看姥姥。我可想姥姥了！妈妈我们去姥姥家吧，我在姥姥家一定好好写作业。"

妈妈感觉这个要求无法实现，对儿子的作业也没了追究的劲头。

许多爸爸妈妈平时没功夫管孩子，等发现问题了，着急了，觉得不管不行了，于是，将能想到的要求一股脑儿提出来。孩子记都记不住，怎么可能执行呢？

跟孩子一起制定目标

给孩子提要求时，不要武断地作决定，最好征求孩子的意见，达成共识，最后再定下来。

对父母决定的事，孩子迫于某种心理因素，可能会听从，执行时却会打折扣；孩子对自己参与作出的决定，更容易不折不扣地执行。

第62招

向孩子提要求的技巧之二： "二选一效应"

妈妈希望女儿认真完成学校发的暑假作业。根据以往的经验，女儿一定拖到开学前几天才匆忙应付差事。她故意对女儿说："我发现你在做作业方面好像有点困难，兴趣也不大。这样好了，我跟你们班主任的关系不错，假期我将她请来，给你补几天课，你的基础知识学扎实了，作业少做一些也没关系。"

女儿一听，吓得背心直冒冷汗，心想：请班主任来补课，开什么玩笑！平时像老鼠见了猫似的，躲还来不及，您还想将她请到家里来，岂不是引狼入室？

女儿说："我能完成作业，不需要老师补课。"

妈妈说："我感觉还是请老师补课的效果比较好。"

女儿施展浑身解数，说服妈妈打消请老师补课的念头，并且保证，一定提前完成作业。

妈妈好像快被说服了，说："那你制订个暑假学习计划给我看一下，我看可不可行再作决定，怎么样？"

以前都是妈妈替女儿制订计划，但女儿总是有办法扰乱计划。

女儿连夜制订了一份计划，将完成作业的时间定在开学前半个月。

妈妈说："假如你真的照计划执行的话，我看可以。不然我只好按我的方式办了！"

因为有"老师补课"的威胁，女儿不敢怠慢，果真提前20天完成了全部作业。

这位妈妈运用的就是"二选一效应"，也叫"二选一法则"。方法是提供一难一易两个选项，人们的倾向是避难就易，孩子也不例外，自然会选择容易的那个。

运用此法，有两个要点：

不要让孩子对目标产生歧义

一位妈妈问儿子："你愿意饭前洗澡还是饭后洗澡？"

儿子说："我今天不洗澡，身上不脏。"

一句话，破了妈妈"二选一"的计谋。接下来妈妈或许能用别的办法督促儿子洗澡，至少此招是失效了。

如果妈妈问儿子："你是饭前做作业还是饭后做作业？"

儿子就不能说："我不做作业。"因为那是他必须完成的任务。

妈妈在设计两个选项时，要充分考虑选项的合理性，一旦发生争议，等于失败了。

让目标可视、可行

不清晰的、不可行的目标，或许对孩子有一定引导作用，但因为可操作性不强，难以开展有效的行动。例如，一位妈妈对儿子说："你看人家小芳多爱学习，每天一回家就做作业，还帮妈妈做家务呢！你为什么不向她学呢？"

小芳是初中生，而这个儿子刚上小学三年级，两人虽然认识，但平时一般不打交道。他大言不惭地说："我是男人，才不跟这个'傻大姐'比。我读到初中的时候，比她强多了！"

妈妈能怎么说？二人原本就没有可比性，能说儿子的话不对吗？

另一位妈妈的做法聪明多了，她对儿子小启说："你是学生，学习是你的工作，成绩是你的业绩，不努力不行。追求上进，有两个好方法，一个是向高标准看齐，一个是从脚下起步。扬扬是你们班的第一名，如果你将他作为追赶对象，就是向高标准看齐。胖胖上次统考，排名高你一位，如果你将他作为赶超对象，就是从脚下起步。你打算以谁为目标？"

妈妈以为小启会选胖胖，那显然容易多了。没想到，小启说："胖胖那么笨，我才不跟他比。我要跟扬扬比，向高标准看齐！"

妈妈感到很意外，想了好一会儿，说："没想到你这么有志气，我真是小看了你！但扬扬很强，赶上他不是一天两天的事啊！"

小启说："那怕什么！毕业还有几年，到六年级时，我准能赶上他。不行我初中再跟他比，不信超不过他。"

妈妈对他的想法大加赞赏，还跟他探讨了追赶的方法。

从那以后，小启果真学得很努力，成绩进步也快，才一年时间，就迈入优生行列了！

小启为什么从不爱学突然变成爱学呢？后来妈妈总算弄清楚了：以前父母要他以学业优秀为目标，他却不知道学好了有什么用，所以没劲头。后来妈妈要他以同学为追赶目标，他觉得打败高手蛮有意思，所以一下子来劲儿了。

孩子的想法常常会出乎我们的意料，他们有时看上去不那么听话，不那么好学，但不等于他们放弃了追求。每个孩子都很有志向，因为追求进步是人的天性之一，只是他们暂时被某些不恰当的观念阻碍住了，不认为听话或好学是追求进步的好方法；一旦打通了观念障碍，可能会突然发生改变，像换了个人一样。而父母给孩子提供可视、可行的目标，可以帮助孩子理清思路，打通观念障碍。

第63招

父母要联手对付孩子的小计谋

孩子进入小学后，跟大孩子接触，智力增长很快，却没有建立起稳定的个人原则，不知道什么事该做，什么事一定不能做，比幼儿难对付多了！他们可能为了达到不合理的要求要尽手段，而最常见的手段之一是利用父母之间的教子理念、教子方法的差异钻空子，从中谋取好处。

一个男孩对妈妈说："明天我同学过生日，正好赶上星期天，我们约好一起去他家祝贺。"

妈妈一向鼓励儿子跟同学搞好关系，马上说："行啊！"

儿子说："大家都要送礼物，我也要送。"

妈妈问："送什么礼物？需要多少钱？"

儿子说："我跟明明合送一个蛋糕，总共一百元，一人五十。"

妈妈感觉五十有点多，犹豫了一下，还是答应了，又嘱咐他："你跟你爸说一下。"

儿子又单独去找爸爸，刚说要去给同学过生日，爸爸就问："你的作业怎么办？"

儿子说："我今天晚上做完，明天就没事了。"

爸爸没有异议。不过，听说送礼需要五十元，爸爸叫起来："什么？

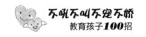

五十？你一个小学生，没有赚钱的本事，送张生日卡片就差不多了，送什么礼？别把习惯搞坏了！他们家要等你们买蛋糕，那就别给孩子过生日了！不行！"

儿子不慌不忙地说："妈妈已经答应了！"

爸爸气急败坏地跑来找妈妈，责问道："你怎么随便答应他给钱？你怎么知道他是用钱买了蛋糕还是乱花了？"

妈妈不甘示弱，大声争辩，于是，夫妻俩吵起来了。

许多夫妻为孩子的吵闹，一半是因为彼此看不惯对方的教子方法，一半是中了孩子转移矛盾的计谋，结果将孩子跟父母一方的矛盾变成了夫妻之间的矛盾。

其实，破解孩子的计谋很简单，只需变爸爸、妈妈、孩子的"三国纷争"为夫妻联手，共同收拾自家的"小坏蛋"。

确定最终决定人

今天提倡夫妻平等，但在家庭中，出现了"两头大"的局面，一个"董事长"、一个"最高执行官"，谁都可以独自作决定。孩子在幼儿时期，这种决策模式尚无问题，因为孩子很乖，谁说话就听谁的。当孩子会玩狡猾时，这种决策模式就有问题了。一人一个说法，孩子可以选择对自己有利的一个；假设两个选择都不利，那就谁的都不听，听自己的。

为了防止孩子钻空子，一定要确定最终决定人。对比较重要的问题，例如要钱，去同学家玩，向学校请假，改变学习安排、作息时间，等等，不是谁说了都算数，一定要最终决定人拍板才有效。谁是最终决定人呢？可以是父母一方，那么另一方的意见只能算建议而不是决定；也可以父母共同商量，那么单方的决定无效，两方达成共识才能形成决定。

父母有分歧时，别在孩子面前争吵

相吵无好话，在孩子面前争吵，影响父母的形象和在孩子心中的威信。而且争吵时，必然有许多不成熟的想法乃至错误的见解，可能对孩子产生误导。

意见有分歧时，不妨避开孩子，冷静地沟通，彼此将想法说出来，权衡利弊，最后选择比较有利的折中方案。

父母相互尊重，不要轻易否决对方的决定

父母总希望孩子好，作出决定时，一定有某个有利于孩子的想法，即使有不当之处，好的一面还是值得肯定的，与其一口否决，不如思考一下，是否有更好的替代方案，可否将原方案修改得更合理。例如前文故事中的妈妈，希望孩子搞好同学关系，这个想法并没错。假设孩子之间已经形成了互过生日、互赠礼物的风气，虽然不尽合理，迁就一下也未尝不可，"入乡随俗"嘛！但爸爸的担心也不是没有道理，孩子也可能多要钱，留给自己花。撒谎的行为就不能鼓励了！那么，不妨打个电话，向儿子所说的同学确认一下：是否约定合买蛋糕？各人付多少钱？假如找不到电话，可以买一个一百元的蛋糕给儿子送礼，而不是直接给钱。至于同学该付的五十元，要回来也行，要不回来也没关系。宁可多花钱，也不鼓励孩子撒谎。儿子见父母办事这么认真，以后也就不敢怠慢了！

总之，凡事都有多种解决方法，不是非此即彼，只要父母之间相互尊重，总能找到妥善的解决办法。

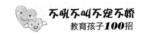

第64招

生气也是一种高效的沟通方式

女儿一回到家，就大声抱怨："我无法打棒球，我没有衬衣！"

按以往的经验，妈妈准会帮她解决问题。

不料，妈妈却板着面孔说："我很生气！我真的很生气！我给你买了六件棒球衬衣，你不是放错了地方，就是弄丢了。你的衬衣应该放在你的抽屉里，这样，当你需要的时候，你就知道该到哪儿找到它们了。"

女儿听了，大气儿也不敢出，马上跑到朋友家里和体育馆的衣帽间，找回了她扔在那儿的衬衣。从这天起，她也学会了怎样管理自己的衬衣。

对孩子的一般性事务，例如收拾房间，收拾文具，收拾自己的生活用品，等等，父母早就告诉过他们正确的处理方法，而且说过不止一次，可能说过十次、百次。但孩子还是我行我素，按他们觉得最顺手的方式办理，根本不考虑是否糟蹋钱，是否会给父母添麻烦，等出了问题，再来找父母解决。那么，再给他们重复十次、百次，大概也没有什么效用，不如发一次火，加强一下刺激，或许还能起点作用。

父母有权真实地表达气愤

生气是情绪的感冒，父母也会"感冒"。生气了，可以憋在心里以表示风度，也可以真实地表达出来。孩子对一个"原形毕露"的父母，可能比对一个道貌岸然、高深莫测的父母更觉得亲切些，那至少可以让孩子清楚地了解父母的原则，比费神去猜省心多了！

不翻旧账，不东拉西扯

妈妈生气地对儿子说："你为什么又没带课本？忘了？上次你也说忘了，还有上上次，你缺心眼吗？连课本都忘了！学生的课本，就像战士的枪，不带枪上战场，那会怎么样？你都死好几回了！"

"我不还活着吗？"儿子嘀咕道。

"什么？"妈妈更生气了，"你还敢顶嘴，一点自我反省的意识都没有！做错了事不打紧，改过就好了。你屡教不改，还不是错上加错？上次也是，迟到了，刚挨了老师的批评，谁知第二天又迟到了，害得我向老师赔尽了小心……"

许多父母尤其是母亲，在批评孩子时，喜欢翻旧账，将几年前的事都扯出来说一通；又因为生气，说话没条理，东一句、西一句，不知说到哪里去了。这不过是在扔"语言垃圾"，将孩子当垃圾桶了！

对事不对人，不贬低孩子的品格

儿子独自在家时，跑出去玩，忘了锁门，结果家里被盗了。父亲大怒，斥责说："你是个最不负责任的人，每天除了玩，什么都不用心！"

指出孩子某件事的失误，不要紧；贬低孩子的人品，那会大大挫伤孩子的自尊心和自信心。

不要骂人，更不要诉诸武力

打骂孩子，不一定能纠正孩子的错误，反倒可能强化孩子的错误，因为受逆反心理支配，孩子的行为可能会变本加厉。有一句话说得好，"药物不应该比疾病更糟糕"。如果治病的药能毒死人，还是不吃的好。孩子犯错，等于染病了；父母的生气，以及语言的教诲，如同药物，要有益于痊愈才行。打骂显然不是良药。

此外，打骂是惩罚孩子最厉害的手段，保留这种手段比施展出来好。为什么呢？最让人们害怕的不是经历过的事物，而是未知的事物。没有挨过打骂的孩子，更畏惧打骂；等挨过了，发现不过如此，也就无所谓了。于是，父母从此就失去了一种威慑手段。

学会转化责任

孩子初生时，没有任何行为责任能力，孩子的事都是大人的事。慢慢地，孩子能力增长了，有了一定的负责任的能力，但父母和社会赋予他们责任的进度滞后于他们能力增长的进度。许多孩子读到小学高年级了，还认为读书是帮大人读，做家务是帮大人做，甚至吃饭都是帮父母的忙，看在父母的面子上，勉强吃一碗；只有玩才是自己的福利。他们这种思想以及表现出来的行为，够让父母生气的。不过，在生气的同时，也要明确地告诉他们：这是你的事，不是我的事。当孩子作出某个决定，要告诉他：这是你自己作出的决定，要对自己的决定负责。父母将责任慢慢转交给孩子，孩子养成了为自己负责的意识，正是自立的开始。

第65招

✿ 不要跟孩子进入争吵状态

一个男孩将玻璃杯翻滚着抛起来，又灵巧地接住，他觉得这个游戏很有趣。爸爸看见了，提醒他说："别那样玩，你会把杯子打碎的！"

男孩说："不会！"不料，说话时一分神，没接住，杯子掉在地上，碎了。

爸爸怒道："你真是个笨蛋！叫你别玩你偏玩，现在杯子碎了，你高兴了！"

男孩不服气，心想：不是你跟我说话，我才不会打碎。他回应说："你也是笨蛋，你打碎了妈妈的茶杯。"

爸爸更生气了："什么？敢骂我笨蛋，你皮痒了吧？"

男孩说："你先骂我笨蛋的，我跟你学的。"

父亲气冲冲地走过去，想教训他一下，男孩转身跑到外面的场地上。父亲冲出去，眼看快抓住儿子了，不料地上的草皮很滑，他一失脚，扑倒在地上。

儿子哈哈大笑，跑掉了。

争吵是一种很糟糕的状态，因为争吵无益于讲清道理，无益于解决问题，只能陷入一团混乱。所以，在争吵中，没有赢家。

父母应尽量避免跟孩子陷入争吵状态，那除了损害父母的权威，没有任何益处。我们不妨看看那些优秀的领导者，他们可能平易近人，也可能不苟言笑，但他们几乎不跟员工争吵；遇到可能发生纷争的事，他们也会让别人

代劳，自己尽量不出面。这是他们保持权威的方法之一。假设他们天天跟员工争吵，威信就一点都没有了！

父母是家庭的领导者，跟孩子争吵一次，威信就丧失一点，多吵几次，差不多就跟孩子吵成"平级干部"了。

当发生意见冲突时，怎样避免跟孩子争吵呢？三招可以帮你摆脱尴尬的局面：

第一招：沉默

父母的沉默远比大声嚷嚷更让孩子敬畏。只要开口，就能透露出信息。例如故事中的爸爸，当他骂儿子"笨蛋"并试图动粗时，孩子可以看出，他已经黔驴技穷了，就这么两下子，没什么可怕的。反之，当父母保持沉默时，孩子由于不知道父母的底牌而感到无穷的压力，尤其是父母突然沉默下来时，孩子的压力更大，意志将受到动摇，甚至不战自溃。

第二招：询问

询问可以用在两个方面：一是了解情况，这是积极的询问；二是折服孩子，这是防御性的询问。

当我们讲出自己的观点时，哪怕讲得像孔子一样好，孩子都能找到反驳的词语，没有正理可以用歪理，没有歪理可以胡搅蛮缠。假设孩子像斗鸡似的，很想争辩一番，对他讲道理已经没用了，不妨采用询问的方式，让孩子讲。说得越多，错得越多，最后孩子往往是自惭形秽，讲不下去了。

一位爸爸批评孩子学习不认真，孩子不服，说："学了也没用，还不是高分低能。"

爸爸一看，他已经打算不讲道理了，那就没什么好讲了！于是问："原来你喜欢做有用的事，对吧？"

孩子说："对！"

爸爸问："那你不学习，有什么用呢？"

孩子说："我可以将时间花在有用的事情上。"

爸爸问："你打算将时间花在什么事情上呢？"

孩子摸了半天脑袋，说："我还没有想好。"

爸爸问："原来你是打算想好以后再干。没想好之前，你打算既不学习，也不干别的，让时间白白浪费过去，对吧？"

孩子不做声了。

爸爸问："你觉得是跟老师学点什么更有用呢，还是干耗时间更有用呢？"

孩子犹豫着说："那当然学点什么更有用。"

爸爸问："你说你喜欢将时间花在有用的事情上，在没有想到更有用的事情之前，为什么不学习呢？"

孩子哑口无言。

没有人经得起这样的盘问，最后一定会被问得自相矛盾，无言以对。当孩子不打算听父母讲道理，而是想争辩一番时，用询问法，可以迅速平息争论。

第三招：大喝

当父母跟孩子讲道理，而孩子拿出各种歪理胡搅蛮缠时，继续纠缠下去，已经没有任何意义了，这时，不妨将声音突然提高八度，大喝一声。例如："闭嘴！不要胡说！""你知道你在说什么吗？"诸如此类。一声断喝，往往能将孩子震住。但不管有没有效，大人都不要再说下去了。可以掉头做别的事，也可以转身离去。假设孩子真的是不明事理，以后可以找个合适的时间，告诉他，你发火是因为他在诡辩，并指出其逻辑的错误。这样，有助于孩子提高认识，又能改善他好争爱辩的坏习惯。

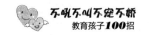

第66招

不要指责遭到挫败的孩子

当孩子遭到挫败时，情绪受伤了，心里很疼。对一个受伤的孩子，作为父母，该怎么做呢？假设父母知道孩子受伤了，即使不能表现得很恰当，至少不会表现得很不恰当。不幸的是，很多父母只能看见孩子身体上的伤害，意识不到孩子心灵的伤痛，因此会在孩子的伤口上撒盐。

盼盼满怀信心地竞选班长，不料落选了，心情很不好。他觉得当面向妈妈谈论这件事，有点难于启齿，因为妈妈一直热心地帮他准备竞选稿，像他一样对竞选成功充满信心。于是，他给妈妈打了一个电话，说："妈妈，我失败了！"

妈妈说："怎么搞的？"语气中颇有责备之意。

盼盼鼻子一酸，低声说："我也不知道啊！"

妈妈说："你看看你，这学期开始退步了吧？其实我早有预感，你不像以前那样努力了，比如某件事，还有某件事，都做得不好。你以前可不这样，说明你的心态变了，应该好好反省一下了！"

盼盼放下电话，一个人蹲在角落里，哭了。

在以后的几天，盼盼变了，原本阳光的他，变得情绪低落，上课心不在焉，下课独自待在一边，不像以前一样跟同学玩耍。同学议论说他"赢得起输不起"，这使他的心情更糟。

其实，真正"赢得起输不起"的是盼盼的妈妈，她太看重一次的成败了，不知不觉间，使儿子伤上加伤。

孩子经常会遇到挫败，例如考试失败，犯错挨批评，乃至跟同学吵架吵输了，都会使情绪受伤。父母应该怎样对待一个受伤的孩子呢？

正视问题

问题摆在眼前，不管我们高兴也好，生气也好，它就是这样。假设我们害怕问题，试图逃避，就会表现出急躁的情绪。父母的急躁情绪必然影响孩子，甚至伤到孩子。

不如正视问题，接受问题——是的！它已经发生了，我来想想看，怎样让事情变好一点？怎样不让问题恶化？

这种冷静的态度，对孩子来说也是一支"镇静剂"，可以使伤痛变得不那么痛。

让自己高兴起来

孩子的抗挫折力有多强，有时候取决于父母面对挫折的态度。孩子的不良情绪，很大程度上来自于对父母的态度的猜测。有的父母，看见孩子打碎一个杯子，就像打折一只胳膊一样大惊小怪，看见孩子一门功课没考好，就像失掉了一半人生一样焦急不已，那么，心理素质再好的孩子，也难免惶惶不安。

我们要想抚慰孩子，首先要让自己高兴起来——这没什么大不了，不过是生活中的一个小插曲，不过是人生长河中的一个小浪花。"不经一事，不长一智"，让孩子多经点事，长点见识，不是坏事。

"我会和你在一起！"

孩子对父母的态度的担心，远远大于对事情本身的不快——爸妈会怎么看我？会不会对我失望？会不会……

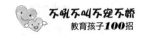
父母该怎么做呢？应该让孩子深信：爸爸妈妈永远和你在一起！

有一个孩子竞选班干部失败时，他的妈妈表现得很聪明。接到孩子的电话后，她马上想到了孩子此时的心情，她说："宝贝儿，恐怕你现在心情不太好。别担心，好演员不愁找不到舞台，好孩子输了也可爱。妈妈永远对你有信心！"接着，母子俩聊得很轻松。最后，妈妈说："早点回来，妈妈在家等你哦！"

不要假惺惺地赞美

一位妈妈对语文成绩不及格的孩子说："你这次没有发挥好，刚好遇到了你不会做的题目。下次你一定可以考好。"

对孩子寄予期望，没有错，但孩子需要正视自己面临的问题。成绩不及格，肯定不是因为运气，而是学习态度、学习方法有什么问题。当孩子受伤时，没有必要急于追究这些问题，但也没有必要故意掩盖这些问题。

让孩子变得更好

当孩子受伤时，不需要教训，只需要抚慰。当孩子伤愈后，有必要让他清楚受伤的真正原因。例如，可以将那次的经历当作一件趣事，跟孩子聊一聊，看看他有没有认识到问题所在。假设没有，可以给孩子指点一番。以后，孩子就知道怎样做得更好了！

有一位爸爸做得很聪明，当他看了儿子的成绩单后，不声不响。以后几天，他一直没有表态，儿子反倒有点忐忑不安，希望事情尽快做个了结，或者就这样过去算了。

星期六，爸爸不上班，对儿子说："我猜你肯定不喜欢成绩单上的分数，对吧？"

儿子点点头。

爸爸说："你想知道分数是怎样产生的吗？我来跟你做个小游戏吧！"

爸爸拿出一张白纸、一支笔，在纸上画了一个圈，在圈中间写上"语文

60分"，然后让儿子自己找原因。儿子说了几条，如"上课不专心听讲"、"做作业不认真"等等。父亲在圈外拉出一条条线，将原因一一写在线上。父亲又提示："不懂的问题，你向人请教吗？""遇到难题，你是怎么解决的？"这样又找出了几条。

最后，爸爸说："我看这幅图案倒是蛮漂亮的，你留着吧！原因你都清楚了，该怎么做，我想你心中有数。学习是你自己的事，只能由你自己解决问题。"

从那以后，孩子有了努力的方向，学习进步很快。

我们的根本目的，不仅要让孩子快乐，也要让孩子成长。该呵护时呵护，该指导时指导，孩子就能真正快乐成长了！

第9章

不吼不叫，培养孩子的好习惯

　　训子千遍，不如培养一个好习惯。人是惯性的动物，一旦好习惯养成了，想变坏都难。何况没有哪个孩子天性喜欢变坏。让孩子养成好习惯，如同将他领上了一条直道，未来可以展望。

第67招

培养孩子"自我教育"的能力

孩子在慢慢长大。孩子长大的标志是：从接受教育转变为自我教育。所谓自我教育，即人们将教育者的教育要求消化吸收后，变为自己的理念，并用自己的理念指导自我行为。著名教育家苏霍姆林斯基说："只有能够激发学生自我教育的教育才是真正的教育。"但我们今天的教育模式，强调教育而不注重自我教育的培养，许多孩子成年后还长不大，还习惯于听命行事或乱打乱撞，不能正确有效地决定自己的行为。

父母为了让孩子的翅膀尽快硬起来，只能给孩子补课，提高孩子自我教育的能力，养成主动管理自己的习惯。

发现孩子自己做主的迹象

孩子从婴幼儿时起就有自我教育的意向，当他们的行为受到大人的称道时，他们可能有意无意地重复类似的行为。实际上他们是在按"正确"的方式指导自己。6岁以后，孩子的自主意识增强了，学习能力也增强了，自我教育的积极性更高。但父母可能意识不到这一点，会剥夺他们自主的权力，从而打击他们自我教育的积极性。

一个一年级的孩子看见高年级的大哥哥、大姐姐们都是自己背书包，就对送他上学的妈妈说："我自己背书包。"

妈妈说："你还小呢！妈妈帮你背。"

孩子说："我要背。"

妈妈说："你背着书包走不快，迟到了要挨老师批评的。"

孩子就不再坚持了。

这个孩子从大孩子的行为中看见了正确的方式：自己背书包。于是，他作出了一个正确的决定，但他的决定却被妈妈连哄带吓否决了。当他的决定一个个被否决时，他可能不再相信自己能作出正确的决定，从此习惯于听命行事。

假设妈妈发现了孩子主动要求背书包是一个好的现象，应该答应他的要求，先让他尝试。假设发现他背不动了，或者上学时间不够了，再帮助不迟。

理解孩子幼稚背后的心理动机

小冬的同桌因为上课搞小动作，挨了老师一教鞭。小冬也没有专心听讲，所幸没有被老师发现，庆幸之余，又捏了一把冷汗。放学后，他对妈妈说："我讨厌算术。"

妈妈说："宝贝儿，算术是一个门主课，非得认真学习不可。"

其实，小冬的话有双重的含意：一方面，表达了对受惩罚的担心；另一方面，表达了对老师打学生的否定。但妈妈并没有听懂他的心声，简单地作了结论，也挫伤了孩子独立思考的积极性。

孩子的表达能力不足，有些情况未必能够如实表达，因此他们的话可能词不达意。作为父母，千万不要轻率下结论，不妨试着了解孩子的真实想法，再根据情况加以疏导。

唤醒孩子成长的正能量

小丽读小学二年级，爱说爱笑，十分乖巧。一天，她起晚了，眼看就要迟到，心里很着急。因为按班主任的规定，迟到了要罚站五分钟，那多丢脸啊！当她看见茶几上新摘的橘子，心生一计，拿了几个放在书包里，匆忙赶

到学校。喊了"报告"，不等老师开口，她马上掏出橘子，送给老师，一脸诚意地说："我家果园的橘子成熟了，我想摘几个给老师尝尝鲜，不小心耽误了时间。"

老师从未遇到过这种情况，一时不知如何处理，就说："橘子你自己留着，坐到你的座位上去吧！"

下课后，老师一想：小丽小小年纪，哪会这一招？准是大人教的。此风不可长，有必要说道说道。于是，老师打电话将这件事告诉了小丽的家长，还说不应该教孩子"贿赂"老师。

小丽的爸爸大吃一惊，说："我家没有贪官也没有奸商，我和她妈妈都不擅长这一套，怎么会教她呢？"

孩子的学习能力超乎大人的想象，他们完全可以将一些零碎的知识整合起来，变成行为指南，但由于他们的是非分辨能力不强，所以需要成人加以引导。但成人为了让孩子远离错误，可能矫枉过正，限制了孩子的学习能力。

有一位妈妈追求完美，孩子做任何事，她都能看见不足，并加以纠正，有时还会加以指责。孩子为了避免犯错，只想采用最安全的做法而不愿尝试新事物。有一次，老师要求学生给书上的白描图画填上自己喜欢的颜色。原本是很简单的一件事，这个孩子却说："我不会。"无论老师怎样劝说，他都拒绝动手。

很显然，这个孩子的潜能遭到了严重的压抑。这虽然是一个极端的例子，但我们很多父母，的确弱化了孩子的角色。

对孩子的行为作出恰当的反馈

孩子的行为，都会带有一定倾向，有时表现出了自我放任的特性，有时表现出了自我教育的特性。我们当然不宜事事干预，但是，对某些可能决定孩子发展方向的行为，则应作出恰当的反应，或者限制，或者鼓励。

例如，一个孩子体贴妈妈的辛劳，放学后主动打扫卫生；一个孩子讨厌做作业，主动打扫卫生以消磨时间。很显然，对前一个孩子的行为应该加以鼓励；对后一个孩子的行为，也不宜轻率打击，可以就事论事，肯定他打扫卫生的行为，同时要求他按时完成作业。

父母的恰当反馈，也让孩子从中学到了自我教育的方法。

用正确的道理适时引导

爸爸送给元元几条漂亮的小金鱼。元元很喜欢这几条漂亮的小东西，不时地用手拨弄，还将它们捞出来，放在桌子上，看着它们蹦蹦跳跳。妈妈看见了，说："金鱼靠水呼吸，就像我们人靠空气呼吸一样。所以，'鱼儿离不开水'。你把嘴巴、鼻子捂住，不呼吸试试。"

元元捂住嘴鼻，才一会儿就松开了手，说："很难受。"

妈妈说："小金鱼现在就是这种感觉。"

元元听了，赶紧将金鱼放回了鱼缸。

当我们认为孩子在做错事时，孩子自己不一定意识到自己错了。我们将正确的道理告诉了孩子，并且让孩子真正理解了，孩子自然知道用正确的道理指导自己的行为。这样，孩子才真正获得了自我教育的能力。

第68招

让日记伴随孩子成长 ✳

　　莹莹读二年级时，妈妈送给她一个漂亮的日记本，并且跟她约定：每天临睡前，思考一下一天的经历，写下一句特别想说的话。可以记录高兴的事、不开心的事、有趣的事、丢脸的事，总之，只要是自己想写的，都可以。

　　莹莹问："写两句可以吗？"

　　妈妈说："写多少都行，但每天不少于一句。"

　　妈妈还特别交代："你的小心思可能不想让别人知道，你可以把它们锁在抽屉里，谁都看不到。"

　　从此，莹莹每天写日记。有时写一句，有时写一段。慢慢地，她养成了写日记的习惯。写满一本后，妈妈又送给她一个更漂亮的笔记本，还送给她一个漂亮的木箱子，收藏她的笔记本或其他爱物。

　　五年级时，写日记的好处显示出来了，莹莹的作文写得很好，经常被当作范文，被老师拿到班上念。有时候，六年级的老师也拿她的作文当范文，念给学生听。

　　其实，写日记不仅能锻炼写作文的能力，还有不少好处：

养成反思的习惯

青少年是初升的太阳，目光瞄着未来，一般没有回顾的习惯，这不利于总结经验教训。日记是记录当天的经历或心情的，为了写日记，自然需要回顾一天的所作所为、所思所想——对好的经验重温一遍，有利加深记忆；对不足之处反省一遍，有利于汲取教训。

调适情绪

有时候，遇到不开心的事，难以畅怀，憋在心里，不如发泄在纸上。心理学家早就发现：将不愉快的事写出来，是一个疏导情绪的方法。此外，在写的过程中，头脑相对比较冷静，有利于发现情绪来自哪里、是否存在观念的误差，对提高心理素质大有好处。

记录成长过程

每个人都会经历许多重要事件，例如品尝到成功的欣喜，挨老师的批评，跟同学发生矛盾，跟父母顶嘴，等等。这些事件往往具有典型意义，反映了当时自己的知识水平、经验阅历以及价值观念，不记下来，很快就淡忘了；记下来后，为自己保存了重要的"历史"资料。许多名家写回忆录，依靠的就是当年的日记。即使不是名家，有了大量日记，等于为未来积累了一笔宝贵的精神财富。闲时翻一翻，看看当初的想法是多么幼稚，看看当初是怎样为一件鸡毛蒜皮的小事心神不宁，自然乐在其中，还能悟出许多新意。

对于孩子的日记，父母应该知道一个规则：尊重孩子的隐私。千万不要去翻看。假设孩子知道父母翻看了自己的日记，即使不心急上火，以后写日记时，自然会留点神，把可以给人看的粉饰一下，不可以给看的坚决不写，那么，日记的价值就大大缩水了！

第69招

教孩子从"拖拉王"变成时间的主人

芳芳毫无时间观念，做事拖拖拉拉，起床、穿衣都要半天，刷牙、吃饭总是磨磨蹭蹭，眼看就快迟到了，妈妈心急上火，她却一点儿也不急。尤其是做作业，明明20分钟可以写完的作业，非要拖上2个小时，气得妈妈想发脾气，好歹先揍她一顿再说。

在小学生中，像芳芳一样的"拖拉王"不少。有些中学生也是这样，做事全无紧迫感，能拖一时算一时。甚至有些成人还没改掉拖延的习惯，该今天办的事，非得推到明天，明天又推后天……这都是因为没有养成管理时间的习惯。

怎样让孩子从"拖拉王"变成时间的主人？

将时间管理权移交给孩子

有些父母将孩子的时间管理权抓在手中，吃饭催，睡觉催，上学催，做作业催。孩子读到二年级还不会认钟表，因为没必要，父母就是他们的"活闹钟"。他们好像不是在为自己学习和生活，而是在为父母打工，而且永远不担心会被炒鱿鱼。那么，他们的消极怠工也就不难理解了。

父母应该将时间管理权交给孩子，第一步当然是学会看时间，第二步是学会遵守规定。例如，早上7点钟起床，自己调闹钟，自己穿衣服，大人不插手，假设迟到了，该挨批评，自己受着；做作业，规定几点钟完成就几点钟完成，大人最多提醒一下他别忘了时间。一般来说，"责权不分家"，权力移交到了孩子手中，责任也同时移交了，孩子有了责任意识，管理时间的主动性就强多了。

科学看待孩子的时间管理能力

孩子毕竟是孩子，他们管理时间的能力，取决于自身的客观状况。心理专家们发现，在没有进行生活习惯培养的情况下，7岁左右的儿童的静态注意力，即安静地坐着的时间，大部分都在7—15分钟左右。假设从幼儿时开始进行训练，例如对着镜子静坐一分钟，则可延长静态注意力的时间。孩子在受到多个目标的引诱下，例如玩耍、吃零食、看电视等，其注意力很容易被分散。这是孩子能将20分钟的作业拖到2小时的原因，一会儿吃点零食，一会儿喝点水，一会儿幻想跟小朋友玩耍的情景，看似坐在桌旁，实则心不在焉。

父母只盯着一个目标：做作业。不考虑孩子难以保持长时间注意力的客观情况，逼着孩子一直埋首在作业堆中，做完了才可以收工。看见孩子松懈，就不时提醒，这只会更加分散孩子的注意力；而且孩子会把功课当成负担，急于摆脱，更是心慌意乱、魂不守舍，即使勉强约束自己，作业也是错误百出。与其这样勉为其难，不如教给孩子如何合理安排时间。例如，将作业分解成几个部分：第一个部分花多长时间，然后可以自由活动多长时间，让孩子做想做的事；接着做第二部分……这样，孩子的效率就高多了。

给予精神鼓励

当孩子受到激励时，热情焕发出来，注意力可以大大增强。美国哥伦比亚大学的心理学家做过一个实验：让400名小学一年级学生参加了一个考试，然后对所有孩子都说他的成绩很好。在表扬孩子成绩的时候，研究者对一些孩子说："你很聪明，你的考试成绩非常好。"对另一些孩子则说："你很努

力，你的考试成绩非常好。"

几天后，这些孩子又参加了一次考试，这次，研究者告诉孩子们，他们的成绩不如上次的好了。面对这样的结果，那些曾因为"很努力"而受到表扬的孩子表现出了很好的控制力并且愿意接受挑战，因为失败对他们来说只是意味着"还不够努力"。而那些因为"很聪明"而受表扬的孩子则显得缺乏对失败的忍受力，因为他们认为失败意味着"我笨"。

父母在评价孩子时，也可采用"强调努力法"。例如，孩子拖拖拉拉，无法在规定的时间内完成任务时，不要说"你不爱学习"、"你不负责任"、"你的时间观念不强"、"你的自控能力太差"之类的话，因为在孩子的观念或潜意识中，这都是很难改变的情况；不如说，"你不够努力"，"你没有把自己的能力发挥出来"，因为"努力"、"发挥能力"可以由自己掌握，而且随时可以改变。当孩子认识到一切可以通过努力改变时，管理行为、管理时间的自主意识自然增强了。

激励孩子向小目标冲刺

妈妈让平平写作业，平平磨磨蹭蹭，找文具就花了十几分钟；写不了几分钟，借口喝水，又花了十几分钟。

妈妈说："你能不能抓紧一点？"

平平振振有词地说："我水都不喝，怎么写作业？"

这样拖来拖去，花了一个多小时，作业完成了还不到一半。妈妈气急败坏，冲出来找爸爸出气："你从不过问儿子的作业，好像儿子是我一个人的。"

爸爸一想，真该管管儿子了。他拿着表，走到儿子身边，看了一会儿，将表放在桌上，将儿子剩下的作业勾出一半，说："你试试看，完成这几道题，最多需要多长时间。"

平平面临挑战，精神大振，只用了八分钟就完成了，写得又快又好。妈妈吃惊得瞪大了眼睛，她做梦都没想到儿子竟然有这么大的能耐。

爸爸说："真是小瞧了你！剩下的题目，八分钟时间，你有没有信心完成？"

儿子说："没问题！"结果，还不到八分钟，他就完成了。

　　孩子尤其是男孩子，喜欢对抗性活动，或者说，喜欢有输赢的活动。平时做作业，无所谓输赢，所以提不起劲头；一旦眼前出现了清晰的目标，如同战士打冲锋，可以爆发出最大的勇气和最大的能力。所以，与其在身后推着孩子往前跑，不如给他一个小目标，让他主动向前冲锋。运用这个方法，还有一个额外的好处：孩子可以清楚地知道自己在单位时间内能干多少"活"，不仅增强了自信心，管理时间的能力也提高了。

先易后难定"家规"

没有规矩，不成方圆。孩子的习惯好不好，很大程度上取决于规矩是否合理，以及是否如实执行规矩。

一些在教子问题上发生障碍的父母，有些是没有给孩子立下规矩，管到哪算哪；有些立了规矩，最后不知什么原因，全告失效。

怎样给孩子立规矩并且保证孩子会执行规矩呢？下面是一位妈妈的成功教子经验：

先给"野马"系上"缰绳"

孩子上小学后，有些习惯得改一改了。改习惯要从立规矩开始。王女士认为，孩子适应变化的能力弱，不能逼得太急，得一步一步慢慢来，先从最紧要的事做起。第一步是跟学校接轨，学校的作息时间、课程安排、家庭作业这几项，不能违反。因此，她给孩子定的规矩是：每天七点起床，半小时内完成洗漱、吃饭等事儿，七点半准时出门。到了学校自有规矩，不必另行规定。放了学，先玩一会儿，饭后可休息半小时，然后做作业。假设有作业的话，必须九点之前完成，九点半到十点之间一定要上床睡觉。

至于别的方面，暂时就不作规定了。

由于规矩简单合理，孩子没有抗拒的理由，加上父母严格督促，所以孩子执行得很好。

定规矩不是非得一次性拉出一套范本不可，先把最紧要的事做好，别的可以看情况再说。有个成语叫约法三章，刘邦用三条法律管理一个大国，显然不够，但在一个大家都藐视法律的时代，能执行三条法律就是进步。等"三章法"深入人心了，后来又推出"九章法"。管孩子也可照此办理，先用简单的规矩，给"野马"系上"缰绳"，至于调教，有的是时间，不用着急。

扩大行为规范的范围

过了几个月，孩子基本适应了小学生活，对规矩也执行得很好，王女士决定增加家规的内容。一些孩子能自己做的事，都交给孩子自己打理。例如，自己穿衣服，自己整理书包、书桌，自己掌握时间而不再靠父母提醒。这些事孩子做得了，也愿意主动承担，所以执行得比较顺利。

当孩子习惯了接受约束，那就好办多了，在基本规则的基础上增加一些合理的规定，孩子一般不会产生抵触情绪；即使有所不满，也容易克服。

但此时仍不宜将所有行为都加以规范，否则，一旦孩子接受不了，反倒会使规则失效。

在细节上耐心打磨

在大的方面定下规矩后，王女士逐步在细节方面对孩子加以规范。例如，看电视不得超过两集；上网必须先请示妈妈或爸爸同意，而且不得超过半小时；未经爸爸妈妈允许，不得随便外出。

好习惯的养成，离不开细节上的打磨，而打磨细节，却又是一件相当困难的工作，那就像生产商将产品质量提升一个等级。所以不能着急，只能耐心打"持久战"。对孩子易于实行的，则优先进行规范；不易实行的，视情况而定，暂时放一放也没有关系。

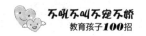

第71招

灵活执行规则，允许合理的通融

一位爸爸为了鼓励孩子自立，要求两个女儿每天除学习外，还要练习钢琴和做一些家务，例如整理床被，摆放餐具，饭后洗碗，清理游戏室，等等。每周孩子完成所有家务后，可以获得一美元奖励。在空闲时间，孩子可以看电视；但是，如果不能选择好的电视节目，就不能看电视。爸爸还让女儿们明白：她们的意见会得到尊重，但不意味着在所有事情上都有平等的发言权。爸爸和妈妈一起给孩子们制定了清晰的规则，共同督促执行，在执行时并不僵硬，保留着一定的通融空间，假设女儿们的要求合理，她们可以不做某些规定的事。

这对爸爸妈妈是美国现任总统奥巴马夫妇。

父母给孩子制定规则不难，难的是在执行时，总会遇到许多客观或主观情况的干扰。僵硬地执行规则吧，有点不近人情，孩子受到的影响可能是使性格偏执，缺乏变通；不执行规则吧，孩子可能会借故逃避一些该做的事，最后规则之墙会被孩子拆成一片空地。怎样执行规则又保留合理的通融空间呢？

看到孩子要求的合理之处

爸爸给孩子的规定是下午六点半吃晚饭，休息十五分钟后做作业。一天，孩子说："我现在不想吃饭。"

爸爸问："为什么？"

孩子说："不知道。"

爸爸问："那你什么时候做作业呢？"

孩子说："吃过晚饭再做。"

爸爸拿不准，他是因为身体不舒服，以至于不想吃晚饭和做作业，还是因为不想做作业，连晚饭都不想吃了？

爸爸耐心问了一下，没发现有什么异常；用嘴唇碰碰孩子的额头，有点烫，用体温计一量，有点发烧，根据经验，是感冒早期的症状。于是，爸爸让孩子喝了一大杯白开水，吃了半包板蓝根，然后让他去睡了。至于作业，只好明天代他向老师解释了。

孩子会因为疾病、身体疲劳、心理受伤、临时事务等原因不能或不愿完成日常任务。当规则受到挑战时，父母要保持头脑冷静，弄清原因，再酌情处理。无论客观原因还是主观原因，只要孩子的要求有合理之处，父母就要慎重对待，陪孩子一起渡过难关。等"过了这个坎"，再恢复原来的规则。

尊重孩子自己的生理与心理节奏

军军上体育课时，踢了一节课球；放学时，又跟同学在小区的场地上疯玩了一会儿，回家时感到有些疲乏。妈妈让他去洗澡，他感觉洗澡是一件特辛苦的事，有点畏难情绪，就说："我饿了，吃饭后再洗澡。"

妈妈说："不行，你身上臭烘烘的，先洗澡再吃饭。"

军军不干，坚持先吃饭再洗澡。妈妈说："饭后一小时内不能洗澡。"军军说："那就等睡觉前再洗澡。"妈妈惊叫起来："你想带着一身臭味拖到那时候，家里人还不给你臭死了！"

但无论妈妈怎么说，军军都不干，气得妈妈想把他扔到澡盆里去。

每个人都会遇到生理或心理的疲乏期，这时候，人会变得比较慵懒，稍稍消耗体力的事都不愿做。勉强去做什么，好比疲劳驾驶车辆，容易出事故，不如歇着，等疲乏期过了再说。上例中的军军显然遇到了疲乏期，而洗澡是

一个体力消耗较大的活，他不愿意洗澡，情有可原，硬逼着他去干，不如让他躺下歇一会儿。孩子的体能恢复快，疲乏很快就会消失。再说，饭前洗澡和睡前洗澡，差别其实不是很大，身上有点汗味，也没什么大不了，听孩子一回，有什么关系呢？

商量一个折中的替代方案

星期天，孩子对妈妈说："我的作业提前完成了，我下午要猛看《猫和老鼠》，给自己一个奖励。"

妈妈心想：都知道给自己奖励了！准是看网文看的。

原则上她不反对孩子自我奖励，但她平时给孩子的规定是：看电视不能超过两集。孩子竟想看一下午电视，规矩还要不要？

她说："要不我给你通融一回，看四集，怎么样？"

"不行！四集太不过瘾了，我要一直看到六点。"

"长时间看电视，损害眼睛。要不这样，你每看两集，休息一小时，去做点不伤眼睛的事儿，比如玩橡皮泥，打扫房间。这样我就让你看到六点。"

孩子说："看两集休息半小时。"

妈妈同意了，还说："你可要自觉遵守约定喔！"

孩子果然遵守了约定，休息期间，将每个房间的卫生都打扫了一遍。

我们给孩子定规则，为的是培养孩子的好习惯。临时改变某些约定，如果不会影响孩子好习惯的养成，还能让孩子学到一些技能，如主动谈判、学会妥协、自我约束等，那么，变通一下也无妨。

第72招

❋ 引导孩子自动自发改习惯

娟娟的学习成绩好，妈妈给前来取经的其他妈妈们介绍经验说："娟娟的守时习惯和学习习惯都很好，每天一叫她，她就会起床，从不赖床；每天一提醒，她就做作业，从不贪玩。"

娟娟确实养成了一个习惯：服从命令听指挥。但她需要跟着妈妈的指挥棒转，并没有养成主动守时和主动学习的习惯。

父母可以帮助孩子改变坏习惯，培养好习惯，但好习惯的养成，最终依赖孩子的自觉性。当孩子不需要父母提醒，自动自发地去做某件事，习惯才算养成了。

怎样让孩子自动自发改习惯呢？

让孩子从某个行为中尝到甜头

一位专家说："养成孩子的习惯最有效的方式就是让他从好的行为当中获得快乐或成就感。"这话很对。如果孩子从好行为中尝到了甜头，就会重复相同或相似的行为，慢慢就会形成习惯。

小娜讨厌做算术作业，爸爸一问，原来她们的算术老师很严肃，同学犯了一点小错就要挨批评，极少表扬谁。爸爸想，没办法去让老师改性格，只

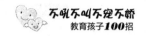

能教自己的孩子改习惯。他知道女儿的偶像是周杰伦，心生一计，说："你这点小挫折，被周杰伦知道，准得笑话你。跟他受过的挫折相比，挨老师的批评，那已经算幸福了。"

小娜大吃一惊：挨批评算幸福，怎么可能？她马上缠着爸爸，要求讲讲周杰伦。

爸爸说："你先把作业做完了，我再告诉你。"

小娜欣然同意，马上动手写作业。

爸爸对周杰伦的事迹并不了解，不过根据经验，像这种天王级的歌手，一定经历过不少挫折，他赶紧上网查找，很快找到了一个很好的案例。

过不多久，小娜也完成了作业，爸爸一看，字写得歪歪扭扭，模糊不清。

爸爸说："难怪老师要批评你。听了周杰伦的故事，你就明白，他要不批评你，自己就该挨批评了！"

接着，爸爸讲："有一次，周杰伦花了大量心血，写了一首歌，交给指导老师，同时也是他的老板。他认为，老师准会喜欢这首歌。不料，老师为了让他受点挫折教育，看都不看一眼，随手扔进了垃圾桶。周杰伦委屈得眼泪都掉下来了。假设是你，你会怎样？"

小娜嚷道："老师太不公平了！要是我……周杰伦是怎么做的呢？"

爸爸说："周杰伦想，我一定要更加用心，赢得老师的信任。于是，他花了更多的心血，又写了一首歌，第二天早上送到老师面前。一连七天都是这样，每天一首歌。别人可能几天、十几天都完不成一首歌，他一天写一首，想想他多累呀！终于，老师被感动了，从此认为，这是一个了不起的小伙子，什么困难都难不倒他。"

最后，爸爸说："想想你做作业用了多少心吧！老师该怎样对待你？"

小娜脸红了，悄悄将刚才写的作业撕掉了，认认真真重写了一遍。

第二天，小娜放学回来，兴奋地对爸爸说："老师表扬我了！周杰伦的办法真好！"

从此，她写作业变得认真了，老师对她的批评也换成了表扬。

当孩子尝到甜头，好习惯就有了深厚的基础。父母与其逼着孩子往前走，不如想个什么法子，让孩子尝尝甜头。一个办法不行，换个法子再试，没准什么时候就对到点子上了，就像那句广告语所说，"总有一款适合你"。

孩子眼中的甜头可能跟父母设想的不一样

父母喜欢从宏观上为孩子设计人生。例如，现在努力学习，将来考名校，做高薪工作，过优裕幸福的日子……孩子现在的日子已经相当幸福了，让他们放弃眼前的享受，吃尽辛苦，去追求未来的幸福，孩子可能会说："你当我是傻瓜呀！"

孩子更喜欢眼前的小甜头，就像他们更喜欢吃果盘里有限的几个水果而不是先栽树，然后拥有吃不完的水果一样。

笔者上学时，很喜欢学校组织的扫大街活动。同学们也一样，一个个干得热火朝天。老师表扬我们"热爱劳动，有公益精神"。我听了受之有愧，因为我对劳动的兴趣不是很大，扫大街时几乎没有想到"公益"二字。我真正喜欢的是户外活动，那比闷在教室里有趣多了！别的同学是否"热爱劳动，有公益精神"呢？我不知道，但他们既然干得很开心，一定找到了自己喜欢的东西。假设扫大街时要被大家指着鼻子骂，要被醉汉揪住头发打，尝到了苦头，大家大概都会扔掉扫把，什么精神都没有了！

孩子们很难像成人一样，一边吃现在的苦头，一边去追求未来的甜头。当他们在学习、做事中得到的只有批评和挫折，"吃尽了苦头"，很难培养爱学习、爱劳动的习惯。父母无须用自己的价值观去强求孩子，无须强行给予孩子自己认为的甜头，只能运用自己的经验、见识，引导孩子去尝试，让孩子自己从好的行为中找到甜头，这是让孩子主动改习惯的关键。

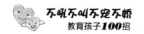

第73招

好习惯培养的七个步骤

有人说：训子千遍，不如培养一个习惯。好习惯的价值这么大，得来自然也不容易。不过，说难也不难，只要掌握好习惯的形成规律，在关键时刻多用点心，什么好习惯不能养成呢？

培养孩子的好习惯，一般有如下七个步骤：

步骤一：下定决心

一个孩子可能有很多个有待改进的坏毛病。例如，上课不用心听讲，不爱写作业，睡懒觉，贪吃零食，乱花钱，整天泡在网上或黏着电视机……解决之道是帮助孩子用一个好习惯代替一个坏习惯。

不过，假如我们试图改掉孩子所有的坏毛病，试图很快改掉孩子的坏毛病，那么我们只能找个圣人来当儿子，找个天使来当女儿，不然是办不到的。

况且孩子的优点与毛病往往相伴而生，改掉毛病的同时往往也把优点改掉了。例如，让孩子从不听话变得听话了，他敢想敢干的勇气可能也没有了；让孩子改掉了懒散的毛病，他制造快乐的能力也削弱了……总之，我们不能简单地认为什么是坏毛病，什么是好习惯，总想一改了之。只有当我们认为宁可让孩子牺牲掉某些附加的优点，也要让他改掉某个毛病，才可以针对这个毛病设计整改方案。

整改目标不宜太多，最好一次只改一个。在兵法上，"集中优势兵力"才能打胜仗；帮孩子改习惯，难度不亚于赢得一场战斗，以不"分散用兵"为好。

步骤二：发现关键问题

一个孩子不爱写家庭作业，父母批评了很多次也没有效果。真正的原因是，孩子听课有些困难，一些难点、重点没有听懂，写作业遇到障碍了，问妈妈，妈妈说："我忙着呢，等你爸回来问他。"

爸爸老加班，回来吃过饭，洗漱一番，都快十点钟了，孩子也犯困了，不愿意再问。后来老挨批评，孩子"脸皮厚了"，功课落下太多，怎么都赶不上，"债多不愁，虱多不痒"，每天准备挨一会儿批，对付一下就算了。

这个孩子的毛病虽然体现在不做家庭作业上，症结却在不善于听讲和无人帮助上。只有找准了症结所在，用对方法，才有可能纠正孩子的毛病。

步骤三：激发兴趣，让孩子产生改变的意愿

爸爸用一个简单的方法改变了贺贺睡懒觉的习惯。

贺贺原先每天要在床上"坚守阵地"到最后一分钟，实在不行了才匆忙爬起来，牙不涮，脸不洗，饭不吃，匆忙往学校跑，路上稍有耽搁就会迟到。

爸爸认为，这个"顽固派"宁可饿肚子也要赖床，一般的说教对他是没有用的。

爸爸想到一个办法。他出差时买了一套NBA球星詹姆斯的精美图片，共有五十张，因为他知道贺贺喜欢看篮球，尤其崇拜詹姆斯。爸爸还从一个同事那儿，高价买来了一双有姚明签字的运动鞋。果然，贺贺一看见图片，马上动心了，想要极了！爸爸跟贺贺约定：每天早上六点五十分，他会放一张图片在餐桌上，贺贺必须穿戴整齐，洗漱完毕，准时赶到餐桌前，才可以拿到图片。时间一到，他会倒计时，数三十下，贺贺还不到，他就将这张图片烧掉。

贺贺为了拿到图片，早上一听到闹钟声，一蹦就起来了。尤其是听到爸爸的读秒声，他的动作快得像飞一样。

图片发完后，爸爸又说：如果你能坚持每天按时到餐桌前，生日那天，将得到一双姚明签字的运动鞋。

不用说，贺贺赖床的毛病被彻底治好了。

俗话说，"无利不起早"，成人如此，孩子难道不是如此吗？让孩子为了考试分数和父母、老师的一声夸奖，起早贪黑地学习，在孩子们看来，付出未免太大，收益未免太小。只有让他们觉得收益够大，才可能产生改变的意愿。一旦好习惯养成，想改回去都难了。

步骤四：制定标准

有标准才可衡量，标准越清楚越好。例如，"早上七点起床"，"周末晚上背诵一篇三百字以上的课文"，"将每一个不懂的问题记录下来，向老师、同学或父母请教"，这样的标准都比较清晰。"上课用心听讲"，这样的标准就不太清晰：究竟用心到何种程度才算用心？不如说，"上课听懂老师说的每一句话，不懂的就记录下来"，或者，"每堂课记下三个不懂的问题"——孩子为了记下不懂的问题，能不专心听讲吗？

总之，尽量不要用模糊的语言表达要求，最好让孩子能依照标准去做，并且能自我评估做得好不好。

标准五："看我的"——示范正确的方式

一个小学男生上课时很调皮，把任课老师惹生气了。男生很懊恼，就去向班主任孙蒲远老师请教弥补的办法。孙老师是全国特级老师，很了解学生的心理。她说："犯了错就认错，还是好孩子嘛。那你决定怎么认错呢？"

男生说："我去给老师赔礼道歉，再给老师鞠个躬。"

孙老师说："鞠躬很好，会让对方知道你很有诚意。可是你会鞠躬吗？试一下我看看。"

男生稍稍弯了一下腰，点了一下头。

孙老师说："这不是鞠躬，这只是点头嘛，点头道歉缺乏诚意。"然后，她给男生演示怎么鞠躬：挺胸抬头，双手自然下垂，然后上身向下弯曲与地面平行，再平身，这才是鞠躬。

孙老师让男孩子练习了几次，才让他去给任课老师认错。

父母教育孩子，也可以学学孙老师的方法——"看我的"。如果只是要求孩子"听我说"，教育效果就要大打折扣了！

步骤六：适时提醒

"三分钟热情"是孩子的通病。孩子有改变的意愿，并且采取了行动，有时随着热情冷却，慢慢会松懈下来。

当孩子的好习惯尚未养成时，父母需要随时关注孩子的状况，一旦发现孩子有放松的迹象，就要及时提醒，让孩子重新鼓起劲头。

步骤七：及时评估和奖惩

一位妈妈为了纠正孩子的坐姿和握笔写字的姿势，运用了一个奖励小星星的办法：今天做得好，奖一个小星星；七天都做得好，可以换成一个大星星；积累七个大星星，可以得到一件心仪的奖品——孩子盼望已久的全套成语故事。

许多东西，父母原本准备给孩子买，但与其让孩子"不劳而获"，不如折算成奖品，用来帮孩子改习惯，那可以使"投资收益"大为增加。

孩子是否如实执行整改方案，父母一方或托管人有必要随时跟踪监督，适时指导，这正是许多父母感到为难的地方。因为没有时间，许多整改方案半途而废。因此，在决定为孩子改习惯时，首先要解决没有时间管孩子的问题，将事情掌握在力所能及的范围内。

第74招

培养孩子好习惯的"21天定律"

俄罗斯教育家乌申斯基说："好习惯是人在神经系统中存放的资本，这个资本会不断地增长，一个人毕生就可以享用它的利息。而坏习惯是道德上无法偿还清的债务，这种债务能以不断增长的利息折磨人，使他最好的创举失败，并把他引到道德破产的地步。"

我们都是习惯的动物，95%以上的行为都由习惯支配，自然而然地做某些事或拒绝做某些事，好的行为一直好下去，无须改变；不好的行为也一直不好下去，意识不到需要改变，意识到了也不愿改变。所谓道德品质的好坏，往往体现为习惯的好坏。

坏习惯都可以纠正过来，不过除了下苦功夫之外，还需要时间。根据美国心理学家拉施里的动物记忆实验研究，大脑构筑一条新的神经通道需要21天时间。一些专家据此提出了一个改变习惯行为的"21法则"，即一种行为重复21天左右就会变为习惯行为。不过，后续的研究表明，通过21天左右的重复，形成某种习惯后，很容易受外界干扰而发生反复。例如，抽烟的人戒烟21天后，一旦受到别人的劝诱，很容易重新吸烟；睡懒觉的人经过矫正后，一旦过上无所事事的生活，很容易故态复萌。一般通过90天左右的重复才能形成相对稳定的习惯。

改习惯大致有三个"疗程"，请看一位妈妈是如何帮女儿改习惯的：

第一个"疗程"：1~7天的改变期

朵朵上课不专心，老爱打瞌睡，常被老师打电话通知家长。妈妈发现，朵朵上课不专心的原因是睡眠不足；而睡眠不足的原因是晚上贪玩，非得等大人睡觉时才肯上床睡觉。很显然，改变的要点是养成早睡早起的习惯。

为了帮朵朵改习惯，爸妈放弃了看电视连续剧的嗜好，抓紧时间忙完家务，十点钟就早早地上床睡觉。不料，朵朵不习惯这么早睡觉，躺在床上，难以成眠，急得大叫："妈！我睡不着。"

妈妈不能帮她睡觉，有什么办法？只能哄着点。

朵朵折腾到后半夜才睡过去，不用说，第二天瞌睡打得更厉害了。一连三天都是如此。

不过，坚持了一个星期后，朵朵终于慢慢习惯早睡早起了。

凡事刚起步时总是困难的，改习惯也不例外。1~7天，为"不自然、不舒服"的阶段，主观上有改进的意愿，客观上可能遇到一些困难，因此打退堂鼓就失败了，有必要随时提醒自己坚持到底。只要能咬牙挺过最初的几天，以后就好多了！

第二个"疗程"：7~21天的稳定期

一天，朵朵执意要看一个选秀节目的决赛，爸妈一想，她坚持了十几天，做得很好，偶尔让她放纵一下，未尝不可。不料，由于睡得太晚，第二天上课又打起了瞌睡。老师打电话问朵朵妈："怎么回事？朵朵好了没几天，好像又旧病复发了。"

妈妈表示，一定可以帮她调过来。果然，调整了两天，朵朵又恢复了正常。

在稳定期，行为变得比较自然了，情绪上也不受改变的困扰，就怕发生波动，"旧病"可能重新来找麻烦。不过，由于思想上已经有了"抗体"，只要不放纵自己，调整过来并不难。

第三个"疗程"：21~90天的巩固期

"十一"长假到了，朵朵心想，辛苦了一个月，该放松一下。她跟同学疯玩了一天，晚上看《还珠格格》，看了一集又一集。妈妈劝道："这个破电视剧你看了多少遍了，还看？早点睡吧！"

朵朵说："《还珠格格》是我这辈子见过的最不无聊的电视剧，我要多看几遍。"

"你这辈子？"妈妈笑了，就不再强求。

不料，朵朵第二天睡到九点才起床，睡眼惺忪的，好像还没睡醒的样子。妈妈一看，急了，如果听之任之，以前的成果只怕要被糟蹋了！因此，她给朵朵规定：无论节假日，都要按日常的作息时间睡觉、起床。

经过几次小的反复后，过了一年，朵朵已经养成了早睡早起的习惯，晚上到了点儿就犯困，早上到了点儿就醒，连闹钟都不用。妈妈也省心多了！

改习惯如同治病，不同的病，痊愈时间不一样，病情越重，治疗时间越长。坚持的时间越长，习惯越坚牢，只要环境不发生重大变故，一般能始终保持下去。到这时，才真正可以说，习惯养成了！

对屡教不改的孩子
别灰心，别放弃

　　改习惯的难度，因人而异。有的孩子意志力强一些，心理动力大一些，加之父母管教得当，改起来就快多了；有的孩子意志力薄弱一些，心理动力小一些，父母没有随时督促，好一阵子就故态复萌，甚至退步了，变成了"赶着不走，打着倒退"的"犟驴"，父母再怎么批评教育都没有效果。

　　对屡教不改的孩子，我们首先要认识到自己的责任：当我们督促孩子改习惯时，往往是我们自己以"没有时间"为由，未能坚持到底，导致孩子半途而废。重新整改，永远都有机会，在我们决定是否开始下一个整改流程之前，至少要做到以下五件事：

不唠叨说教

　　一句话重复三遍，就变成了折磨。对屡教不改的孩子，无计可施的父母往往祭出一招杀手锏——唠叨，用大量重复的废话折磨孩子的心灵。孩子为了避免受伤，只能不停地加厚心灵的铠甲。当孩子在心灵周围建起了一座钢铁城堡时，语言子弹再也打不透了，而父母的教诲也彻底变成了白费心机。

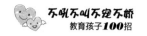

与其这样，还是少说为妙。

不挖苦讽刺

妈妈责备儿子说："我教了你几百上千遍，一只猪都教会了，你为什么学不会呢？"

儿子顶撞说："你去教猪好了，别来教我。"

妈妈说："猪可以帮你学习，你能帮猪去吃饲料吗？"

儿子哑口无言。

以后几天，儿子一直在琢磨反击妈妈的话，一天他忽然来了灵感，想到一句话，故意犯了一个小错，果然招来了妈妈的指责。

儿子说："你是个'教猪匠'，我跟你没有共同语言。"

妈妈气得目瞪口呆。儿子哈哈大笑，跑掉了。

古人说："攻人之恶毋太严，要思其堪受。"攻击别人的过错，一定要考虑对方的心理承受力，对常人尚且如此，何况对自己的孩子呢！当孩子遭到人身攻击时，有时忍气吞声，有时还会进行反击。当孩子沉浸在反击的快感中时，有可能反省自己的过错而加以改正吗？

不恐吓威胁

一位儿童教育专家说："对于孩子来说，恐吓会刺激他们重复做一件不被允许的事情。当孩子被告知'如果你再做这件事……'时，他听不到'如果你'这三个字，他听到的只是'再做这件事'。有时他会把这句话理解为：妈妈希望我再做一次，要不她会失望的。这样的警告——对于成年人来说可能很合理——对孩子来说不但无用，而且后果更糟糕。孩子肯定会再犯那些让人讨厌的错误。警告是对孩子自主权的挑战。如果他有一点点自尊的话，他就会再次违纪，以此向别人展示他不惧怕任何挑战。"

孩子是否会将"如果你再做这件事"理解为"再做这件事"，因人而异。有的孩子能听得进父母的恐吓警告，但等胆吓大了，也就无所谓了！对于自尊的受伤，孩子的确可能以不恰当的行为进行反击，有时对抗父母，有时施加于他人——这更危险！

不随便许诺

"如果你每天认真听讲，认真完成作业，星期天我带你去游乐场玩。"

父母经常用类似的承诺引诱孩子改变。假设孩子产生了改变的强烈意愿，这样的承诺是有用的。当孩子还没有解决心理问题或客观难题，做不到认真听讲、认真做作业或别的事时，这样的承诺是有害的，孩子可能会想："我反正得不到，还是算了吧！"因此会更坚定地跟父母的要求背道而驰，并且认为这是自己用失去换来的补偿。因为孩子往往会把悬在眼前却得不到的好处看成一种损失。

那么，何必用许诺去诱发孩子弥补损失的心理呢？

不贿赂收买

"如果你每天整理自己的床铺，我会买一个变形金刚给你。"

父母为激励孩子改变，有时会悬以奖赏，这是一个有效的方法，但如果运用不当，也可能带来负面影响。主要影响有二：

一是"如果……那么"的说法，透露了一个负面信息：我不确定你能不能做到。有的孩子可能会证明自己确实能做到，但有的孩子却认为：我做不到，不过也没什么大不了。

二是整理床铺之类的事务本是孩子的义务，给予奖赏后，可能会让孩子误以为是在帮父母做事，并且对更高的酬劳产生幻想。

事实上，在成人世界，奖赏也有两面性，运用不当时，就变成了贿赂，无奖不行，越奖越贪。

所以，父母在运用奖赏法时，一定要强化孩子的观念：奖赏的目的是鼓励你做好自己的事。此外，奖赏的数额不可大到引发孩子的贪婪心理。

第10章

不吼不叫，让孩子爱上学习

中国的教育模式亟待改革，但我们做父母的，不得不向中国不完善的教育模式投降。老师喜欢堆作业、根据分数评优论劣，我们只好跟孩子一起挥汗苦干。让孩子在学校接受"挫折教育"，总胜于让孩子泡在网吧和混迹于社会闲散人员中。如果方法对路，让孩子尝到学习的乐趣，还会收获意外的惊喜呢！

第76招

好学从喜欢老师开始 ❋

爸爸问儿子："你们李老师怎么样？"

李老师是儿子的班主任，教数学。

儿子说："嘿！一点都不帅，比刘德华差多了！"

从儿子的语气中，爸爸听出了轻视之意，觉得这有点不对头。他向高年级的同学打听到了李老师的一些情况。

一天，吃晚饭时，爸爸有意跟妈妈边吃边聊天，从中国教育谈到了儿子的学校，又很自然地谈到了李老师："咱们的儿子真幸运，分在李老师班上。李老师可是个大好人啊！有一次，班上的一个学生突然生病，李老师一个人，背着他走了好几里，将他送到医院。因为这个学生家里穷，李老师又替他代交了医药费。还有一次……"

儿子在一旁，听得眼睛都直了，从此，李老师在他心中的形象大变样，从一个平凡人变成了一个"比刘德华还帅"的"大英雄"。由于儿子爱听李老师的课，对李老师布置的作业认真对待，数学成绩倍儿棒。

这个爸爸真的很聪明，知道让儿子从爱上老师开始爱上学习。

人们乐于跟喜欢的人交流，听喜欢的人说话；对不喜欢的人，唯恐避之不及。父母们往往跟孩子们强调"热爱学习"，却很少有人意识到"热爱老师"的重要性。试想，每天兴致勃勃地听一个不喜欢的人讲话，成年人都办不到，何况孩子呢！孩子喜欢某个老师，才可能喜欢老师教的这门功课；喜欢这门功课，成绩才能提高。

"爱"是一种微妙的感情，不能勉强，却能引导。让孩子"爱"上老师，有两个简单易行的方法：

不露声色地称赞某位老师

当孩子在场时，以闲聊的形式，谈论某位老师的优点，不是泛泛地评论，而是讲述具体的事实。孩子闻所未闻的事实，更具震撼效果。假设孩子喜欢老师，这些事实可以帮助孩子加深对老师的认识；假设孩子不喜欢老师，这些事实可以帮助孩子看到老师的另一面，从而改变看法。

孩子不喜欢老师，必定有原因，平时可能听同学议论过老师的不少缺点，形成了恶劣的印象。对老师的缺点，不可文过饰非，否则会误导孩子。但是，父母也可以帮助孩子打开眼界，看到某些合理的存在。例如：

一个孩子问爸爸："你们上学时，老师改不改作业？"

爸爸说："那当然！老师会认真批改作业。"

孩子说："我们的老师从不批改作业。"

爸爸检查过孩子的作业本后发现，有的写一个"阅"字，却不知有没有真正阅过；有的没有留下任何标记。怎么跟孩子解释呢？他想了想，说："老师不改作业，真的很不好。我想，老师也有难处吧！老师要带两个班，每个班几十个学生，假设每本作业改五分钟，你算算看，改完作业要多长时间？差不多七八个小时吧？以前我们的数学老师，每天夜深了还在加班改作业，有病也没时间去治，不到五十岁就去世了。"

孩子眼圈儿红了，说："我明白了！老师过得也不容易，对吧？"

从此，他对老师的态度大为改观。

很多学生不喜欢老师，以为老师是给他们找麻烦的人，这是他们厌学的一个重要原因之一。让孩子喜欢老师，或至少将老师看成正常人，可以大大调动孩子学习的积极性。

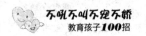
让孩子跟老师在私人场合见面

许多老师在学校时，不苟言笑，亲和力不强，孩子见了，像小老鼠躲老猫一样躲着老师，对老师自然缺乏了解。

父母不妨给孩子制造一些在私人场合跟老师见面的机会。一般来说，在私人场合，再严肃的老师也会变得亲切和善些；和善的老师更会表现人性化的一面。平时老师主要关注表现突出的学生，表扬好的，批评不好的，对一般学生好像没放在心上一样。到了私人场合，只有这个学生，自然会谈谈他的优点，谈谈他的缺点，同时提出某些指导意见。孩子一听：原来老师一直在关注我呢！这个想法，将会使孩子精神大振，学习积极性就高多了！

第77招

✿ 兴趣产生于快乐中

彤彤的学习成绩很好，尤其让别的家长羡慕的是，她总是自觉完成学习任务，从不要大人催逼。

一位妈妈向彤彤妈请教："我看了很多书，学了许多提高孩子兴趣的方法，用到孩子身上，好像都不怎么灵。你是怎么做的呢？"

彤彤妈说："我的理念是，兴趣产生于快乐中。彤彤刚上一年级时，我只是教了她一些在学习中找乐子的方法，后来她自己会找乐子了，我就不用操心了。"

怎样提高孩子的学习兴趣？这是每一个父母都关心的大问题，很多书籍对这个问题进行了探讨，也提出了不少方法，有用却不是百用百灵，因为每个孩子的性情、特点不一样，相同方法所产生的作用也不同。不过，有一点可以肯定，倘若让孩子感到学习是一件快乐的事，所有的问题就都解决了。

彤彤妈教孩子在学习中寻找快乐的方法，颇有可借鉴的地方：

掏沙堆法

当彤彤为一道难题烦恼时，妈妈问她："你小时候爬不上沙堆，却总想将沙堆上面的沙子刨下来，你有什么好办法呢？"

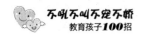

彤彤说："很简单，在下面容易掏到地方使劲掏，下面掏空了，上面就垮下来了。"

妈妈说："难题好比上面的沙子，简单的题目好比下面的沙子，你该从哪儿掏？"

彤彤明白了，决定将难题放下，先做简单的题目。

妈妈说："来！咱们给难题下战书：难题，等会儿再来收拾你！"

彤彤笑了，指着难题说："难题，等会儿再来收拾你！"

然后，她开始做简单的题，遇到难题就丢下。等做完简单的题，再一道道收拾难题，一点儿没有畏难情绪。

所谓"掏沙堆法"，即先易后难法。此法原本简单易行，许多孩子却不会，做作业时，被某道难题难住了，烦恼丛生，以至于对全部作业都产生了厌恶情绪。先将简单的题做了，思路打开了，状态发挥出来了，没准难题也变得不难了。

严阵以待法

妈妈发现，彤彤做作业时，一会儿从书包里找削笔刀，一会儿从书包里找参考资料，一时找不到，就心急不已，嘴里念念叨叨的。

妈妈就说："你看过哪吒的动画片，假设哪吒将武器放在包包里，跟妖精打仗时，边打边从包包里找武器，结果会怎么样呢？"

彤彤嘻嘻笑道："会被妖精打得哇哇叫。"

妈妈说："就是嘛！你边做作业边找文具，还不被作业里面的小妖精打得哇哇叫？你要像哪吒一样，严阵以待，把一切都准备好，那才能对付这些小妖精嘛！"

彤彤明白了，将所有要用的东西都掏出来，摆在桌上最顺手的地方，这样，她就不用为找东西而中断思路了。

许多孩子习惯不好，做事没有条理，一会儿找这个，一会儿那个不见了，尽在这些小事上消磨时间，思路也被一个个小插曲割得零零碎碎的，学习效率自然降低了。

"教'小弟弟'学规矩"

妈妈将彤彤最喜爱的洋娃娃和宠物龟放在彤彤的书桌前，说："这是你最喜爱的两个'小弟弟'，你可要教他们学好规矩，可别向他们炫耀你的毛病喔！"

彤彤做作业时，有时想偷一会儿懒，看见两个"小弟弟"，想起妈妈的话，又觉得不好意思，仍然坐下来，规规矩矩地做作业。

人们多少有一点图腾崇拜的倾向，将一些情感寄托在某些特殊的物品上。妈妈利用彤彤喜欢的两个宠物，让她记住了自己的嘱咐，学会了自我约束，就不用随时盯在身边监督了。

替人找错法

邻居妈妈向彤彤妈抱怨说："如今老师不太改作业，我们做家长的又没时间管，孩子的作业做得对不对，我们怎么知道啊？对错都不知，做作业有什么好处呢？"

彤彤妈灵机一动，说："我的工作反正不太忙，你要放心的话，我可以帮忙改，或者让彤彤帮忙改，那对她也是一个锻炼。"

邻居妈妈欣然应允，让孩子将作业本送来。

彤彤妈用红笔批改了一部分，留一部分让彤彤改，还说："拜托你改认真一点，要是给人家改错了，妈妈可就丢脸了！"

彤彤果然改得特别认真，一道题都没有出错。

后来，每个星期天，邻居妈妈让孩子来跟彤彤一起做作业，顺便请彤彤改作业，结果两个孩子的成绩都提高很快。

彤彤妈还通过关系，从其他学校复印了一些学生的考卷，抹去批改的痕迹，让彤彤改。彤彤帮别人挑错时，注意力更集中，知识学得更牢固了，对一些容易犯的错误也心中有数。

让孩子帮别人挑错，他便多了一份责任心，多了一份竞争意识，对题目的重视程度自然不同了，还可以通过发现别人的错误而规避自己的错误，好处很多。

爱心表达法

彤彤开始做作业时，妈妈教她大声说："亲爱的算术，我们来好好玩玩吧！""可爱的语文，我们来做个游戏吧！我一定能赢你！"

彤彤喊出来后，心情一下子好多了，算术、语文变得可爱多了，她做作业的积极性也更高了！

彤彤妈教给彤彤的是"自我暗示"法。事实上，世上没有真正好玩的事，也没有真正不好玩的事；而人们也不是非喜欢或非讨厌某件事不可，个人喜恶往往是观念引导造成的结果。通过自我暗示，引导潜意识去喜欢自己将要着手的事，显意识也会产生感应，可能真的会喜欢眼前这件事。

彤彤妈用过的方法还有很多，就不一一介绍了，反正宗旨只有一个：教会孩子怎样制造快乐。而学习兴趣自然会在快乐中产生。

第78招

✳ 怎样让厌学的孩子不厌学

阳阳聪明活泼，玩什么都专注认真，唯独讨厌学习。每次爸爸一喊"阳阳，做作业！"，他的脸上就立即晴转多云，被逼急了就大雨滂沱。爸爸软话硬话都说尽了，物质奖励，精神鼓励，各种招数都用过，就是不灵。为了让他完成作业，爸爸只好像押解犯人一样，寸步不离，紧盯着他一个字一个字地往下写。好不容易将作业磨蹭完了，他将笔一扔，又变成了一个高兴的孩子。

孩子厌学是一件很麻烦的事，原因一半要归结到当前僵化的、填鸭式的教育模式上面。老师一味强调分数而不尊重科学，无视孩子的身心发展规律，学生不厌学才怪。

但是，在任何教育模式下，都会有厌学的孩子，所以，原因的另一半，还要归结到孩子的父母身上。

让厌学的孩子不厌学，需要学校和家长共同努力；作为家长，自然只能强调自身的努力。

以下一些方法，简单易行，不妨一试：

让孩子感受知识的"有用"

6~10岁的孩子，做事主要凭兴趣，很难体会学习的真正价值，偶尔的奖励

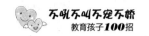

只能使他们高兴一时，难以维持长久的兴趣；至于批评打骂，更会让他们对学习厌恶透顶。如果能让他们体会到知识的"有用"，厌学情绪会减轻多了。

有一位爸爸是做门店生意的，每天晚上要清账，就想了个办法：让孩子帮忙数钱。讲定的报酬是：没有数错的话，给一元钱。孩子对数钱很感兴趣，何况还能凭劳动赚钱！他数着数着，不知不觉间，将加减法都学会了；后来又学会用乘法数钱，速度更快了。

妈妈呢，性格开朗乐观，记忆力却不怎么样，经常把答应孩子的事给忘了。她就想到了一个主意：让孩子给妈妈写信。孩子有什么要求，都写在纸上，贴在记事板上。例如：妈妈，我的练习簿用完了。妈妈看见了，会写出答复：明天中午给你买。不同意也会写出理由。孩子如果坚持，只好跟妈妈打一番笔墨官司。所以，他总想多识一些字，多掌握一些词汇，结果语文也学得很棒。

孩子在小学学的都是最基础的知识，原本都能在生活中派上用场。假设父母给他们"实习"的机会，他们的学习进度就会快多了；更重要的是，培养了对学习的兴趣。

分解目标

聪聪一看作业这么多，愁得直皱眉头。爸爸想了个"分解目标"的办法，问他："离吃饭还有半小时，你想先消灭哪项作业，语文、算术，还是英语？"

聪聪说："语文吧！"

语文总共五道题，爸爸指着最简单的一道，说："好！你先消灭这道题。"

聪聪很快就做完了。

爸爸说："好！真不错，你打了一个胜仗。只剩四道题了，再消灭这道题。"

聪聪每完成一题，爸爸就夸奖一番，并预告剩下的题：只剩三道题了！只剩两道题了，曙光就在前头！只剩一道题了，胜利在望。好，你胜利了，祝贺你！

聪聪觉得这个"游戏"很有趣，饭后做算术、英语作业，都完成得很顺利。

爸爸陪聪聪"玩"了一些日子，后来聪聪自己也会"玩"了，不再需要爸爸带。

分解目标的好处是，可以让孩子品尝到一个个小成功，从而增加快感和学习的乐趣。事实上，在成人的世界里，这也是一个增加乐趣、提高效率的好办法。

请人夸孩子

胖胖讨厌学习，对取得好成绩也没有自信。爸爸多次鼓励他，效果不明显。于是，爸爸想到了一个办法：他教了孩子的姥姥一些话，请她对胖胖说。

姥姥对胖胖说："我听你爸说，你其实很聪明，只要方法用对了，多努力一些，成绩准会变得很好。"

胖胖兴奋得脸上放光。

姥姥又说："我们这里有个孩子，考上了名牌大学，可会学习了。你想不想向他学几招，将成绩提上去，给你爸一个惊喜？"

胖胖很乐意。姥姥就将那个大学生请来，给胖胖谈了一下学习方法。胖胖自以为掌握了"武林秘籍"，想给爸爸一个惊喜，学习果然努力多了，成绩很快就提高了。

请第三者夸孩子，激励效果比自己夸孩子强多了。不过，还是应该指导孩子正确的学习方法，当学习热情得到合理方法的支撑，效果更佳。

给失败的孩子打气

笨笨确实比较笨，学知识比一般孩子慢，期末考试时，成绩一团糟，他拿到成绩单时，情绪很低落。爸爸看了成绩单给他讲了个《龟兔赛跑》的故事，最后说："学习进步快的同学，如果停下来，也会落后；学习进步慢的同学，一步一个脚印，走得很扎实，最后也能到达终点。你的进步虽然慢一点，只要坚持下去，最后也能得冠军呢！"

笨笨精神大振，他决定，无论多么落后，都不放弃。

许多很笨的孩子，后来的成就比当初聪明孩子的大多了，坚持不懈就是

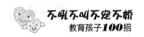
他们的最大优势。而坚持往往能胜过一切聪明才智。父母教会孩子坚持，比教会他们知识有意义多了！

重新开始

平平一年级的成绩很差，暑假期间，妈妈亲自给他补了课。开学时间到了，妈妈给平平换了新书包，学习用品全都换成新的。妈妈将他送到学校门口，拍拍他的肩，鼓励说："小伙子，好好干吧！一个全新的你就要出现在老师和同学面前了，妈妈永远对你有信心，永远在背后为你鼓劲。"

平平忘掉了失败的阴影，信心满满地走向了新的学习生活。

父母要学会给孩子归零，让孩子甩掉过去的包袱，轻装上路。当然，必要的习惯训练和能力训练也必不可少，这样，孩子面临的困难小了，学习进度快了，更能感觉到变化带来的惊喜，从而变得好学而自信。

第79招

❋ 给孩子一个安宁的家庭学习环境

6~10岁的孩子，心理适应能力较弱，不太善于应付复杂、混乱的环境，周围稍有变化，心中稍有波澜，就难以静下心来学习，还会产生烦乱情绪。因此，给孩子一个安宁的家庭学习环境，对孩子的好学上进很重要。

一个利于孩子学习的环境，一般由以下四个因素组成：

一个和谐的家

一个小女孩对经常吵吵闹闹的父母说："你们干脆离了算了！"

有人评论说："如今的孩子真懂事！心理素质真好！"

错了！孩子的心理素质再好，也不会盼着父母离婚。那个孩子的话，恰恰说明她非常害怕父母离婚。平时父母吵吵闹闹，她必定揪着心，害怕父母吵散了。她难以忍受长时间的心灵煎熬，"离了算了"的话才脱口而出。假设她真的对父母离异无动于衷，那么，她会把自己当成一个旁观者，什么也不会说。

有了关系的和谐，才有家庭的和谐。父母处理好彼此的关系，对孩子的心灵是一个极大的安慰。

有规律的生活

贝贝的父母都在外地打工，将他带在身边。三年间，父母从一个城市搬到另一个城市，换过好几份工作。贝贝不得不跟着父母搬家、转校，往往他刚适应了新环境，适应了老师的教学风格，跟同学混熟了，又要转校了，再去适应新环境，适应新老师，结识新同学。这让他很烦，却又无可奈何。

孩子居无定所，有利于提高适应环境的能力，对学习却很不利。

贝贝跟在父母身边，情况还算好的，有的孩子长期跟父母分离，由祖父母或别的亲属托管，难免有不安全感，进而会影响到学习的积极性。

父母在安排工作问题时，应将孩子列入计划之内，尽可能给孩子安宁和有规律的生活，让孩子可以为自己的学习生活作长期打算。

给孩子一个独享的空间

孩子很容易受周围环境的干扰而分散注意力，因此，居住条件较好的家庭，最好给孩子一个单独的房间。孩子的房间应采光、通风良好，要尽可能隔音，无噪声干扰。孩子学习用的灯具要亮度适中，光线柔和。房间的布置要简洁明快，只需摆上孩子用的床铺、衣柜、书桌、书架、椅子等必要的家具用品，不要放置其他无关的东西。总之，房间最好布置得有学习气氛，因为环境的氛围对孩子有很强的暗示作用，一个很像学习环境的环境，更有利于孩子安心学习。住房紧张的家庭，也要为孩子腾出一个角落，作为孩子独享的活动空间，使孩子尽可能地避免受到干扰。

一份全心全意的爱

几年前，一个中学生上演了骇人听闻的"杀母案"，因为母亲对他的期望值太高，希望他将所有的时间都用在学习上，哪怕玩一小会儿都要被唠叨。他觉得"学得很不开心，活得没有什么意思"，终于将母亲和自己推上了绝路。

父母督促孩子学习，本是为孩子好，最后却招来怨恨，岂不是人间悲剧？

孩子不仅需要获得知识和能力的进步，也需要父母的爱。假设父母爱分数胜过爱孩子，那就本末倒置了。父母首先要关心孩子的身心健康，其次才是学习成绩。让孩子感受到全心全意的爱，本身就是一种教育。

第80招

培养孩子的自学能力

人类在近三十年所获得的知识约等于过去两千年的总和。据专家预测，到2050年左右，人类现今所掌握的知识届时也不过仅为知识总量的1%。因此，有人说：“在21世纪，人们比的不是学习，而是学习的速度。”

“学习的速度”只能靠自学获取，自学能力无疑是未来最让人着迷的能力。而事实上，自学并不是一种高不可攀的能力，即使小学生也能掌握。

阿香骑自行车不小心摔断了腿，不得不休学半年。妈妈很为她的学习着急：落下半年功课，怎么赶得上啊！留级吧，会让她觉得没面子；请家教吧，一般的大学生没经验，上哪请有经验的家教去。

爸爸是一个自学成才的工程师，他认为，孩子不能跟老师学一辈子，迟早要获得自学的能力，不如趁这机会开始给女儿上这一课。他将一套自学方法教给了女儿，结果，半年后，女儿非但没有落下功课，反倒成了尖子生。

那么，阿香是怎样自学的呢？

通读教科书

阿香的腿上打着石膏，不便于做作业。爸爸告诉她：“没有必要做作业，只需通读教科书就行了。”对教科书的内容，一定要想通、弄懂，实在弄不懂

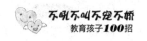

的地方可以请教爸爸或妈妈。对书上的题目，可以在心里做一遍，不会做的题目多想一下，查一下书中相关的内容，直到会做为止。等各科书看完一遍，再从头至尾看一遍。

一般来说，学生们非常依赖老师的课堂教学，通读教科书的学生很少。实际上，读教科书，有利于将知识融会贯通，是一种快速提高成绩的方法。

学会利用各种工具书

爸爸给阿香买了一本《新华字典》，并教会了她查字典的方法，还教会了她使用网络查询的方法。这样，阿香遇到生字、生词或知识难点，就可以自己查找解决了。

工具书是学习的拐杖，学会了使用工具书，很多难字、生词就可以不求人了。

延伸阅读

对一些阿香感兴趣的问题，爸爸鼓励她延伸阅读，扩大知识面。例如学习《松鼠》这篇课文时，她通过网络查询，掌握了大量有关松鼠的知识，对课文的理解也加深了。

大部分孩子的习惯是，老师教一点就学一点，不肯多学。事实上，将阅读范围延伸到课本之外，更能加深对一些知识点的理解，效率高多了！

做一些有特点的题目

当阿香的腿伤快要痊愈，可以站起来练习走路时，爸爸鼓励她挑选一些题目来做——一看就会的不做，要做的都是需要费些脑筋的题目，往往做一道题，就加深了对一个或几个知识点的理解和记忆。

今天的学校，奉行"题海战术"，学生的学习效率低，不过是浪费时间。只需做一些较难的、有特色的题目就足够了。

古人说："授人以鱼，不如授人以渔。"教给孩子知识，不如教给孩子自主汲取知识的能力。掌握了自学能力，孩子就获得了一生受用不尽的财富。

第81招

❊ 当心糟蹋了你家的"小天才"

老师讲完课，合上教案，问："同学们都记住了吗？"

同学们说："记住了！"

一个男生举手，站起来，说："老师，我还没有记住。"

老师问："你为什么还没有记住。"

男生说："老师讲得太快了，我还没有想好。"

老师说："你为什么不听讲，在想些什么？别的同学都记住了，你却没有记住，只能说明你不努力，没有跟上老师的进度。"

老师说错了，这个男生并非不努力，他只是不适应"听讲"这种学习方式。他在边听边想，知道哪些部分还没有想好，说明他相当努力了。具有同样特点的孩子，有时候可能心不在焉，什么都没有听进去，因为"差得太远"，所以他们不会说出来，说了也没用。假设老师要求他们回答问题，他们准是一问三不知。但是，如果是一个好学的孩子，一个有家长辅导的孩子，第二天，可能知道得比老师讲过的还多；因为他用符合自身特点的方式学会了该学的内容，解决了不懂的问题。

老师主要用讲的方式来授课，但相当多的学生不善于用听的方式来学习。所以，老师的授课方式对他们来说相当不公平。"优生"往往是"听话"的学

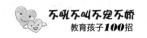

生，但"非优生"的智力和学习精神其实并不亚于"优生"的，他们可能是被老师单一的教学方式糟蹋了。

老师可以糟蹋学生，我们却不能糟蹋孩子，有必要弄清孩子的学习特点并因势利导。一般来说，人们接收信息的渠道有三，并形成了相应的学习模式：

"听+思考"学习模式

有些学生习惯于用"听"来接收信息，边听边思考，可以迅速消化老师讲述的内容，有时甚至还嫌老师讲得太慢。一堂课下来，他们基本上掌握了该学的内容，听课的积极性自然比一般孩子的高。只要课后稍加复习，巩固学过的知识，成绩就会比较好。

在中国，多数"优生"是以"听+思考"来学习的学生，因为他们的学习模式正好跟当今"填鸭式"的教育模式的要求相适配。但是，走上社会后，"高分低能"的也多半是这类人，因为在工作岗位，职员学习经验和技能的主要方式不是听，而是去看，去体验，这对他们来说就很不适应了。

"看+思考"学习模式

有些学生习惯于用眼睛学习，边看边想，想清楚了，也掌握了；没有想清楚，也知道哪儿还有障碍。相反，对老师讲述的内容却很难听懂，主要是思考速度跟不上老师讲课的进度，一开始还会全神贯注地听，试图跟老师同步，后来发现越落越远，只好放弃。所以，他们很可能成为"上课不用心听讲"的学生。

笔者小时候即是这类型的学生，无论老师怎么要求"上课专心听讲"，都没有用——不是态度问题，而是能力问题。一直到高中，我还保留着上课看杂书、搞小动作的习惯，基本上不会听老师讲课，该学的知识主要靠课后自己看书解决，上课纯属浪费时间，不过是为了保住学生的身份。但是，成年后，不知不觉间，我也具备了"听"的能力。可见学习模式不是一成不变的，还可以通过后天训练来改变。

假设不能要求老师改变教学方式，那么，对"看+思考"的学生，与其要求他们"上课专心听讲"，不如要求他们课前预习和课后复习。他们虽然习惯于"看"，多少还能"听"一点，预习之后，再听老师讲一遍，差不多就能掌握老师讲述的内容，课后再巩固一下，成绩也会很好。

"体验+思考"学习模式

有些学生习惯于通过感觉器官来接收信息，一定要动手操作一下，切身体验一下，才能掌握所学的知识。例如，将字写一写才能真正认识；做一做习题，才能理解与习题有关的基础知识。仅仅是看或听，只能达到一知半解的程度。现在老师们习惯运用"题海战术"，对这类学生比较适合。但是，如果他们没有事先掌握基础知识，不会做题，也只好望"题"兴叹了！

这类学生也可能上课不用心听讲，搞小动作，假设不能找到弥补知识缺陷的办法，极有可能成为所谓的"差生"。但是，走上工作岗位后，他们却可能成为"低分高能"的人才，因为他们善于动手，善于在亲身体验中学习知识、技能，很容易在实践中找到大展拳脚的舞台。

此外，笔者发现，通过体验学习知识，进度慢，却可能融会贯通，效果比通过其他方式学习好得多。记得上初中时，公式、定理增加了许多，我发现无论听或看，都很难真正弄懂并达到灵活运用的程度。于是，我将所有公式、定理全部证明了一遍，从此就真正掌握了。

每个学生都不是采用单一模式学习的，而是以某种模式为主体，兼用其他两种模式，运用的比例，因人而异。通过训练，人人都可以熟练掌握听、看、体验并用的"复合学习模式"，那么，随时随地都可以获得知识，学习效率将出奇的高。但是，这很难，我们不能要求孩子在小学阶段就具备复合模式学习的能力，只能依照孩子目前的能力，引导他们找到最适合自己的学习方式。

当我们的孩子在学习上遇到障碍时，或者表现出厌学的倾向时，我们要知道，不是他们的能力不足，不是他们的心态不积极，他们可能仅仅是不适应老师的教学模式，而老师的教学模式未必合理。

作为家长，我们要做的是，设法替孩子消除学习障碍。第一步是弄清孩子最擅长的学习模式。第二步是根据孩子的学习模式，设计辅导方案。例如，对会听的孩子鼓励他上课专心听讲，对会看的孩子鼓励他课前预习和课后复习，对体验能力强的孩子鼓励他多动手，多找感觉。第三步是增强孩子运用其他学习模式的能力。孩子不擅长不等于完全不具备。例如，听不懂老师讲课的孩子完全可以听懂父母讲故事，他们的差距仅仅是思考速度稍慢于讲课速度，一步迟，步步迟。改进办法是多给孩子讲，多让孩子听。经过持之以恒的练习，孩子的"听力"自然就提高了！

第82招

让孩子养成"高分高能" 的八个好习惯

在我们这个时代当家长，真的很头疼，各种相左的观念搅乱了我们的头脑：媒体说分数不是最重要的，老师说分数是重中之重；中央大力提倡"素质教育"，老师说素质即等于分数……究竟该听谁的？听老师的可以考"重点"，听报纸的比较麻烦，孩子经常面临"入学难"的尴尬。

客观上说，孩子考高分绝对不是坏事，真正的坏事是为了高分牺牲太多，失去了快乐的童年，失去了快乐的少年，失去了全方位提升素质的机会。

但是，在当前教育模式下，"高分低能"并不是常态，很多孩子"高分高能"，综合素质很高，童年、少年生活也不缺少快乐和欢笑。原因是，他们心态好，习惯好，学习是他们最喜欢的娱乐之一，他们边乐边学，进步就快了！

以下是"高分生"普遍具有的八个习惯：

主动学习

主动学习的孩子不需要父母、老师跟在身后逼着学，他们将学习当成自己的任务，主动完成，对不懂的知识有紧迫感，会想方设法弄懂弄通。

对父母来说，假设孩子还需要三令五申、强迫着学习，可见还没有养成

主动学习的习惯。与其绞尽脑汁，想方设法赶着孩子往前走，不如想些办法，让孩子爱上学习，主动往前走。

课前预习

课前预习的好处是可以扫清自己能弄懂的问题，降低了听课的难度；找出了不懂的问题，带着问题去听课，目标感强，有利于提高听课效率。

不过，有专家说，一些孩子预习后，听课时缺乏新鲜感，从而降低了听课的专注度。

笔者认为，此法虽有利弊，仍是利多弊少。对学生来说，重点是将该学的知识弄懂弄通，听课是否专注，不是最重要的问题。

课后复习

复习是为了加深对所学知识的理解，也是为了跟遗忘作斗争。

许多孩子喜欢新鲜感，不太愿意重温刚学过的内容，勉强他们去复习，可能反倒会激起他们的厌烦情绪。有一个变通的法子：孩子做作业时，遇到不懂的问题，不要简单地告知方法，鼓励他们自己去查书，找方法。这样，既复习了功课，又提高了自学能力。

认真书写

从作业的工整度，即可看出一个孩子对学习的态度。为了端正孩子的学习态度，不妨从训练认真书写开始。当孩子能够一笔一画、工工整整写作业时，其心态自然从浮躁转为沉静，思维也清晰了，学习效率自然提高了。

有条有理

许多孩子做作业时，无计划，无章法，无条理，做到哪算哪，能否完成，什么时候完成，心中无数；文具随手乱放，想用时东找西找，将很多时间浪费在找东西上。办事能力、办事习惯是长期积淀而成的，不是哪一天突然学会的，在一件小事上都"打乱仗"，将来遇到大事，怎么可能得心应手地处理呢？所以，父母有必要培养孩子办事讲条理的习惯，并且当成一件大事来抓。当孩子养成了这一习惯，学习成绩也差不到哪儿去了！

独立解决问题

"高分生"往往有较强的研究能力，遇到不懂的问题，愿意花较多的时间思考，善于自己查阅教材、资料，寻找解决的方法。而有的孩子比较"懒"，遇到稍难一点的问题，就去问老师、问家长、问同学，或者干脆将别人的作业拿过来，一抄了事。向人请教是个好习惯，但一旦过度了，凡事依赖他人，就变成坏习惯了！

怎样培养孩子独立解决问题的能力呢？当孩子询问时，不宜置之不理，也不宜有问有答，不妨先鼓励孩子想一想，想不出来了，再引导孩子去思考；即使直接告知方法，也要让孩子真正弄懂。当然，还需要看时间，假设孩子作业多，还是以按时完成任务为第一选择。

广泛阅读

"高分生"之所以能长期成为"高分生"，有原因：喜爱阅读，知识面广，有利于触类旁通；对问题思考比较透彻，有助于深化对知识的理解。所以，无论他们上升到哪个层次，学习什么课程，都能保持高分。而知识面不广的孩子，在小学阶段学习简单课程，可能成为"高分生"，升到初中、高中，因基础薄弱，成绩可能就垮下来了。

所以，对小学阶段的孩子，父母没有必要一味强调高分，不如鼓励孩子广泛阅读，多读些健康的、有益的书籍或报纸、杂志，扩大知识面，为以后打好基础。

对自己诚实

"高分生"往往对自己的学习情况心中有数，哪些知识完全掌握了，哪些知识还学得不够，有必要加强。原因是他们对自己诚实，不用想象欺骗自己。相反，有的孩子稀里糊涂，学到了什么，落下了什么，全不清楚，却自我感觉良好；作业不会做，考试没考好，不怀疑自己没学好，反倒认为自己"运气不好"，刚好遇到了不会做的题。

对缺乏自省的孩子，父母有必要时常抽查孩子的学习进度，指导孩子查漏补缺：哪些没有学会？哪些学得不够？哪些需要加强？孩子随时清楚自己的状况，自然可以养成"高分生"实事求是的习惯。

第83招

✿ 拿出"绝招"，让孩子乖乖写作业

妈妈想让雯雯写作业，雯雯嘴里说"马上"，手上却抱着图画书不撒手。等到晚上八点，妈妈急了，雯雯才不情不愿地走到书桌前。妈妈不放心，想陪着她写作业，雯雯直推她："你走开！你看着我，我写不下去。"

妈妈只好说："我走开可以，你得认真写喔！你写完了我要检查。"

过了半个多小时，雯雯说："妈！我写完了。你看完了别忘了给我签字。"

妈妈拿起作业本一看，直皱眉头：这是什么字？歪歪扭扭，分明是应付差事嘛！

再看内容，语文倒也罢了，算术只有答案没有算式，十道题错了六道。

妈妈想：这样的作业，我敢在上面签字吗？看来，必须给雯雯端正一下学习态度了！

在孩子还没有认识到学习的重要性之前，往往将作业当作额外负担，只要能应付过去就万事大吉。怎样让孩子乖乖写作业呢？不妨看看这位妈妈的"绝招"：

落实责任法

妈妈对雯雯说："你看，你的作业写得这么乱，错了这么多，假设你是老

师，看了这样的作业，该怎样处理呢？"

雯雯嘻嘻笑道："把名字写在小黑板上，出她的丑。"

妈妈问："你怕出丑吗？"

雯雯说："我才不怕！又不是我一个人，我有伴儿。"

妈妈问："开家长会时，老师会怎样说妈妈呢？你学学老师的话看看。"

雯雯想了想，嘻嘻笑道："你这位妈妈，不关心孩子的学习，瞧你把孩子教的，可差劲了！以后注意点，不然我要你罚站喔！"

妈妈说："你瞧！学习是你的任务，你不认真完成，害得妈妈罚站。妈妈是个爱面子的人，总是认真完成任务，不让别人说闲话，现在倒受你的拖累。妈妈丢了脸，受了委屈，怎么办？只能找你算账，你的生日礼物取消，零花钱取消，暑假旅行计划取消。爱哭你哭去吧！现在倒是有个补救办法，赶紧将作业重抄一遍，把错题改过来，免得在老师面前现丑。"

雯雯果真听从妈妈的话，将作业工工整整重抄了一遍。

以后，只要妈妈说"别让妈妈替你担责任"，雯雯写作业就老实多了。

孩子不爱学习就像成人不爱工作一样。成人不爱工作却能努力完成工作，因为有责任意识。培养孩子的责任意识也是督促孩子努力学习的必要方法。

从孩子小学一年级起，就要让他明白：学习是自己的任务，完不成任务是自己的责任，有了责任就该承担后果。

当孩子有了责任意识，并且知道不负责任将惹出什么麻烦，学习动力就大多了！

绩效考核法

为了培养雯雯自主学习的意识，积极主动完成作业，妈妈决定借助公司的绩效考核法来管理雯雯。她对雯雯说："我们公司采用的是世界一流企业的管理模式，可先进了！我打算让你见识一下一流管理，好让你大把赚奖金，怎么样？"

雯雯一听，可高兴了。

于是，妈妈设计了一份"绩效考核表"，内容包括作息时间、家庭作业、家务劳动、学习成绩几大项，每个大项包括几个小项，例如家庭作业包括完成时间、整洁度、差错率、改错态度几项，并规定了得分和扣分标准。雯雯可以从表上清楚地看出怎样做可以得分，怎样做会被扣分。一天最高可得十五分，每分代表一元钱。与此同时，除生日礼物之外的所有个人花销全部取消，包括买衣服、买零食等，都只能靠自己赚。不过，怎样花还需要跟妈妈商量，做到有计划花钱。

自从实行了"绩效考核法"后，雯雯的学习积极性提高了数倍。

爸爸有些担心：这么早就鼓励孩子挣钱，会不会有负面影响？

妈妈说："不怕！只要是凭努力去挣，挣什么都无妨。"

孩子不爱学习、不爱写作业的一大原因是：与自己没有切身关系。好与不好差不多，做与不做一个样，大不了挨几句批评；拿不到"三好学生"的奖状，损失不大，完全可以用偷懒的乐趣弥补。这个妈妈的方法好不好，很难说，但至少让孩子跟学习建立起了切身关系，孩子能清楚地看到自己的表现所产生的后果，积极性自然高多了！

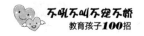

第84招

跟老师做好沟通 ✽

一位家长粗声大气地对老师说："我的孩子交给你了，你可要照顾好！"

一位家长低三下四地对老师说："老师，我想请问一下孩子的情况……"

许多家长不拿老师当正常人，不是看高了，就是看低了。前一位家长，拿老师当保姆了，可就算对保姆，也不该这么颐指气使嘛！后一位家长，拿老师当上级领导了，可就算面对领导，难道需要低三下四吗？

跟老师沟通，及时了解孩子的在校情况，对教育孩子很重要。怎样做好沟通呢？首先要拿老师"当人看"，不要戴着有色眼镜看老师。其次，还要注意以下事项：

尊重第一

尊重他人是做人的基本修养，尊重老师又有着特殊的意义：孩子更愿意向一个受尊重的人学习。假设老师被人轻视，孩子们会怎么想？"我要像你一样，我就完了！"许多孩子正是这样看老师的，他们的学习劲头也可以想象。

怎样表达对老师的尊重呢？

一是尊重老师的人格。跟孩子谈到老师时，一定要称老师，不能称名字；语气一定要有敬意，不可流露出轻视之意。谈论老师某件事的不当，也要对事不对人。

二是尊重老师的劳动，引导孩子多想想老师教学的辛苦和付出。

三是尊重老师的权力。要求孩子认真对待老师交代的学习任务，不可违反课堂纪律。对老师的批评和改进要求，一定要采取行动，不能无动于衷。

四是管教孩子时，不要老是将责任往老师身上推，动不动就拿老师的负面评价说事，以免孩子产生厌烦情绪，认为老师是个光会说坏话、不爱说好话的人。

与老师保持联络

一个班里学生众多，老师工作繁重，无法做到及时和家长沟通。所以，家长平常要与老师保持联络，适当打电话或者到校座谈，及时了解孩子在校的情况，发现问题及时解决，积极配合老师工作，不要等问题成堆时才意识到沟通的重要性。同时还要注意，不要过于频繁地和老师联络，以免影响老师正常的工作和生活。

此外，跟老师交朋友，更有利于沟通。例如，关心老师的身体健康，有机会时跟老师聊聊天，请老师来家里串门做客或在节假日里以家庭的形式一同出去野游，在节日里通过短信、电话、邮件等方式为老师送上温馨的祝福，等等，都是比较好的形式。

注意礼节和说话的方式

跟老师打交道，要注意自己的着装、谈吐、礼节、礼貌等，如果不注意细节，着装随便，可能会让老师感到尴尬。

说话之前，最好先想清楚：想跟老师了解什么？该怎么表述？

最好不要问一些大而空的问题，例如："我孩子的表现怎样？"

如果老师事前没有准备的话，对这类问题很难回答，因为孩子的表现有好有坏，有些功课还不错，有些功课则有差距，有时表现不错，有时表现却不咋的，一时之间，老师很难抓住重点，说到点子上。

不如问一些具体的问题。例如："我孩子喜欢磨蹭，粗心大意的毛病老是改不掉，您能给我一些建议吗？"这样，老师就容易展开话题了。

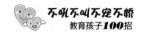

给教师送礼要慎重

很多家长为了让老师照顾自己的孩子，给老师塞红包、送购物卡。老师可能真的会因此关照你的孩子，例如多表扬鼓励一下，调换个好座位，诸如此类。但是，一旦孩子知道这些"好处"是用送礼换来的，可能萌生难以抹去的羞耻感，老师的形象也在他心目中变质了，进而连老师带学习一起厌恶。一般来说，以朋友身份请老师吃饭，不成问题，因为这还属于正常的人际交往；送礼的性质就变了，对孩子的影响如何，难以预料，还是慎重为妙！

为孩子设计改进方案并跟踪检查

李女士看了小晶的成绩单，大吃一惊：没想到在幼儿园常被老师夸的孩子，成绩这样差了！

她打电话跟老师沟通了一下，原来，别的幼儿园重视教学，孩子们进小学时，都会算两位数的加减法了！小晶那家幼儿园重视素质教育，小晶入小学时，一位数的加法都算不好。刚开始就差了一大步，还能不落后？

她决定帮孩子尽快赶上去。

她对小晶说："别的孩子比你先起跑，所以跑到你前面去了。现在放大假，别的孩子都忙着过大年，你想不想加把劲，跑到别人前面去？"

小晶说："想！"

于是，李女士决定替孩子制定一份改进方案，一步步推着小晶往前跑。

她是怎样做的呢？

了解孩子的能力和面临的任务

周六，李女士盯着小晶做了一天作业，对她写字的速度、记忆能力、理解能力以及他的课程、落后情况都有了一个大致的了解。这样，制定方案就有了依据，尽管不是那么准确。

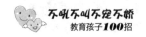

我们做父母的人，自然希望孩子学得越多越好，跑得越快越好。可惜，孩子受自身能力限制，未必能如我们所愿。不如务实一点，将要求定在孩子力所能及的范围之内。

制定改进方案

李女士根据学校的课程表，规定孩子每天的学习时间和休息、娱乐时间。根据课本和寒假作业，将学习任务分配在学习时间中，每天写多少篇字、背多少课文、做多少道算术题等等，都有大致规定，也有调整方案，一般是用副课时间追赶未完成的任务。

10岁以前的孩子，甚至更大的孩子，还没有制订计划的能力，让他们为自己订计划，好比让员工为公司订计划，可能行不通。只能由父母代劳，孩子只要认真执行就OK了！

确定监管人和监管方式

李女士要上班，没有时间教孩子，请了一位女大学生当家教，负责指导小晶执行学习计划，并提出了明确的要求。

李女士下班后，负责查漏补缺，检查小晶对学习内容的掌握情况，不足的再温习一下。周六、日，李女士继续查漏补缺，检查孩子一周来的学习情况。孩子过关了才可以休息，否则还要"加班"。

父母工作忙，是教育孩子的一大障碍，以至于根本不清楚孩子的学习情况，也没有太多时间辅导。但是，没有办法，这道障碍只能由我们自己想办法解决。

检查进度

李女士弄来了两套试卷，一套是小晶他们考过的"旧卷"，一套是从别处弄来的"新卷"。

开学前十天，让小晶考"旧卷"，结果语文、数学都得了90多分，小晶高兴得手舞足蹈，信心大振。李女士决定满足他一个愿望，作为她"春节加班"的奖赏。小晶要求去游乐园玩，她的愿望当然得到了满足。开学前两天，考"新卷"，数学得了100分，语文得了90多分。不仅小晶高兴，爸爸也乐坏了，特地请假，陪她在游乐园疯玩了半天。

孩子的学习进度可能像自己预期的一样理想，也可能不是。只要孩子在努力并且有进步，都值得高兴。

总结

李女士问孩子："原来你的成绩单上的数字有点难看，过了一个月，分数就变得这么漂亮了，有什么感想没有？"

小晶骄傲地说："学习没什么难的，多跑几步就赶上了。"

李女士说："你说得对！不过也可以反过来说，少跑几步就落后了，对吧？"

小晶若有所思地点点头说："对！"

李女士说："你这次做得好的地方是决心大，坚持完成学习任务。不足的地方是有点坐不住，老是要人提醒你，把你摁在板凳上。可得发扬优点，改掉缺点喔！"

小晶嘻嘻地笑了。

其实学习并不难，一个中等智力的孩子，假设集中精力学习，小学一年的课程，大约只要两三个月就够了；初中一年的课程，也只需三四个月。有个科学家，小学时成绩很差，生病休学两个月，竟然自学了两年的课程，从此变成了优等生。所以，父母对孩子的成绩不必灰心，只要用对方法，紧赶几步就行了。

第11章

不吼不叫，培养素质高、本领强的孩子

　　再棒的绵羊，在狼群中也无法生存。孩子美好的未来，取决于强大的竞争能力。怎样让孩子高分不低能？只有对孩子持之以恒地训练，提高综合素养，提高独立自主的能力。

第86招

给孩子补上三堂课：礼仪、音乐、美

今天的孩子，不缺少知识，因为他们获取知识的渠道太多了！但是，过多的知识教育必然导致其他方面的缺失。有三堂课，可能让孩子受益终身，却是今天的学校教育不太重视的，只能靠家庭教育弥补。

第一堂课：礼仪

在古代，礼仪是一门主课，而且是最重要的一门主课。古人认为，做事先做人，把人做好，比读书学习更重要。而礼仪正是一门学习做人的学问，做一个有教养的人，做一个懂礼貌的人，做一个善于处理人际关系的人。正是因为对礼仪的重视，中国才被誉为"礼仪之邦"。

今天，学校已经不开设专门的礼仪课，学生的礼仪学习，主要来自家庭。假设父母不重视礼仪教育，或者自身不懂礼仪，孩子难免有不文明的行为。

一个孩子跟父母去亲戚家做客时，爬到床上，将沙发床当蹦蹦床，边跳边大呼小叫。主人看了直皱眉头，却不便声张；父母看了，竟然乐呵呵的，一点没有意识到孩子的行为不文明。吃饭时，孩子将自己喜欢吃的菜拉到身边，吃个痛快。主人说："这孩子好天真！"父母听了，还以为是在夸孩子呢！

今天的年轻父母，也是应试教育的产物，礼仪知识相当缺乏，要教育孩子，只能自己先买几本礼仪书看一看，补上这一课。

第二堂课：音乐

音乐是最古老的艺术之一，美好的音乐，有着陶冶性情、净化灵魂的作用，因此，古人不仅将音乐当作一种娱乐工具，也当作一种教化工具。

但音乐并不是一种高深的艺术，任何人，乃到未出生的婴儿，都有感受音乐美的能力。研究表明，母体内的婴儿，在怀孕期的第20周，开始有了清晰的听觉，如果听到莫扎特的音乐，孩子会随着节奏起舞。

一般人听不懂也不喜欢古典音乐，但科学家发现，在幼儿时期经常听古典音乐的孩子，其智力反应速度和人际交往能力都会明显强于不常听音乐的孩子。美国加州大学的某生理学家曾做了一个有趣的实验，他让38名大学生听莫扎特的钢琴曲10分钟，然后分别接受智商测试。结果表明，这些大学生的智商都增加了8~9分。

贝多芬说："音乐可以使人类的精神爆发出火花。"为了开发孩子的潜能，进行音乐熏陶，无疑是一个好方法。今天的学校大多开有音乐课，但是，单靠一周几节音乐课，远远不够。只有让孩子每天在固定的时间听音乐才能起到良好的效果；如果随意性地刺激孩子，就没有多大的意义了。每天最好听两次，每次20分钟左右，而且选择在固定的时间进行，音量不宜过大，否则会让孩子感到烦躁。

不同的音乐有不同的效果，有的使人精神焕发，有的使人轻松愉快，有的使人精神亢奋，有的使人心旷神怡。只要是健康优美的音乐，对孩子都有益处。尽管孩子可能对音乐的深刻含义无法理解，但是通过长时间、反复地播放，可以使人体脏腑、经络调和，气血、精神旺盛，对孩子的情绪能起到激发作用；音乐信息还可以进入大脑皮层，形成音乐信息记忆，在思维意识中显现出来，从而达到改善思维品质和形象气质的良好效果。

第三堂课：美

对真、善、美的追求，是人类的本质追求。而真和善之所以成为追求目

标，可能也是因为她们的美。可以说，美是人类最原始的精神动力。

今天的孩子，智育课程的比例过大，德育偏少，而美育尤其缺乏。一个不懂美的人，不会热爱生活、欣赏他人，人生也就相当粗糙、枯燥了！所以，加强对孩子美的教育，让孩子学会寻找美、欣赏美、创造美，对孩子未来的人生意义极大。

怎样对孩子进行美的教育呢？方法其实很简单。如果有条件，可以让孩子学习绘画、雕塑、书法等艺术；没有学习条件，可以教孩子欣赏绘画、书法、摄影等艺术，还可以带孩子畅游自然山水、观赏古代建筑，等等。总之，一切美的东西，都值得欣赏，并能从中获得心灵的愉悦。

当孩子大一些后，还可以鼓励他们多看一些美学著作，学习欣赏美的方法，提高欣赏美的能力。当孩子能够发现美、欣赏美，自然懂得追求美、创造美、表达美，生活中必然处处充满美。

第87招

送给孩子三大精神营养：劳苦、饥饿、大自然

今天的孩子，不缺少食物，不缺少衣服，不缺少零食和玩具，好像什么都不缺。但父母们也许没有意识到，什么都不缺即等于什么都缺。

真正的智慧，往往从困厄中产生；真正的幸福，往往从困苦中产生。一个什么都不缺的孩子，去哪儿获取智慧？去哪儿获取感受幸福的能力？试看一些出身豪门的富家子弟，自幼养尊处优，过着衣来伸手、饭来张口的生活，但他们智慧吗？幸福吗？他们最擅长的似乎是给别人找麻烦，给自己找不痛快。

作为父母，让孩子吃好吃饱还远远不够，有必要给孩子补充三大"精神营养"：

第一营养：劳苦

有一个孩子，出身富贵家庭，父亲是全国闻名的大律师。但父母对他从不娇惯，而他也以吃苦耐劳为荣。读小学时，他参加了学校组织的远足活动，第一天走完近13千米（8英里）后，他的脚后跟就磨破了皮，脚趾上磨出了不少水泡。第二天，他的脚已经开始红肿，裂口里流出了鲜血。老师认为他不宜继续行军，但他决心坚持到底。第三天，他继续随队伍跋山涉水，一直到

下午4点钟，他的脚伤已明显不宜继续行军，但他仍然不肯中途退出。最后，老师只好通知他的母亲，亲自开车来，强行将他接回家。

后来，这个孩子出息大了，凭着聪明才智和吃苦耐劳的精神，成为"世界首富"。他就是微软创始人比尔·盖茨。

今天，孩子们每天呆在学校，将主要时间用在学习上。即使农村学生，也缺少干活的机会，很难品尝劳苦的滋味；城市的学生更不用说了。不过，有一项苦，很容易让孩子吃到：远足。某个周日，不坐车，带孩子走上三四十里路，孩子的心态可能发生可喜的变化。

有人说："最大的自信是对身体的自信。"对此，笔者深以为然。尤其是尝到身体极限的滋味后，自信心更强。记得七八岁时，笔者主动要求跟五年级的学生一起参加远足活动。走了二十里，感觉有点累；走了三十里，开始往回走，感觉相当累；走了五十多里，累得快傻掉了，两条腿好像不是自己的，只会机械地移动。最后好不容易回到家，自我评价高多了。以后遇到棘手的事，总是习惯性地想：不怕！我能应付。

"不怕"两个字，绝对不是从课本上可以学到的，也不是可以花钱买来的。

第二营养：饥饿

古代的许多圣贤，经常进行饥饿修炼，例如佛祖，曾经七天只吃一顿饭，平时每天只吃一顿或两顿饭，过了中午就不再吃了。奇怪的是，他身体良好，活了八十多岁。西方的苏格拉底等多位哲学家也进行过饥饿修炼。

忍饥挨饿究竟有什么好处？或许跟幸福体验有关。记得一个暑假，笔者贪玩，没吃中饭，下午接着参加生产队的劳动。饿着干活的滋味可不好受，傍晚时分，体力透支加上饥饿难忍，浑身一点劲儿也没有了。别的孩子都干得热火朝天，我也不便歇着，只好打起精神强撑着。过了不知多久，疲劳、饥饿竟然全消失了，浑身有使不完的劲儿。收工回家的路上，感觉特别轻松畅快，走路好像乘云御风，仿佛能飞起来。

不过，挨饿或许还有别的好处。著名艺术家韩美林曾经谈起他的一段经历：因为难以忍受饥饿，为了生存，他在众目睽睽之下吃掉了别人扔掉的、爬满苍蝇的"5个包子皮"。后来，他写道："20多年后的今天，这5个包子皮在我身上产生了多大能量，它成就了我多少事业，壮了我多少胆。它让我成了一条顶天立地的好汉，它炼就了我一身铮铮铁骨，它让我悟出了人生最最深邃的活着的真理。我虽然沉入了这无边的人生苦海，我却摸到了做人的真谛。"

今天的孩子只有营养过剩，没有忍饥挨饿，可能是一个缺憾。不妨找机会让孩子饿一两顿，乃至饿上一天，至少跟他讲"非洲儿童在挨饿"时，他会明白是怎么回事。

第三营养：大自然

今天的孩子，在教室待的时间太长，亲近大自然的时间太少，生命的活力得不到滋养，心灵的四壁也快发霉了。因此，父母不妨多带孩子到野外走一走，光脚接触泥土，在阳光下、草地上追逐，到田梗旁认认各种蔬菜、农作物等等。相信从大自然这本教科书中，孩子们会学到很多书本上、电视里学不到的知识，受益终身。

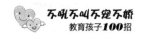

第88招

给孩子学习生活技能的机会

孩子未成年前，可以依赖父母生活；成年后，需要独立生活，如果生活技能不足，可能会对恋爱、婚姻、事业都产生制约作用。在一些国家，学校将生活技能当选修课，学生可以选修。例如"飞人乔丹"少年时，怀疑自己将来找不到老婆，因此选修了家政课，洗衣、做饭什么的都学会了。后来他虽然找到了老婆，但凭着早年学会的技能，可以优雅地扮演一个"好男人"。

我国的中小学校只教基础知识，学生只能从家庭学习生活技能。有的家长一味鼓励孩子学习，家庭劳动"不让孩子伸手"，这是一种很糟糕的爱孩子的方式，对孩子的损失不仅是限制了自立能力，还不利于精神的成长和责任感的培养。

父母该怎样做呢？

培养"劳动光荣"的理念

在我国的传统观念中，"万般皆下品，唯有读书高"。许多父母还有这种观念，以为读书是天下第一大事，甚至是唯一值得孩子去做的事，为了"不影响孩子的学习"，几乎不让孩子做家务劳动。

但是，"唯有读书高"不过是一种腐朽的封建观念，现代的观念是"劳动光荣"。无论从事什么劳动，只要有益于安排好自己的生活，只要有助于他人，只要有益于社会，都是光荣的。让孩子做点"光荣"的事，有何不可？

给孩子安排一定的劳动任务

孩子力所能及的家务活很多，例如，打扫清洁，整理房间，洗衣服，做饭，等等。家里几乎所有的轻体力活，只要让孩子做，只要教孩子学，孩子都能胜任。不妨综合考虑孩子的学习时间，将某项或某几项家务活分派给孩子做，父母每天还要检查孩子的任务完成情况。对临时性的家务活，不在孩子的任务范围之内，如有需要，也可以安排给孩子干。

劳动本身就是一种学习，对孩子的智力发育很有益处，孩子通过动手实践，可以学到许多课本上学不到的知识。

教孩子学会欣赏劳动之美

劳动很美。一个活儿干得漂亮的人，从动作、形体到专注的表情，看上去都很美。

为了让孩子学会欣赏劳动之美，父母干活时，不妨让孩子在一旁观摩学习；还可以将劳动过程录下来，像放情景剧一样放给孩子看；还可以跟孩子探讨，怎样将活儿干得更漂亮。对孩子的劳动过程，也可以录下来，大家一齐欣赏。

当孩子懂得欣赏劳动之美，比较容易养成爱劳动的习惯，而这个习惯必将让孩子终身受益。

第89招

培养孩子的理财能力

今天不少年轻人，成了赚多少花多少的"月光族"，甚至成了只会花不会赚的"啃老族"。尤其让人难解的是，他们学历、能力和收入都可能比父母高，却不得不接受父母的资助。也许他们并不缺少爱心，只是缺少理财能力。

为了孩子的未来，为了家庭的未来，父母有必要及早培养孩子的理财能力。

教孩子学会家庭预算

许多成年人害怕做预算，并为此饱受折磨，主要因为是缺乏相关的知识和技能。那么，不妨跟孩子一起学习预算的知识和技能。家庭预算无非是计划当天、当月花多少钱，打算买什么东西，过后检查预算完成情况。

家庭预算需要建立在对收入、对家庭需求了解的基础上，孩子可能不会，不过父母可以和孩子一起做，或者示范给孩子看，或者请孩子帮忙做些统计、计算等工作。

教孩子学会支付

6~10岁的孩子，一般会自己花钱购物，不妨再教一些难度相对较大的理财技能。例如，让孩子学会在银行存款、取款——这需要大人陪同；让孩子学会如何写支票，学会使用信用卡；等等。

让孩子学会节俭

节俭不仅是我们的传统美德，在许多发达国家，节俭也是起码的道德要求。为了让孩子养成节俭的习惯，可以带孩子去超市、商场、菜市场购物，让孩子看看如何选购，如何货比三家，如何讨价还价，如何量入为出，如何计算性价比，如何控制购物冲动，并随时给孩子指点诀窍。此外，鼓励孩子对物品重复利用，不要随用随丢，以减少浪费；将零花钱存入银行，不要随便花掉；尽量在家做饭而减少在外就餐。有时间的话，还可以让孩子算一算，在家吃饭比在外吃饭可以少花多少钱，这可以让孩子更清楚地知道两者的差距，从而增强节俭意识，还顺便锻炼了孩子的计算能力。

不鼓励孩子借钱

有的孩子没零花钱时，喜欢向同学借钱，有时也向父母借钱。孩子一般没有获得收入的能力，对父母欠下了债务，往往不了了之。当孩子养成了随便借钱的习惯，也可能同时养成超前消费、刷卡消费的习惯。

一般来说，父母不鼓励孩子欠债，还要告诉他：一个没有偿付能力的人，没有资格借债。假设孩子平时可从父母那儿得到零花钱，等于有了一定偿付能力，但也要鼓励孩子不要借钱；同时还要告诉孩子"有借有还，再借不难"，在没有偿还前面的债务之前，不得借新债。

有人说："认真而不较真。"但是，在对待孩子借钱的问题上，却有必要较真，坚持让孩子归还。打消了孩子的侥幸心理，同时也养成了孩子不随便借钱的习惯。

第90招

培养孩子的合作能力

涛涛参加夏令营活动时，主持人组织了一场小型的草地足球赛，"球员"都是自愿报名，临时组队。大家都不太会踢，玩得却很认真，拼抢积极。涛涛的一位队友受伤了，不得不中途退场。

比赛结束后，妈妈找来了那个受伤小朋友的妈妈的手机号码，让涛涛打个电话问候一下。

涛涛说："他又不认识我，我也不认识他。"

妈妈说："他叫唐玉。你把名字告诉他，他不就认识你了吗？"

妈妈坚持让涛涛打电话，涛涛打了，后来，他果真跟唐玉成了好朋友。

今天的独生子女多，人人都是"中心人物"，都是"小太阳"。但他们将来需要成为"螺丝钉"，成为整体的一部分。"小太阳"变成"螺丝钉"，从意识到行为都需要发生很大的改变，孩子将来可能会很难适应，不如从小就开始培养合作意识和合作能力。

创造一个合作的环境

妈妈烧饭做菜，爸爸帮着洗菜、择菜，孩子擦桌子，摆碗筷。饭做好了，一家三口坐在一起，享受劳动成果。

父母和孩子合作完成一件事，可以培养孩子的整体感，而且能清楚地看到自己的劳动带来的效果，合作意识自然增强了。

有的爸爸或妈妈包干所有家务，不让孩子伸手，孩子的感觉是：那是你的事，不是我的事。有了这种意识，孩子可能习惯性地将别的事也分成"你的事"、"我的事"，只想做好自己的事，没有主动合作的意识。

教给孩子交友的技巧

一般来说，人们会将朋友的事看成跟自己有关系，并且愿意帮忙和合作，在朋友面前，愿意有所迁就。孩子也不例外。如果孩子不喜欢或不擅长交朋友，无疑也不喜欢和不擅长合作。培养孩子主动与人交往的意识，教给孩子交友的技巧，孩子的合作精神与合作能力也会随之提高。例如前例中的妈妈，教孩子给受伤的队友打电话问候，等于教了孩子一个交友技巧：主动关心他人，主动问候。

让孩子学会悦纳他人

孩子对妈妈说："我最讨厌佳佳了！碰她一下就哭，还告诉老师。"

妈妈猜到，孩子准是惹佳佳生气了，挨了老师批评。她故意说："佳佳啊，是不是昨天向我问好的那个女生？她每回见了我都问好，好像蛮懂礼貌。"

孩子说："对！"

妈妈问："你不碰她的时候，她爱不爱哭？"

孩子说："不！还挺爱笑的。"

妈妈说："那你别去碰她嘛！她就会对你笑了。"

孩子的逻辑思维能力不强，常犯"以偏概全"的错误，看待自己的同学、伙伴时，可能有两种相反的倾向：一种是习惯性地看缺点，可能因讨厌某个缺点而否定一个人；一种是习惯性地看优点，可能因欣赏某个优点而接纳一个人。

培养孩子的逻辑思维能力，非一时之功，不妨教他多看别人的优点和长处，那么，他就能学会悦纳他人，处好同学关系。

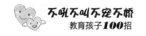

鼓励孩子多参加集体活动

今天的孩子很可怜，因学习压力和环境因素，跟同龄伙伴交往的机会少，独处的时间过多，怎样培养合作精神？怎样锻炼合作能力？为了在一定程度上弥补这一缺憾，父母应鼓励孩子积极参加学校组织的集体活动，如体育活动、文艺活动、野游活动，都要积极参加。在竞技活动中，假设不能成为一个快乐的选手，也要成为一个热心的观众。

教给孩子合作技巧

苏苏跟邻家的孩子乐乐在家里下象棋玩，因为一着棋吵起来了，最后将棋盘掀了。

妈妈只好出面干预了。她将两个孩子叫到身边，问："你们是不是在竞争？是不是在比赛输赢？"

两个孩子点点头。

妈妈问："当你们独自一人，下棋这件事能进行吗？"

两个孩子摇摇头。

妈妈说："你们实际上是在合作，一起玩下棋的游戏。合作嘛，首先态度要友好，'友谊第一，比赛第二'；再就是遵守规则，各自拿出最好的水平，争取下出一盘漂亮的好棋。乐乐想悔棋，确实不合规则；但苏苏想利用乐乐的失误赢棋，这样能下出好棋吗？你们要学会相互迁让，学会商量着办事，这样才能合作愉快，玩得开心。"

两个孩子接受了妈妈的劝告，言归于好，又开始玩棋。

合作能力不是一时可以学会的，只能在实践中慢慢学习，慢慢提高。而父母可以针对孩子遇到的问题，适时指点。

让孩子感受合作的快乐

林女士鼓励孩子跟伙伴们交往。从孩子上幼儿园起，她就经常用数码相机录下孩子跟其他孩子做游戏、聚会的镜头，做成光盘，不时拿出来播放，跟孩子一起欣赏，对孩子表现好的地方，夸赞一番；对孩子不守规矩、故意捣乱的行为，用玩笑的语气"嘲笑"一番。这样，孩子通过观看自己的合作经历，在享受乐趣的同时，也学到了很多。

人们喜欢重复带来愉快的行为，如果孩子从合作中感受到了快乐，自然更乐意合作了！事实上，只要孩子经常参加群体活动，经常与人合作完成一些事情，自然能学会各种规则以及各种交往方式，合作的能力也随之提高。

第91招

让孩子的思想自由飞翔

孩子远比我们想象的聪明。

有一次，美国著名主持人比尔问一个七八岁的女孩："你长大以后想当什么？"

女孩自信地答道："总统。"

全场观众哗然。

比尔做了一个滑稽的表情，假装吃惊地问："你说说看，为什么美国至今没有女总统？"

女孩脱口而出："因为男人不投她的票。"

全场爆发出一片笑声。

比尔说："你肯定是因为男人不投她的票吗？"

女孩不屑地说："当然！"

比尔笑着对观众说："请投她票的男人举手。"

伴随着笑声，不少男人举起了手。

比尔假装得意地说："你看，有不少男人投你的票呢！"

女孩不为所动："还不到三分之一。"

比尔装作不高兴的样子，对观众说："请在场的所有男人把手举起来。"

男人们哄笑着，都把手举起来。

比尔故作严肃说："请投她票的男人继续举手，不投地放下。"

大部分男人仍然举着手，只有少数人放下。

比尔得意洋洋地说："怎么样，'总统女士'？有三分之二男人投你的票呢！"

大家都屏声静气，等着听女孩的回答。

女孩露出轻蔑的笑容，说："他们不诚实，他们心里并不愿投我的票。"

大家短暂的惊讶之后，爆发出一片热烈的掌声。

许多人可以从不同角度、不同层面分析美国没有女总统的原因，这个女孩却一言中的：男人不愿投女人的票。也许她的结论最接近真相。

每个人都可以有自己的个性，那使世界避免了千人一面的单调。个性的基础是独立的思想，所以，当我们鼓励孩子发展个性时，也要鼓励他们保持独立的思想。

但实际上，无论父母或老师，我们常做的一件事是给孩子灌输我们自己的思想，并要求孩子全然接受。我们甚至认为，"听话的孩子才是好孩子"。当我们这样要求孩子时，孩子怎能拥有自己的思想呢？

伟大的物理学家爱因斯坦说："学会独立思考和独立判断比获得知识更重要。不下决心培养思考习惯的人，便失去了生活的最大乐趣。"那么，我们怎样让孩子获得比知识更重要的素质呢？我们怎样才能不剥夺孩子"生活的最大乐趣"？

"为什么"法则

思想从思考中产生，从探寻真相中产生。为了鼓励孩子积极思考，我们要多问孩子几个"为什么"，引导他们去思考。例如，"为什么一按开关，灯就亮了；一按开关，灯就灭了？"

同时，也要鼓励孩子询问"为什么"。对确定无疑的答案，父母可以告诉孩子；对不确定的答案，或不知道的答案，可以将悬念留给孩子，鼓励他自己去寻找答案。这不仅可以开发孩子的思考能力，还能激发孩子的求知欲和探索欲。

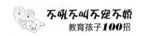

鼓励孩子大胆想象

妈妈正在厨房准备午餐，儿子在后院蹦蹦跳跳，弄出了很大的动静。

妈妈大声问："你在干什么？"

孩子兴奋地回答："我要跳到月亮上去呢。"

妈妈笑了，说："好呀！等会别忘了回来吃午饭喔！"

后来，这个孩子真的"跳"到月亮上去了，他是阿姆斯特朗，人类第一个登上月球的人。

有人说："想象力是孩子思维的翅膀。通过大胆出奇的想象，以及充满热情的行动，才可能趟出一条前人从未走过的路。"

对孩子的"傻事"不要反应过激

芹芹画了一棵奇怪的苹果树，苹果结在树根上，埋在地底下。

妈妈看了说："你画错了，苹果应该挂在树枝上。"

芹芹说："苹果长在土里，就不怕刮大风了。"

妈妈说："但真正的苹果长在树上，你画得没道理啊！"

芹芹说："那是你们的苹果树，这是我的苹果树。"

妈妈只好苦笑，觉得这孩子真不讲道理。后来，一位画家朋友看了芹芹的画，认为很有想象力，赞不绝口，就推荐芹芹去参加比赛。结果，这幅画在全省儿童绘画比赛中获了奖。

在成人的世界，苹果确实是长在树上的，但在孩子的想象世界里，苹果为什么不能长在土里？其实每个孩子都很有想象力，有许多古怪的想法。但他们的古怪想法常常招来大人的否定、嘲笑甚至训斥，而他们的思考渐渐变得跟成人的一样现实，想象力也慢慢消逝了。

孩子需要认识一个旧世界，也需要创造一个新世界，而想象力就是他们创造新世界的画笔。所以，我们对孩子充满想象力的"傻事"，千万不要强加干预，以免扼杀他们的创造能力。

第92招

让孩子拥有出色的观察能力

我们鼓励孩子独立思想，不等于鼓励孩子胡思乱想。思想的真正意义在于，发现真善美，欣赏真善美，创造真善美。所以，我们还需要给孩子一双善于观察、善于发现的眼睛，让他们凭自己的眼光，去发现真相，发现爱，发现美。

保护孩子的观察兴趣

对6~10岁的孩子来说，他们的头脑还没有被成人的观念填满。在他们眼里，世界还是新的，生活中还有许多新奇的事物，因此他们的观察兴趣很浓，什么都想看一看，都想探究一番，他们会拉着爸爸妈妈问个不停。这时，家长千万不能不耐烦，要有意识地给孩子讲一些有关的知识。时间长了，孩子的眼睛就会变得敏锐起来，不仅能提高观察能力，同时也会使孩子心灵手巧，越来越聪明。

鼓励孩子以新眼光看事物

聪聪问妈妈："0是8的一半，对不对？"

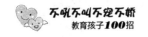

妈妈说："不！4是8的一半。"

聪聪拿起笔，在纸上写了两个0，合成一个8，说："你瞧，0是8的一半。"

妈妈笑了。

聪聪又问："3是8的一半吗？"

妈妈这回学乖了，说："对，两个3可以合成一个8字。"

我们成人习惯于以固定的眼光去看事物，往往形成思维定式，这使我们能够很有经验地处理日常事务，创新能力却衰退了。孩子没有思维定式，可以多角度观察事物，从而发现许多我们成年人视而不见的东西。这是一种值得保持的能力，因为它孕育着创新的契机。

教给孩子观察的技巧

任寰上小学二年级时，父亲开始有意识地培养她观察大自然，描写大自然。有一次，父亲带她到公园玩，临行前就告诉她：你要注意观察事物的特点，越详细越好，回来写一篇日记。到了公园里后，任寰非常仔细地观察着各种花、鸟、草、虫等，回来果然写了一篇情景并茂的日记。

父亲经常带她到大自然中去，让她在尽情地玩耍之中，观察万物的悄然变化，去看春天的绿芽、夏日的鲜花、秋季的果实、寒冬的落叶，去听蝉鸣鸟唱……身为作家的父亲，平时也注意观察，并且常跟女儿交流心得。

任寰上小学三年级时，发表了她的观察手记——《10岁女孩任寰诗文选》，里面记录了她观察生活的独特视角、思考生活的切身体会。

孩子在观察事物时，因知识水平不高、注意力不集中等原因，观察事物时可能浮光掠影，流于表面，虽然偶有灵光闪现，效率却不高。因此，父母有必要教给孩子观察技巧，以自己的知识阅历弥补孩子在这方面的不足。假设父母能指出孩子看了却无所发现的东西，孩子观察事物的兴趣会更大，积极性更高。

此外，观察不仅是运用眼睛，对不同的事物，除了看一看，还可以听一听，嗅一嗅，摸一摸，甚至尝一尝。总之，运用多感官观察，效果更佳。

让孩子养成记录的习惯

一个人很难记起10岁以前的经历，除非事件特殊，印象极深。孩子观察事物的心得，虽然会沉淀于潜意识中，变成精神的营养，变成思想的原料，但毕竟会逐渐遗忘，被时间冲走。因此，不妨让孩子养成记录的习惯，例如写日记，写观察报告，将当时的观察所得记下来后，日后重温，必有新的收获。

第93招

培养孩子独立解决问题的能力

孩子将来必然遇到许多复杂的问题，不能事事向人请教，不能事事求助于人，只能靠自己解决。假设没有独立解决问题的能力，只能永远做一些听命行事的简单工作；独立解决问题的能力强，才可能承担重任。

怎样培养孩子独立解决问题的能力呢？我们来看一个聪明的爸爸是怎么做的：

妈妈生日那天，朋朋忽然萌生了一个念头：为妈妈做一道菜。

对朋朋的想法，爸爸大加赞赏，还说："你亲手做的一道菜，胜过任何礼物，一定会让妈妈感到惊喜。"

朋朋说干就干，立即跑进厨房。可是，从没做过饭的他，看着厨房里的各种工具、各种原料，傻眼了，不知从何着手。犹豫了半天，他只好一脸惭色地对爸爸说："我不会做。"

爸爸说："你会做！只是你还没有掌握做事的方法。我教给你方法，你就会做了。"

爸爸会教给朋朋什么方法呢？

第一步：设立目标

爸爸说："做事的第一步，要设立目标。给妈妈做一道菜，是大目标，还要将目标具体化。你打算给妈妈做一道什么菜？"

朋朋说："我没想好，你说呢？"

爸爸说："最好做一道妈妈喜欢吃的菜。妈妈知道你喜欢吃什么菜，你知道妈妈喜欢吃什么菜吗？"

朋朋一脸愧色。他发现，他竟然不知道妈妈爱吃什么菜。

爸爸告诉他，妈妈最喜欢吃青椒肉丝。于是，他决定做一道青椒肉丝。

建立了目标，才有努力方向，这是做事的第一步。一般来说，目标还要包括具体达到什么结果，例如：做一道色香味形俱佳、合乎妈妈口味的菜。

第二步：找到达到目标的方法

朋朋不会做青椒肉丝，爸爸提示他："想想看，通过什么途径可以掌握方法？"

朋朋想到，可以查看菜谱，但家里没有菜谱；再想到，可以上电脑找菜谱。他立即跑到书房，打开电脑，很快查到了做青椒肉丝的方法，还打印了出来，以便依样画葫芦。

爸爸让他仔细看看，有没有什么不懂的地方。

朋朋看后说，不知"食盐5克"是多少，不知"酱油少许"是多少。爸爸告诉了他，还教了他怎样使用液化气灶、怎样切菜等方法。

办事的方法，可以自己思考，可以向人请教，可以查找资料，只要决心把事情做好，方法总可以找到。假设不要求第一次就做好的话，慢慢尝试，慢慢摸索，也可以找出方法来。

第三步：充分准备

朋朋开始切菜。爸爸让他自己计划：肉丝切多少？青椒切多少？朋朋见过妈妈切菜：切好了都放在盘子里，这样可以看出需要多少才够。

爸爸提醒他："你第一次炒菜，万一到了放作料时不知放什么，不知放多少，还不要手忙脚乱？"

朋朋一想也对，就照着菜谱，将需要的作料一一量出来，放在几个小碟子里，还跟爸爸商量了数量是否合适。

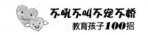

办事需要条件，准备越充分、越有条理，办事越顺利。一个人会不会办事，经常在这一步体现出来。有的人知道办事的方法，却不肯下功夫准备，做到哪算哪，原本可以做好的事，最后往往会做得很差，甚至彻底搞砸。所谓"养成好的办事习惯"，大部分体现在准备工作上。

第四步：采取行动

朋朋将食谱又看了几遍，觉得有把握了，才正式开始炒菜。爸爸不再提示，他想让朋朋炒出一道体现自身水平的菜。

菜很快炒好了，朋朋将菜盛在盘子里，夹了一点尝尝，嘿！味道还不错嘛！

想法再好，准备再充分，最终还是要落实为行动。一般来说，只要做事准备充分，心中有数，结果可以说是顺理成章，一般差不到哪儿去。

第五步：总结

爸爸接着做了另外几道菜，朋朋蛮有兴趣地在一旁观摩，还主动铺好了桌子，摆好了碗筷，将菜摆放到桌子上。

妈妈下班回来了，一家人准备吃饭。朋朋迫不及待地夹了一些青椒肉丝在妈妈碗里，说："妈！你尝尝，味道怎样？"

妈妈尝了尝，夸道："不错！你爸爸的手艺又见长了。"

朋朋得意地说："我做的。"

妈妈吃惊得瞪大眼睛："真的吗？"当她确信是朋朋做的，感动得眼泪都快掉下来了，搂着朋朋说："乖儿子，你真是妈妈的心肝宝贝！"

饭后，爸爸总结说："你第一次做菜，做到这个水准，很不错！以后，你只要按建目标、找方法、做准备、积极行动几个步骤去做事，没有什么事做不好。"

朋朋听了，更自信了！

做事并不难，只要体力够用，只要没有智力障碍，别人可以做好的事，从理论上说，自己也可以做好；关键要克服畏难情绪，按办事的一般流程，积极去做。对教育孩子而言，父母最需要做的一件事是：让孩子养成凡事都可以做好的信念。

第12章

不吼不叫，让你的孩子
更健康，更阳光

一个身体健康、心态阳光的孩子，是最接近自然状态的孩子，那意味着你没有损坏上帝给你的最好的"礼物"，也没让别人碰坏；而你的孩子必将给自己、家庭和他人带来福祉。

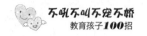

第94招

安排好孩子的锻炼和饮食

伟人毛泽东有一句名言："身体是革命的本钱。"

这是经验之谈！

对正常人来说，体能充沛与否，对学业、事业的成败，经常会起决定作用。一个持续阅读16小时，一点不觉得疲累的人，成绩一定会比看书1小时就头疼的人的成绩好；一个持续工作16小时，还能轻松说笑的人，业绩一定会比工作8小时就觉得疲惫不堪、连话都不想说的人的业绩好。在同一个平台上，人的智力水平、知识水平相差并不大，谁会胜出，最终取决于谁能高效学习或工作更长时间。

身体状况跟锻炼和饮食关系极大。为了让孩子保持充沛的体能，父母要像安排重要工作一样安排好孩子的锻炼和饮食。

让孩子养成每日锻炼的好习惯

专家指出，从小喜欢运动的孩子，体格更健壮，更自信，更有精力跟其他小朋友交往，朋友会更多，对良好性格的养成也有好处。而且，在体育运动中，尤其是参加运动比赛，孩子就会面对更多的挑战，加上运动中经常会磕磕碰碰，必须自己处理突发状况，使得孩子得到了更多的锻炼，性格更开朗，面对人生挫折的时候态度更积极，更勇于挑战人生中的难题。

一般来说，孩子的运动习惯跟父亲的关系最大。父亲好静，孩子也不好动；父亲喜欢运动，孩子也爱蹦蹦跳跳。所以，父亲应该负起引导孩子热爱运动的主要责任。

笔者的经验是，最好让孩子学会打一种可以经常玩的球，例如乒乓球、羽毛球、篮球、排球，学校和社区一般有运动场地，随时可以玩。当孩子学会玩球后，自然可以找到玩伴，并且乐在其中。当孩子学会一项健康娱乐后，就大大减少了迷恋网络游戏的概率。

帮助孩子练脑力

为了训练孩子的脑力，李先生用了一个简单的方法：买来一本《智力测验题》和一本《脑筋急转弯》，每天吃饭前，趁孩子无所事事，挑出一道比较有趣的题让孩子思考。有时候，他让孩子来一个"脑力冲刺"，规定三分钟之内必须想出答案，否则就算输；有时来一个"脑力马拉松"，不限定时间，让孩子想到答案为止。经过一年的训练，原先看半小时书就喊"头疼"的孩子，连续看几小时书、做几小时习题都不觉得累了。

脑力也是体能的一部分。脑力和体力有密切关系，却不是必然的正比关系。体力强的孩子不一定脑力强，所以有人说"四肢发达，头脑简单"；同样，脑力强的孩子不一定体力强，《红楼梦》里的林妹妹，脑力不弱，体力可太弱了！

无论体力弱还是脑力弱，都会造成学习的障碍，都有必要加强。训练脑力的方法无非是多用脑。前例中的李先生所用的方法就不错。还可以挑选一些作业簿上的难题让孩子思考，不要动不动就直接问答案，这样可以学习、训练两不误。

不过，为了鼓励孩子积极锻炼脑力，提高训练的趣味性很重要。多找一些趣味题，例如侦探故事题、生活智慧题，更能调动孩子思考的积极性。

培养孩子均衡的饮食习惯

今天的食物比较丰富，孩子应该不缺少营养，但实际情况是，营养不良

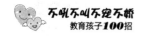
的孩子相当多。有一项调查显示，5~12岁的儿童贫血率城市为8.7%，农村为13.7%；钙、镁每日摄入量则普遍存在不足现象，一般仅为推荐摄入量的32%~43%……孩子的多动症、上课走神、注意力不集中等种种恼人的问题，有相当一部分原因是营养不良。

导致孩子营养不良的主要原因是：

零食过多：厂商为了吸引儿童购买，许多食品的添加剂过多，口味重，虽然好吃，却破坏了孩子的味觉功能，容易导致食欲下降、厌食等问题。

早餐过于简陋：许多孩子为了赶时间，早餐随便吃点什么就对付过去了。

偏食：孩子老是吃喜欢吃的菜，对不喜欢吃的菜不动筷子，导致营养不均衡。

饮食不规律：有时饱吃一顿，有时省掉一餐，不仅营养跟不上，还影响肠胃。

孩子在一个不必饿饭的年代被养成营养不良，未免太冤屈了！怎样让孩子吃饱吃好，营养均衡？专家建议：少吃或不吃好吃却缺营养的垃圾食品；养成定时定量吃饭的好习惯，并做到食物多样化；不专做孩子喜欢吃的饭菜以避免偏食，也不要强迫孩子吃不喜欢的饭菜，以免引起逆反情绪；吃饭时不训斥、不指责孩子，不过问与学习、考试有关的敏感话题，以免影响孩子进餐的心情。

第95招

❊ 让孩子保持充足的睡眠

早上6点，妈妈喊茜茜起床。茜茜闭着眼睛，央求道："妈妈！再让我睡5分钟吧！"

妈妈的鼻子酸了。她何况不想让女儿多睡一会儿，可吃饭带赶路需要一个多小时，再不起床，就要迟到了！没办法，她只好硬起心肠，将女儿拉了起来。

茜茜生日那天，妈妈问："你想要什么礼物？"

茜茜认真地说："我就想睡个自然醒。"

妈妈的鼻子又酸了。

一个小学生的正常睡眠时间应该达到10小时左右，而据一项调查报告显示，我国中小学生近五成睡眠不足，近半数孩子每天22点钟之后才能睡觉。我们不能给孩子一个快乐的童年倒也罢了，连正常的睡眠时间都不能给孩子，一定是什么地方出大问题了！这绝对是一个值得我们认真解决的问题。

孩子睡眠不足的原因

孩子睡眠不足，是学校、家庭共同造成的，还有孩子自身的一些问题：

一是学习任务繁重。一些学校为了提高升学率，主要办法就是通过延长

321

学生的学习时间来提高成绩。

二是家长担心孩子"输在起跑线上"，拼命督促孩子学习，不容一丝松懈。

三是家长给孩子报各种补习班和培训班，占用了孩子有限的课余时间。

四是有些孩子沉迷于网络游戏，习惯于熬夜。

在以上原因中，孩子自身的原因很少，而且改变一个小学生沉迷于网络的坏习惯并不大难，难的是改变学校片面追求升学率的误区，难的是改变家长"过度竞争"的心理。为了不让孩子"输在起跑线上"，难道可以让孩子输在身体上吗？难道可以让孩子对学习厌恶到无以复加的地步吗？这是我们家长要想清楚的问题。

孩子缺觉的危害

美国《儿科学》杂志网站发表了加拿大研究人员的一份研究报告，报告称：睡眠不足的学生比其他学生更容易冲动、发脾气，碰到麻烦爱哭泣或沮丧，而睡眠充足的儿童能更好地控制情绪，做事更机敏。

一位专家还说，适当延长孩子的睡眠，有助于改善孩子的健康和日常表现。因为缺乏睡眠影响记忆、创造力乃至判断力。一个犯困的学生不可能在教室里集中注意力，他们与老师的关系、与同学打交道的能力，他们的学业都会受影响。

许多孩子的心理障碍，以及厌学、沉迷网络等问题，也跟睡眠不足有很大关系。不仅如此，睡眠不足还可能造成大脑永久性创伤，影响深远。

怎样让孩子保持充足的睡眠

在目前情况下，让孩子睡好，是一道难题，暂时还没有根治的办法。家长可以为孩子做的是：

一是让孩子每天按时作息，保证10小时左右的睡眠时间。

二是尽量不要占用孩子有限的课余时间，宁可少补习，少学特长，也要让孩子睡个好觉。

　　三是尽量减轻孩子的课业负担。最好的办法是教给孩子提高做作业速度的方法；其次是贴身指导，不要让孩子独自磨磨蹭蹭地写到22点；再次是采用变通的办法，帮助孩子完成作业。假设孩子的作业过多，可挑出其中少量有特色的题给孩子做，并且让孩子弄懂弄通；至于其他的题，可以帮孩子做，或者做好后让孩子抄写一遍。不过最好给孩子讲一讲做题的方法，只要孩子会做，是不是非得自己写一遍，倒不一定。

　　帮孩子做作业，不是一个好办法，不过，为了让孩子完成任务，保证睡眠时间，代做作业可谓无奈之举。两害相权取其轻，选择对孩子损害较小的一面，也不失为变通之策。

第96招

保护孩子的视力，提高孩子的听力

丫丫坐教室第一排，还看不清黑板上的字，没有办法，妈妈只好带她去配眼镜。

奶奶惊叹道："天啦！你爸爸读了一二十年书，眼睛还好好的，你才读了两三年，眼睛就读坏了，那怎么得了！"

今天的小学生，"小眼镜"比比皆是。戴眼镜虽然不是什么大不了的毛病，但它也不是什么值得佩戴的装饰，有一双健康的眼睛总是好的。此外，许多孩子存在听力障碍，在听懂别人的语言方面有些困难，这可能会对学习造成负面影响。保护好孩子的视力，提高孩子的听力，都是父母值得为孩子做的事。

让孩子养成合理用眼的习惯

孩子视力下降，主要是用眼过度和用眼不当造成的，除用眼时间过长、姿势不当外，电视、电脑、手机等电子产品对孩子眼睛的损害尤其大，而且电子产品有辐射，不仅伤眼，还会造成孩子体质下降。

怎样保护孩子的视力呢？专家建议：

一要严格规范孩子一次用眼的时间，比如写作业，一次写半小时，最好让孩子休息一下，看看远处的景物；晚上看不到别的，看看星空，也可缓解眼睛的疲劳，同时也让大脑得到短暂休息。

二是看动画片或玩电脑游戏的时间，一次不超过半小时。对小学生而言，最好不要玩电脑游戏和手机游戏，一方面害多益少，另一方面，小学生的自控能力较弱，很容易成瘾，往往一玩就难以停下来，学习，睡觉，什么都耽误，眼睛所受的损害尤其大。有时间不如去打打球，跑跑步，玩玩非电子游戏，对身体大有好处。

三是保持良好的坐姿，不要趴在桌上写作业，眼睛要保持一尺左右的距离。看电视离得稍远一点，以能看清为度。

四是注意室内的光线强度，不要过强或过暗，以眼睛比较舒适为度。

怎样提高孩子的听力

妈妈让孩子去附近的商店买醋，特意交代：记住！买陈醋，不要买白醋。

孩子去了一会儿，买了一瓶白醋回来。

妈妈气道："你的耳朵呢？叫你买陈醋，不要买白醋，你偏买来一瓶白醋。快换去！"

孩子问："陈醋是什么？"

妈妈说："陈醋你都不知道？你只要说陈醋就是了，人家自然会拿给你。快去快回，不要贪玩。"

妈妈等着用醋，等了老半天，不见孩子回来，有点不放心，跑出去一看，只见孩子正跟几个小家伙玩得热火朝天，气得骂道："小东西！你故意跟妈妈找别扭吗？"

孩子并不是故意跟妈妈找别扭，主要是"听力"不足，原因可能有三：

一是不善于识别关键信息。上例中的孩子，不知什么是陈醋，自然就忽略了，只记住了白醋。妈妈叫他"快去快回"，他没听出这是关键信息，也给忽略了。

二是不认真听。当孩子惦记着玩或是不喜欢大人唠叨时，恨不得立即结束谈话，自然没有心情认真倾听。

三是理解能力不足，听不懂。

怎样提高孩子的"听力"呢?

为了训练孩子识别关键信息的能力，对关键字句，不妨重复说一两遍，以加强孩子的记忆；说话尽可能简洁，无关的话不要说得太多。

为了训练孩子认真倾听的习惯，提要求时，最好走到孩子身边，蹲下来或者弯下腰来，目光平视，明确告诉孩子，要看着爸爸或妈妈的眼睛，认真听清楚。为了验证孩子是否真的在认真听，可放慢语速，用简洁的话说一句或者几句，让孩子复述一遍——只要意思差不多就行，倒不必复述得一字不差。

为了训练孩子的理解力，平时要多跟孩子聊聊天，不妨多用一下孩子感到陌生的词或成语，以扩大孩子的词汇量。词汇量大了，理解力自然增强了。

第97招

给孩子两件法宝：爱与尊重

有人形容，父母是“僵化的国家教育机器的最末端执行者”。想想还真是。老师分明要求过分，孩子分明学习过度，可父母们呢，还在拼命推着孩子学习！

难道孩子所需要的除了学习还是学习？难道孩子是一台“学习机”吗？其实孩子最需要的是：爱、尊重。而他们最需要学会的也是：爱、尊重。这是他们融洽人际关系、安享幸福人生所必备的两件法宝。

让孩子享受爱和学会爱

父母爱孩子的心，不用怀疑；爱孩子的方式，却值得质疑。苛刻地要求，严格地约束，无情地逼迫，而孩子的心情却被全然忽视。这是许多父母爱孩子的方式，孩子能从中感受到爱吗？有人说：“当管束、制约和教条成为家庭教育的主题时，那么所有的出发点就不再是一种生命的关怀，而是一种伪权力的自我膨胀。”这很有道理！

王朔谈女儿时，说过一番或许有些偏激的话：“我干吗不对她宽容？我干吗要对她严厉？我希望我干吗呀？我什么都不希望她。我希望她快快乐乐过完一生，我不要她成功。我最恨这词儿了。什么成功，不就挣点钱，被SB们知道吗？”

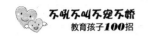

父母们太希望孩子成功，为了帮助孩子成功，不惜让孩子牺牲现时的快乐，还可能牺牲未来的快乐。那么，"成功"又有何意义呢？也许让孩子感受到爱，感受到全情呵护而又不失理性的爱，比所谓"成功"的意义更大。

此外，引导孩子学会爱人，学会帮助他人，也是爱孩子的方式之一。"爱人者人恒爱之"，当孩子学会了爱，学会了施予爱，生活中也就不缺少爱了！不仅如此，施予爱还可以带给人真正的信心。美国加州大学的儿童心理学家瓦尔纳博士在对700名出身贫寒的孩子长达20年的跟踪研究中发现：那些在成年后个性坚忍不拔的人往往在幼年的时候就很乐意照顾别人，为他人提供帮助。帮助别人的同时会让自己发现自身的能力——如果你可以帮助别人改变生活，那一定有能力改变自己的生活。这是很简单的道理！

让孩子享受尊重和学会尊重

一位教育家提出了一个观点：首先要把孩子当成一个人，一个与自己一样的大写的人，能与孩子平等地交谈；其次要把孩子当孩子看待，不完善、不成熟却具有成长的潜能。

但有些父母并没有把孩子当成一个大写的人，仅仅是当成一个弱小的孩子；他们爱孩子，但并不尊重。这很奇怪，尊重本是爱的基础，没有尊重，把爱安置在什么地方呢？有爱而无尊重，不过是一种封建君主式的爱，很难说这是真爱。

有人谈到早期所受的父母教育时，痛心疾首地说："我们从小就渴望父母说话的声音能够柔和一些，当我们犯错误的时候，父母若不是板着面孔大声斥责和怒骂，甚至殴打，而是耐心地进行批评教育，我们会很难为情的，也会接受教训以后不犯或少犯类似的错误。我们渴望父母的脾气能够变得好一点，因为我们实在被吓怕了。哪怕是我们做错了，也应该让我们把话说完……可是好像我们的父母都太缺乏耐心了，往往没等我们把话说完就拦腰切断，接下来就是劈头盖脸地一通批评教育。我们知道父母是为我们好，也知道父母说的话有道理，可是我们心里很乱、很烦，已经听不进去了。尤其是我们已经知道错了，父母还在不厌其烦地唠叨的时候，尤其是我们觉得父母批评错了，心里感到委屈和冤枉的时候，当时会觉得父母很霸道，很不人性，很不通情达理，心里产生极大的抵触情绪。久而久之，这种不良情绪演变成一种怨恨，形成一种条件反射，一听见父母的批评教育心里就反感，最终导致我们的顶撞和不尊重。"

读了这段话，我们检查一下自己，在孩子面前，有没有类似的行为呢？当孩子得不到尊重时，又怎么会尊重他人呢？孩子没有学会怎样表达尊重，又怎么懂得向他人表达尊重呢？"敬人者人恒敬之"，只有懂得尊重他人，才能赢得尊重。我们的孩子没有学会尊重，将来又怎样成为一个受尊重的人呢？这是一个值得我们父母反思的问题。

一个爱孩子、尊重孩子的父母，会怎样对待孩子的错误呢？我们不妨来看一个故事：

一天，孩子放学后，在客厅里玩篮球，一不小心，打落了书架上一个珍贵的古董花瓶。

孩子慌忙把碎片用胶水粘起来，胆战心惊地放回原位。

当天晚上，妈妈发现了花瓶的异状，便询问孩子。孩子撒谎说："一只野猫从窗外跳进来，碰倒了花瓶。"妈妈看了看关得严严实实的窗户，不动声色地从抽屉里拿出一个盒子，把其中一块巧克力递给孩子说："这块巧克力奖给你，因为你运用神奇的想象力，杜撰出一只会开窗户的猫。以后，你一定可以写出精彩的侦探小说。"

接着，她又在孩子手里放了一块巧克力："这块巧克力也奖给你，因为你有杰出的修复能力，裂缝黏合得几乎完美无缺。"

妈妈又拿出第三块巧克力，说："最后一块巧克力，代表我对你深深的歉意。作为母亲，我明知有个活泼的儿子，真不该把花瓶放在容易摔落的地方。希望你没有被砸着或被吓着。"

从那以后，孩子再也没有跟妈妈说过一次谎。

瞧这位妈妈，处理得多漂亮，既教育了孩子，又保护了孩子的自尊心。我们也许并不缺乏这样的智力，却缺乏驱动智力的"软件"，那就是爱和尊重。

第98招

让孩子学会给自己鼓劲

当当身材矮小，体力不如他同学们的。一次，他跟一个同学闹意见，发生了肢体冲突，被对方一推就倒了。当当觉得自己太没用了，一连几天闷闷不乐。

爸爸知道他的心事后，给他讲了一个故事：

小骆驼为自己的相貌感到自卑，一天，它难过地问妈妈："妈妈，为什么我们长得这么难看，我们的睫毛为什么这么长呢？"

妈妈说："当风沙来的时候，长睫毛可以挡住风沙，让我们看到方向。"

小骆驼又问："我们的背为什么这么驼呢？丑死了！"

妈妈说："驼峰可以帮我们储备水和养分，能让我们在沙漠中行走十几天，别的动物可没有这本领。"

小骆驼又问："我们的脚掌为什么那么厚？好笨啊！"

妈妈说："我们的身子很重，脚掌又厚又大，可以防止我们陷入软软的沙子里。"

于是，小骆驼明白了：看上去是缺点，其实是自己的优点。从此，他变得乐观自信了。

爸爸讲完故事，对当当说："你有没有想过，不如别人高，也许正是你的优点呢！你可以打消跟别人比拼力气的念头，一心一意开发你的大脑，凭智力证明自己，赢得尊重。"

最后，爸爸又说："有个著名的外交家，名叫罗慕洛，身材很矮小，在联合国发言时，因为讲桌太高，需要站在凳子上。他说过一句话：别看我身材矮小，我的形象可高大呢！我看，这句话可以作为你的座右铭。"

当当听了，精神大振。他将这句话写下来，贴在书桌上。

每个孩子都不是天然自信的，每个孩子似乎都有自卑的理由，因为他们还属于"弱势群体"，还需要许多年才能变得强大起来。

孩子的自信，在很大程度上要靠自我激励，给自己鼓劲提气。当孩子感到自卑时，父母有必要教给孩子一些技能：

教孩子学会用正面的眼光看自己

当孩子骄傲得忘了自己是谁时，那就要泼泼冷水，提醒他看到自身缺点；当孩子缺乏信心时，那就要教他用正面的眼光看自己，看到优点和长项。有些缺点是难以改善的，或者一时之间难以改善，例如，身高、相貌、智商，乃至家庭的贫富、父母的地位，都可能成为孩子自卑的理由。一旦学会用正面的眼光看问题，所有情况都可以成为自信的源头。例如：

身材不高，学问可以高，形象可以高；

相貌不漂亮，可以用品德修饰自己的形象、名声；

智商不高，可以将希望建立在努力上；

家庭贫穷，没有钱游玩嬉乐，正好可以将时间用在学习上。

凡事没有绝对，用负面的眼光去看，一切都变坏了；用正面的眼光去，就看到了希望，心态自然乐观起来了！

教孩子学会用积极的眼光看问题

一个孩子期末考试考得很糟糕，总分全班倒数第一，他很担心受到爸爸的惩罚。

但爸爸看了他的试卷，没有责罚他，反倒鼓励他说："考倒数第一，不一

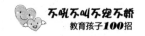
定都是坏事。从今天起，你不会再退步了，你们班的49个同学，都成了你的追赶目标。你每前进一大步，就可能实现　次超越。拿出点学习劲头来，好好享受超越的乐趣吧！"

孩子听了，精神大振。通过一个暑假的努力学习，开学考试时，他竟然考了个全班第15名。

事情的好坏，取决于人们观察的角度：从坏的一面看，情况真的很坏；从好的一面看，也能看出积极的意义来。当孩子学会了用积极的眼光看问题，就没有什么能夺走他的自信了！

第99招

✱ 让孩子学会情绪管理

一个八岁的小女孩把戒指上的诞生石弄丢了，她伤心地哭了起来。爸爸看着她，平静而坚定地说："在我们家，诞生石不是那么重要的。重要的是人，是心情。任何人都可能弄丢诞生石，但是诞生石可以重新替换。你的感受才是我最关心的。你确实喜欢那个戒指。我希望你能找到合适的诞生石。"

小女孩擦了一把眼泪，很快恢复了平静。

父母善于管理情绪，孩子就比较容易学会情绪管理。当然，孩子毕竟缺少磨炼，管理情绪的水平跟大人的不可同日而语，但我们可以不断训练孩子管理情绪的能力。

不要对孩子的事情小题大做

当孩子遇到一些问题，父母往往沉不住气，大惊小怪，好像天要塌下来了一样，例如，"你又没有交作业，这样下去怎么得了！"其实，一次没交作业不等于每次不交作业，每次不交作业不等于这辈子完了，用不着这么紧张。父母小题大做，会让孩子紧张不安，心浮气躁；父母保持冷静，孩子就安心多了。

教孩子认识情绪和适度表达情绪

人有喜怒哀乐等各种情绪，成人一般能认识自己的情绪，并且知道情绪来自哪里；孩子却不一定，有时只是觉得"心情不爽"，却不知为何"不爽"以及"不爽"的性质。父母可以通过适时表达情绪来教孩子认识情绪，例如，"妈妈好高兴啊"，"我很生气"，"我好难过"，这样，孩子就能慢慢认识情绪了。

孩子有了情绪，或哭泣，或赌气，或蒙头大睡，或大喊大叫，这时，一般要容许孩子发泄，等孩子平静下来再说。但不能容许孩子伤害自己或他人。

教给孩子疏导情绪的技巧

当孩子闹情绪时，若不学会自我疏导，很难从不良情绪中走出来，有时可能因为不恰当地发泄情绪，使事情变得更糟，情绪自然也变得更坏。因此，父母有必要教给孩子一些疏导情绪的技巧，例如：

把事情暂时搁置，离开事件现场。可以出外散步，也可以跟小朋友玩一会儿，等注意力分散了，情绪自然平复了。

想要发火前马上暗示自己："糟糕！我要生气了。我得把塞子拔掉，让气跑掉。"

做深呼吸。通过呼吸让自己平静下来，让自己的情绪不再失控。最近有科学家发现，我们人体大概有四万个神经和大脑相通。当我们调整呼吸时，它们有助于我们情绪的管理。

向自己提问："我为什么要生气？""生气对我有什么好处？""我可以不生气吗？"问了几个问题后，气可能马上消了。

把烦恼写到纸上，可以由着自己的心绪，爱写什么就写什么，语无伦次也没有关系。不过，写完后，最好看一遍，然后烧掉，不留一丝痕迹。因为带着情绪的话，往往是傻话而不是良言，不宜让别人看到。

此外，还要记住的是，不良情绪可以传染。孩子闹情绪时，自己千万不要受到影响而产生情绪，否则，相互感染，情绪之火可能越烧越旺。

第100招

❋ 提高孩子的抗挫折能力

一个孩子有口吃的毛病，常受到同学的耻笑。一天，他向妈妈表达了自己的烦恼。妈妈说："宝贝儿！你知道吗？你口吃是因为你太聪明了，你的舌头跟不上你的思想。"

从那以后，孩子再也没有为口吃烦恼过了。

这个孩子就是顶级企业家杰克·韦尔奇。

聪明才智代表生命的刚性，抗挫折能力代表生命的韧性，两者同样重要。没有刚性，做不成任何事；没有韧性，遇挫即折，人生的航程怎样继续？

父母在鼓励孩子学知识、学技能的同时，还要教给孩子怎样抵御人生中必然会有的挫折。

教给孩子：不要自怨自艾

一个孩子为考试成绩不理想而懊悔不已："唉！这道题我小心一点就好了！唉！我考试时看看时间就好了，还有三道大题没做，时间却不够了……"

妈妈做好了饭菜，喊他来吃，他说："我不想吃！"

妈妈端起一盘菜，摔在他跟前，问："你把菜拣起来吃掉，好不好？"

"这么脏……"孩子迟疑着说。

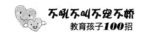
"脏了怎么办？"

"扫进垃圾桶。"

"你把考试搞砸了，把成绩弄脏了，还想怎样？为什么不扫进垃圾桶，做后面该做的事呢？难道你想把垃圾吃下去吗？"

孩子恍然大悟，立即决定，将上次的失败忘了，准备"新的战斗"。

自怨自艾是负面情绪产生的一大根源，虽然对总结教训有一定好处，却让思绪停留在过去，停留在不良情绪中，不利于重拾心情继续努力。所以，当孩子自怨自艾时，父母要教他们怎样从不良情绪中走出来，勇敢面对未来。

教给孩子：不要怨天尤人

孩子放学回家，书包一扔，嚷道："妈！饭怎么还没好？我快饿死了！我今天挨老师批了，都怪你，没有提醒我，还有两道题忘了做……"

妈妈打断他的话，说："晚上我煮蛤蜊给你吃，你来帮我挑选蛤蜊吧！"

妈妈给了他一个蛤蜊，并示范了检查方法：用左手拿住一个蛤蜊，再用右手捡起其他蛤蜊，一个一个地敲，如果声音是结实的，就是新鲜的蛤蜊；如果声音发虚，就是坏蛤蜊，就得丢出去，免得坏了一锅好汤。

孩子照妈妈教的方法检查起来，不料第一个蛤蜊就是坏的；再检查一个，也是坏的；一连检查了十几个，竟然都是坏的！孩子说："妈！怎么都是坏的？"

妈妈说："怎么可能呢？你检查一下你手中的样本蛤蜊，有没有问题？"

孩子经过几次验证，终于发现，原来他左手的那个蛤蜊是坏的。他说："你怎么给我一个坏蛤蜊做样本？"

妈妈说："我只是想告诉你，如果你的标准错了，你看到的一切都错了。你中午吃一点饭就不吃了，所以才饿；你自己的作业，为什么要妈妈提醒？你调整一下你的标准看，究竟是谁的问题？"

孩子惭愧地低下了头。

当孩子遇到挫折时，如果缺乏自省能力，往往怨天尤人，将过错全归结于他人，或者归结于运气，看不到自己的过失。用"我是对的"这一标准去评价人、评价事，怎么能看到问题的真正原因呢？所以，父母要教给孩子：凡事先从自己身上找原因，不要怨天尤人。

从坏事中寻找最好的结果

平平跟同学打架，把同学的鼻子打出血了，挨了老师的批，还被要求写一份"深刻的检讨"，念给全班同学听。

平平觉得这事太丢脸了，愁得吃不下饭，睡不着觉。

妈妈说："坏事可能带来好多种结果，你犯愁有什么用？不如从坏事中寻找最好的结果。"

在妈妈的引导下，平平找到了"最有风度"的方法。第二天，他在班上念了检讨书，还向那位同学道了歉，并且说："我一定接受教训，用真诚赢得你的友谊。"

他的发言赢得了同学的掌声，获得了教师的赞赏，那位同学也表示不计前嫌，和他重归于好。

坏事可以变得很坏，变得不可收拾，甚至使自己毁灭；也可以向好的方向转化，甚至变成好事。父母要教给孩子应对坏事的智慧：用自己的努力，从坏事中寻找最好的结果。那么，孩子会因此增强处理坏事的能力，信心倍增。